불면증을 위한 인지행동치료

이 저서는 2013년 정부(교육부)의 재원으로 한국연구재단의 지원을 받아 수행된 연구입니다.
(NRF-2013S1A6A4A02017574)

이 책에 사용된 사례는 경우에 따라 개인 사생활을 보호하기 위해 개인정보를 수정해서 제시했습니다.

사례를 통해 배우는

불면증을 위한
인지행동치료

서수연 지음

Σ 시그마프레스

사례를 통해 배우는 불면증을 위한 인지행동치료

발행일 2017년 7월 10일 1쇄 발행

지은이 서수연
발행인 강학경
발행처 (주)시그마프레스
디자인 이상화
편 집 김성남

등록번호 제10-2642호
주소 서울특별시 영등포구 양평로 22길 21 선유도코오롱디지털타워 A401~403호
전자우편 sigma@spress.co.kr
홈페이지 http://www.sigmapress.co.kr
전화 (02)323-4845, (02)2062-5184~8
팩스 (02)323-4197

ISBN 978-89-6866-940-8

이 도서의 국립중앙도서관 출판예정도서목록(CIP)은 서지정보유통지원시스템 홈페이지(http://seoji.nl.go.kr)와 국가자료공동목록시스템(http://www.nl.go.kr/kolisnet)에서 이용하실 수 있습니다.(CIP제어번호 : CIP2017015317)

축하의 글

수면 의학은 세계적으로도 제대로 된 역사가 불과 40여 년 남짓한 학문이지만 짧은 기간에 현격한 발전을 보인 분야입니다. 우리나라에서는 1990년대에 들어서야 수면의학이 시작되었다고 할 수 있는데 지금은 많은 임상의사, 심리학자, 기사 들이 수면의학에 종사하며 급속한 속도로 발전을 더하고 있습니다.

수면의학에서 다루는 질환 중 불면증은 그 빈도에 있어 가장 흔한 질환 중 하나이며 일시적으로 또는 만성적으로 그 증상을 겪지 않는 이가 거의 없을 만큼 흔한 질환입니다. 또한 불면증은 환자의 건강을 해칠 뿐 아니라 주간업무의 효율을 떨어뜨리고 사회적 비용을 증가시켜 건강의 문제를 넘어서서 사회적 문제로 대두되는 질환이기도 합니다. 하지만 그 치료는 여전히 약물치료가 가장 흔하게 사용되는데, 약물치료는 의존성의 문제로 지속적인 약물의 투여가 필요한 경우가 많고, 아침시간의 졸림이나 hangover 증상 등으로 인한 문제점들을 여전히 가지고 있습니다.

이번에 발간되는 책 사례로 배우는 불면증을 위한 인지행동치료는 불면증을 일으킬 수 있는 거의 모든 원인을 망라하여 각 상황에서의 불면증과의 관계를 정리하고 인지행동치료를 통하여 해결책을 찾고자 하는 접근의 책으로 기존의 서적들과 달리 불면증을 일으키는 사례기반의 인지행동치료에 대한 책자로 불면증과 인지행동치료에 대해 알고자 하는 독자에게 많은 도움이 될 수 있을 것으로 생각됩니다. 특히 책의 후반부 부록에서는 다양한 인지행동치료기법과 수면의학에서 사용되는 많은 설문지를 정리해 놓아 수면의학에 관심을 가지고 있는 심리학자, 임상의사 들에게도 아주 유익하리라 생각됩니다.

이 책을 저술한 서수연 교수는 고려대학교 심리학과를 졸업, 미국의 오하이오 주립대학에서 석·박사를 취득하고, 스탠퍼드대학교에서 행동수면의학에 대한 postdoctoral fellowship 과정을 마친 후, 한국에 돌아와 수면의학을 하는 많은 임상의사들과의 교류를 통하여 임상의 경험과 박식한 이론을 모두 겸비한 국내에 드문 수면 분야의 인재입니다. 임상의학을 하는 의사들과 많은 교류가 있어 임상심리학을 하시는 분들과 임상의사 간의 가교 역할을 하면서 대한민국의 수면의학이 발전하는 데 더욱 도움을 줄 것으로 기대가 큰 재원입니다.

부디 이 책이 많은 임상의사들과 심리학을 공부하는 학생과 임상심리학자들에게 불면증에 대해 좀 더 알고 새로운 접근을 통한 치료에 관심을 가질 수 있는 계기가 되기를 기대하며, 이를 통해 대한민국의 수면의학이 더 발전하고 불면증으로 시달리는 많은 환자들에게 출구를 제공할 수 있는 길이 열리기를 또한 기대해 봅니다. 마지막으로 이렇게 좋은 책자를 출간하신 서수연 교수께 감사와 더불어 아낌없는 축하를 드립니다.

2017년 6월
대한수면학회회장 김성완

저자의 글

늦은 밤, 모든 사람이 잠을 자는 시간에 자고 싶어도 잠들지 못하고 깨어 있는 것만큼 외롭고 괴로운 것은 없다. 불면증은 다른 질환과는 달리 겉으로 드러나는 증상이 없기 때문에 낮 시간에 집중력이 떨어지고, 우울하고, 제대로 기능을 하지 못하더라도 호소하기 힘들다. 우리는 문제가 생기면 해결 방법을 생각하고 노력하는데, 잠을 못 자는 불면증 환자들도 마찬가지이다. 그들은 잠을 자기 위해 온갖 노력을 한다. 수면제를 복용하고, 1분이라도 더 잠자리에 일찍 들기 위해 즐거운 회식 자리도 피하고, 잠들게 해 준다는 다양한 건강기능식품들을 먹어 본다. 그럼에도 불구하고 대부분의 사람들은 불면증을 고질병처럼 가지고 있으며, 장기간 동안 해결하지 못한 채 힘들어한다. 여러 노력에도 불구하고 불면증이 해결되지 못하는 가장 큰 이유는 '잠'은 노력하면 할수록 달아나는 것이기 때문이다.

이 책은 이 분야 전문가들을 위해 불면증을 비약물적으로 치료할 수 있는 '불면증을 위한 인지행동치료(Cognitive-Behavioral Therapy for Insomnia, CBTI)'를 소개하고자 한다. 아직까지 국내에서는 불면증 치료로는 수면제 처방이 우선시되고 있으나, 많은 불면증 환자들은 수면제를 장기 복용하는 것에 대한 두려움을 가지고 있다. 이 책에서 소개하고자 하는 CBTI는 약물이 아닌 다른 방법으로 접근하는 행동적 치료 방법이다. CBTI는 약물 치료와 병행해도 효과적이며, 수면은 다양한 신체 질환 혹은 정신 질환과 관련이 있기 때문에 치료를 적용할 수 있는 사람들이 많을 것이고, 여러 환자들에게 도움이 될 것이라고 생각한다.

또한 지금까지 잠을 자고 싶은 마음이 간절해져서 찾아오는 환자들을 만나면서, 그들이 다양한 공존 질환을 가지고 있다는 것을 알 수 있었다. 암 혹은 심장 질환과 같은 신체 질환부터, 우울증, 불안장애와 같은 정신 질환까지 다양했다. 최근까지만 해도 많은 의사들은 불면증이 공존할 때에는 불면증을 치료하지 않는 경우가 많았다. 이는 공존하고 있는 질환을 치료하면 불면증도 자연스럽게 좋아질 것이라고 생각했기 때문이다. 그러나 최근 다양한 연구를 살펴보면 공존 질환을 치료한다고 불면증이 꼭 좋아지는 것이 아니라는 것이 밝혀졌으며, 반대로 공존 질환을 특별하게 치료하지 않아도 불면증을 해결하면서 공존 질환의 증상도 완화될 수 있다는 연구 결과도 밝혀졌다. 그러나 CBTI는 다양한 공존 질환이 있는 환자들에게 똑같이 적용하면 안 된다. 특정한 공존 질환을 고려하여, CBTI의 세부 항목을 개인에게 잘 맞추어 개입을 시도해야 한다. 그런 맥락에서 이 책은 각종 공존 질환에 대한 환자들의 사례를 모아, CBTI를 적용할 때 존재하는 공존 질환에 어떻게 맞추어 치료할 것인지, 연구를 기반으로 임상적 경험을 공유하고자 한다.

많은 불면증 환자는 오랫동안 불면증 때문에 고민하다가 불면증 치료를 통해서 잠으로부터 해방되면, 삶의 질이 높아졌다고 보고한다. 환자들은 불면증 때문에 오랫동안 고통을 겪으면, 더 이상 '삶을 살기 위해 자는 인생'이 아닌 '잠을 자기 위해 사는 인생'으로 바뀐다. 깨어 있는 대부분의 시간 동안 오늘 밤은 잘 잘 수 있을까, 어떻게 하면 잘 잘 수 있을까 고민하게 된다. 그럴수록 인생에서 정말 중요한 것들을 놓치게 되며, 잠을 잘 자는 것에 대한 고민 때문에 사랑하는 사람들과 보내는 시간, 그들과의 관계에서 오는 행복을 느끼기 어렵다. 이러한 맥락에서 이 책은 이 분야의 많은 전문가들이 만나는 모든 내담자와의 소중한 인연을 통해, 그들에게 다시 '삶을 살기 위해 자는 인생'을 돌려줄 수 있기를 기대해 본다.

차례

부록 303

제1장

●

불면증이란 무엇인가?

불면증이란?

모든 사람은 살면서 잠을 자는 데 어려움을 겪을 때가 있다. 시험을 보기 전날, 애인과 헤어졌을 때, 이사를 가거나 인생에서 갑작스러운 변화가 있을 때와 같은 상황에 놓였을 때 잠을 설치게 된다. 그러면 우리는 언제 불면증이 임상적으로 치료가 필요하다고 판단할 수 있는가? 현재 국내 임상 현장에서 가장 많이 사용되고 있는 지침은 미국정신과학회(American Psychiatric Association)에서 출간한 정신질환 진단 및 통계 편람(*Diagnostic and Statistical Manual of Mental Disorders*, DSM)이며, 이 진단 지침서를 바탕으로 불면증 진단을 내린다. 2013년에 DSM 5판이 출간되었으며, 이전 4판에서 진단했던 '일차성 불면증'과 '이차성 불면증'이라는 진단명을 없애고 '불면장애'라고 모든 진단명을 통일하였다. 불면장애는 아래와 같은 증상이 한 개라도 나타날 때 진단한다.

- **수면 개시의 어려움** : 잠자리에 누웠는데도 잠들기 어려움
- **수면 유지의 어려움** : 잠들고 난 후 수면 중에 자주 깨서 다시 잠을 취하기 어려움
- **조기 증상** : 아침에 너무 일찍 깨서 다시 잠들기 어려움

이 증상 중 한 개 이상의 증상을 1주일에 3일 이상 경험하고, 이런 증상이 3달 이상 지속이 되고, 이런 증상들이 낮 시간 동안 기능하는 데 심각한 지장을 준다면, 불면장애를 의심해 볼 수 있다(뒤의 진단 기준 참조).

여기서 '수면 박탈'과 '불면증 증상'을 구분할 필요가 있다. 많은 경우, 사람들은 시간이 없어서 잠을 못 자는 수면 박탈과, 충분한 기회가 있는데도 불구하고 잠을 못 자는 불면증을 혼돈하는 경우가 있다. 예를 들어, 어떤 내담자가 경제적인 사정 때문에 낮에는 일을 하고, 새벽에는 대리 운전과 같은 아르바이트를 하면서 집에는 2:00~3:00am에 들어가서 다음 날 출근할 시간까지 3~4시간밖에 잠을 자지 못한다고 생각해 보자. 만약 수면 개시나 수면 유지의 어려움은 없지만, 잠을 적게 잔다는 이유로 낮 시간 동안 두통도 심하고, 집중력도 저하되고, 기분도 우울하다면 이러한 환자는 불면증 진단을 받지 않는다. 왜냐하면 충분한 수면의 기회가 없었기 때문

이다. 반면에, 같은 내담자가 퇴근 후 잠자리에 누웠는데도 잠이 잘 오지 않고, 일을 하지 않아도 되는 주말에도 온갖 생각들 때문에 잠자리에 누워도 잠이 오지 않고, 낮 시간 동안 일하는 데 지장이 있다면, 이 내담자는 불면증 진단을 받게 된다.

DSM-5에서 제시하는 불면증 진단 기준

A. 환자는 수면의 시간과 질에 대헤 두드러지게 불만이 있으며, 아래 증상 중 한 개 이상의 불평을 호소한다.
  1. 잠자리에 누웠는데도 잠들기 어려움, 아동의 경우 보호자 없이 잠들기 어려운 증상으로 나타날 수 있다.
  2. 수면 유지의 어려움, 수면 중에 자주 깨서 다시 잠을 취하기 어려움(아동의 경우 보호자 없이 다시 잠들기 어려운 증상으로 나타날 수 있다)
  3. 아침에 너무 일찍 깨서 다시 잠들기 어려움

B. 수면장애는 심각한 심리적 불편감을 초래했거나 낮 시간 동안 아래의 증상 중 적어도 한 가지를 호소하며 이 증상(들)으로 인해 사회적 · 직업적 기능에 두드러진 지장이 있을 때이다.
  ● 피로 혹은 저조한 에너지
  ● 낮 시간 동안 졸림
  ● 인지적 장애(예 : 각성, 집중, 기억)
  ● 부정적 기분(예 : 과민성 혹은 우울한 기분)
  ● 행동 장애(예 : 과다 활동, 충동성, 과격한 행동)
  ● 직장 혹은 학교 활동에 지장
  ● 대인관계 혹은 사회 활동에 지장
  ● 간병인 혹은 가족에 부정적인 효과(예 : 피로, 졸림)

C. 수면장애는 일주일에 적어도 3일 이상 일어난다.

D. 수면장애는 3달 이상 지속된다.

E. 수면장애는 나이에 적당한 환경과 잠을 잘 수 있는 기회가 충분한데도 불구하고 지속된다.

F. 불면증 증상이 다른 수면장애로 설명이 되지 않으며, 다른 수면장애(기면증, 폐쇄성 수면무호흡증, 일주기 장애, 사건 수면)가 나타날 때에만 증상이 생기지 않아야 한다.

G. 불면증 증상은 타 약물의 생리적 효과로 설명되지 않는다.

H. 공존하는 정신 및 신체 질환은 불면증 주 호소를 충분히 설명하지 못한다.

공존 질환 명시
- 정신 질환
- 신체 질환
- 다른 수면장애

하위 분류

1. 삽화성(episodic) : 증상이 적어도 1달 이상, 3달 미만으로 지속
2. 만성(persistent) : 증상이 3달 이상 지속
3. 반복성(recurrent) : 1년 안에 불면증 삽화가 두 번 이상 나타남

※ 아급성 불면증(증상이 3달 이하로 지속되지만 빈도, 강도, 스트레스와 기능 저하에 대한 모든 기준에 해당)은 기타 명시된 불면장애로 진단.

ICSD-3(International Classification of Sleep Disorders-3rd Edition) 에서 제시하는 만성 불면장애(Chronic Insomnia Disorder) 진단 기준

진단 기준 A~F가 모두 충족되어야 한다.

A. 환자나 환자의 부모나 보호자는 다음과 같은 증상을 한 개 이상 보고한다.

1. 수면 개시의 어려움
2. 수면 유지의 어려움
3. 원했던 시간보다 더 일찍 일어남
4. 적절한 시간에 잠자리에 드는 것을 저항함
5. 부모나 보호자의 개입 없이 잠자기 어려움

B. 환자나 환자의 부모나 보호자는 야간에 자는 것의 어려움과 관련하여 다음과 같은 증상을 한 개 이상 보고한다.

1. 피곤함/불편감
2. 주의력, 집중력, 기억력 기능 손상
3. 사회, 가족, 직장, 혹은 학교에서 기능 손상
4. 우울감/예민함
5. 주간 졸림증
6. 행동 문제(예를 들어, 과잉행동, 충동성, 공격성)
7. 감소된 동기, 에너지, 자주성
8. 실수나 사고가 잦음
9. 수면에 대한 불만이나 걱정

(계속)

C. 보고된 수면/각성에 대한 호소들이 수면을 취할 수 있는 기회의 부족(예를 들어, 잠 잘 시간이 부족함) 혹은 부적합한 환경(예를 들어, 안전하고, 어둡고, 조용하고, 편안한 환경)으로 전적으로 설명되지 않는다.

D. 수면 문제는 주간 기능 문제와 적어도 주 3회 이상 관련이 있다.

E. 수면 문제와 주간 기능 문제는 최소한 3개월 이상 지속되었다.

F. 수면/각성에 대한 문제는 다른 수면장애로 설명되지 않는다.

불면증의 발생 요인

불면증을 설명하는 이론 중 가장 대표적인 것은 3-P 모델이다. 이 모델은 'P'로 시작하는 세 가지 요인으로 구성된다. 이 중 첫 번째 요인인 **소인적 요인**(predisposing factor)은 불면증에 걸리기 이전에 모든 사람이 가지고 있는 취약한 요인이다. 예를 들어, 예민한 성격을 타고났거나, 불면증 가족력을 가지고 있는 것과 같은 선천적 요인을 의미한다. 그렇지만 〈그림 1.1〉에서 "1) 불면증 걸리기 이전" 그래프에서 볼 수 있는 것과 같이 소인적 요인만으로는 불면증이 생기지 않는다. 모든 사람은 소인적 요인을 갖고 있지만, 어떤 사람은 소인적 요인을 더 많이 가지고 태어나서 작은 스트

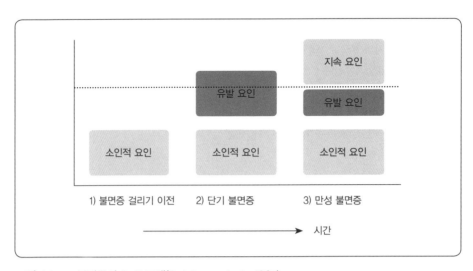

그림 1.1 ● 불면증의 3-P 모델(Spielman et al., 1987)

레스 사건에도 쉽게 불면증에 걸리는가 하면, 어떤 사람은 적게 가지고 태어나 웬만한 일에도 잠을 잘 잔다.

두 번째 요인은 **유발 요인**(precipitating factor)이다. 유발 요인이란, 사람들이 흔히 경험하는 생활 스트레스 사건부터 인생의 큰 변화와 같은 사건을 모두 포함한다. 불면증 클리닉에서 일하다 보면 많은 불면증 환자들이 명확한 유발 요인으로 스트레스 사건을 지목할 수 있다. 예를 들어, 업무 스트레스, 가까운 가족의 죽음, 힘들었던 대인관계, 출산, 이혼, 자연 재해와 같이 다양한 사건이 있을 수 있다. 이런 경우, 불면증 증상을 1달 이상, 3달 미만으로 경험하고 있다면, 단기적으로 불면증 삽화를 경험하고 있다고 이야기할 수 있다. 〈그림 1.1〉에서 볼 수 있듯이, 많은 경우 사람들은 단기적으로 불면증 삽화를 경험하지만, 시간이 지남에 따라 불면증을 유발한 스트레스 사건이 해결되면서 불면증 증상 또한 사라지는 것을 볼 수 있다.

단기적으로 불면증 증상을 경험하는 사람들 중 일부분은 단기적으로 경험하는 불면증 증상을 해결하기 위해 잘못된 수면 습관이나 수면에 대한 역기능적인 생각을 가지게 된다. 이는 불면증이라는 문제를 해결하려고 하는 시도이지만, 오히려 불면증 증상을 지속하고 악화시키는 역기능적인 효과를 가지고 온다. 세 번째 요인인 **지속 요인**(perpetuating factor)에서 부적응적인 수면 습관은 크게 행동과 생각으로 나눌수 있다. 부적응적인 수면 행동은 잠이 오지 않아도 "언젠간 잠이 올 거야."라는 생각으로 오랜 시간 동안 침대에 누워 있는 것, 수면제에 의존하거나 낮 시간 동안 카페인이 들어간 음료를 과다 섭취하는 등과 같은 행동이 있다. 역기능적인 생각은 잠을 이루지 못해 다음 날의 기능에 대해 걱정을 하거나, 밤에 잠을 못 잘 것에 대해 지나치게 두려워하는 것과 같은 생각이 있다.

불면증의 치료 옵션

현재 불면증의 치료는 크게 약물 치료와 비약물적 치료로 나눌 수 있다. 불면증의 약물 치료는 국내에서 가장 흔한 치료이며, 1900년도 이후 전 세계적으로 가장 권장되는 치료이다. 불면증의 약물 치료는 수면과 각성에 영향을 미치는 신경전달물질에 변화를 주어 수면을 유도하는 기제로 작동한다. 각성을 유도하는 신경전달물질에는 노르에피네프린, 세로토닌, 아세틸콜린, 히스타민, 그리고 하이포크레틴/오렉신이 있으며, 수면을 유도하는 신경전달물질에는 마에노신, 가바(GABA), 갈라닌과 멜라토닌이 있다. 불면증을 치료하기 위한 약물은 흔하게 각성을 낮추는 길항제를 사용하거나 수면을 유도하는 벤조디아제핀 수용기 효능제(Benzodiazepine receptor agonist)를 사용한다.

약물 치료와는 반대로 CBTI는 불면증을 인지적·행동적 치료 방법으로 접근하는 비약물적 치료이다. 비약물적 치료는 최근 임상 현장에서 많은 환자들에게 선호되고 있으며, 약물 치료와의 병행도 가능하다.

CBTI 소개

불면증을 위한 인지행동치료(Cognitive-Behavior Therapy for Insomnia, 이하 CBTI)는 비약물적인 치료로서 미국보건복지부(National Institute of Health)에서 인정하는 가장 효과적인 치료 방법이며 일차적인 치료법으로 권하고 있다. CBTI는 불면증을 유발하고 지속시키는 요인들을 제거함으로써 불면증을 치료하는 것을 목표로 한다. CBTI는 단기 치료로, 평균적으로 4~8회기로 구성되며, 수면 교육, 수면 위생, 자극 조절, 수면 제한, 이완 요법, 인지 요법, 광 치료와 같은 항목으로 나뉘어 있다(각 항목에 대한 요약은 표 1.1 참조). 많은 치료자들은 단순히 이런 항목들을 기계적으로 수행하는 것이 불면증의 호전을 갖고 올 것이라고 생각한다. 그렇지만 이런 항목을 공식처럼 실행하는 것은 시간과 경제적인 면에서 효과적이지 않을 수 있다. 내담자가 어떤 주 호소 문제를 제시하는가에 따라 위 항목들을 유연하게, 혹은 특정 항목을 더 강조하며 실행할 때 더 좋은 불면증 치료가 될 수 있다.

첫 회기에서 치료자는 불면증을 진단하기 위해 환자의 현재 수면 패턴, 불면증의 지속 시기, 공존하는 질환과 복합 요인, 일주기 리듬, 그리고 불면증을 유발한 스트레스 요인 등과 같은 정보에 대한 종합적인 평가를 하게 된다. 또한 치료자는 내담자를 위한 수면 교육 및 수면 일지에 대한 소개를 하게 된다. 수면 일지를 사용하는 것은 불면증 치료 중 경과를 알아보기 위해 사용하는 표준 도구로서, 수면 잠복기(Sleep Onset Latency, SOL), 입면 후 각성 시간(Wake After Sleep Onset, WASO), 잠든 후

표 1.1 ● CBTI 치료 항목

치료 항목	설명
수면 교육(Sleep Education)	수면의 기본적인 구조(수면 1~3단계, REM 수면)에 대한 설명과 수면이 이루어지는 두 개의 과정(수면 욕구와 생체리듬의 원리)에 대해 설명한다.
수면 위생(Sleep Hygiene)	더욱 효과적인 수면을 위해 따라야 할 규칙을 몇 가지 소개한다. 예를 들어, 잠자리에 들기 전 과도한 알코올·흡연·운동 금지, 잠자기 6시간 전 카페인 섭취 피하기, 낮잠 제한 등.
자극 조절(Stimulus Control)	침대와 수면에 대한 연상을 재학습하기 위해 규칙을 제시한다. 예를 들어, 졸릴 때에만 잠자리에 들기, 잠이 오지 않으면 침대에서 나오기, 침대에서는 잠자는 것과 성관계 이외에는 다른 활동 피하기 등.
수면 제한(Sleep Restriction)	수면 효율성(실제 잠자는 시간/침대에 있는 시간)을 높이기 위해 침대에 있는 시간을 제한한다. 수면 효율성이 85% 이상이 될 수 있도록 침대에서 보내는 시간을 조절한다.
이완 요법(Relaxation Techniques)	신체적 긴장을 낮추기 위한 근육 이완 요법, 호흡 요법, 혹은 심상 요법을 배운다.
인지 요법(Cognitive Therapy)	수면에 대해 갖고 있는 부정적이거나 잘못된 생각을 수정한다. 예를 들어, 꼭 8시간을 자야지만 이상적인 숙면을 취한다고 생각하는 환자에게 수면 일지를 작성하게 하여 총수면시간과 낮 동안의 에너지는 무관하다는 증거를 수집하여 부정적인 인지를 수정하고 대안 사고를 유도한다.
광 치료(Light Therapy)	모든 환자에게 적용이 되지 않고, 특히 저녁형 성향이 강한 내담자, 혹은 우울증 공병 증상이 있는 환자에게 적용하면 효과적이다. 기상 후 15분 이내로 45분 동안 광 치료기기를 사용하거나 야외에서 햇볕을 쬔다.

일어난 횟수(Number of Awakenings, NWAK), 침대에 누워 있는 시간(Time in Bed, TIB), 총수면시간(Total Sleep Time, TST), 그리고 수면 효율성(Sleep Efficiency, SE)과 같은 수면 지표를 계산하는 데 이상적이다.

그 이외에도, 낮잠 횟수와 시간, 복용하는 수면제의 종류와 양, 수면의 질, 주간 졸림증과 같은 지표도 수면 일지에 기록하도록 한다. 첫 번째 회기 이후, 위에서 언급한 다섯 가지 치료 요법을 시행하는데, 특별하게 정해진 치료 순서는 없다. 그러나 현재 다섯 가지 치료 요법 중에 자극 조절과 수면 제한은 근거기반 효율성이 가장 뛰어난 일차 치료로 알려져 있으며, 그 이외에 수면 위생, 이완 요법, 그리고 인지 요법은 이차 치료로 주로 사용되고 있다.

수면 잠복기(Sleep Onset Latency, SOL)

입면 후 각성 시간(Wake After Sleep Onset, WASO)

총수면시간(Total Sleep Time, TST)

침대에 누워 있는 시간(Time in Bed, TIB)

잠든 후 일어난 횟수(Number of Awakenings, NWAK)

불을 끈 시간(Lights Off, LO)

침대에 들어긴 시간(Bed Time, BT)

기상 시간(Wake Time, WT)

수면 교육

치료에 앞서, 수면에 대한 간단한 교육을 하는 것은 중요하다. 이는 CBTI가 과학적 근거에 뒷받침하여 이루어진다는 설명에 해당되기도 하며, 환자도 수면에 대한 이해가 있어야 치료에 더 잘 임할 수 있다. 공존하는 질환에 따라 교육 내용이 달라질 수 있지만, 기본적으로 정상 수면의 구조와 수면의 2요인 모델에 대한 설명을 포함하는 것이 좋다.

정상 수면의 구조 정상적인 수면은 비REM 수면과 REM 수면으로 이루어진다. 비REM 수면은 3단계로 이루어져 있으며, 뇌파의 변화에 따라 단계가 구분된다. (원래 비REM 수면은 4단계로 구성되어 있었으나, 2007년도에 미국수면학회에서 3단계와 4단계의 구분을 없애며 비REM 수면은 3단계로 바뀌었다.) 비REM 수면의 1단계는 가수면 상태이며, 숫자가 높아질수록 더 깊은 수면에 들어가며, 3단계 수면은 '서파 수면'으로 깊은 잠을 자고 있다는 것을 의미한다. 많은 경우, 1단계 수면 상태에 있는 사람들은 (코를 골며) 자고 있는데도 불구하고, 깨우면 본인은 잠을 자고 있지 않았다고 보고한다. 그 반면, 3단계 수면에 있는 사람들은 간혹 수면 중에 깨서 휴대전화로 통화를 했는데도 불구하고 다음 날 일어나서 물어보면 그 통화에 대한 기억이 전혀 없다고 대답한다. 서파 수면인 3단계는 가장 깊은 잠을 자는 단계이며, 잠들고 나서 초기에 가장 많으며, 밤이 깊어질수록 줄어든다(표 1.2 참조).

표 1.2 ● 정상 수면의 단계

수면 단계		하룻밤의 비율	특징
비REM 수면	N1	5%	가수면 상태. 이 수면 단계에서 깨우면 깨어 있었다고 보고함
	N2	40~55%	수면 방추, K-복합
	N3	10~20%	서파 수면, 델타 뇌파가 나오는 수면 단계
REM 수면		20~45%	빠른 안구 운동(Rapid Eye Movements), 수면 마비 단계(atonia) 거의 모든 꿈은 REM 수면에서 이루어짐

수면의 2요인 모델   1982년 수면학자 Borbély는 수면의 2요인 모델(two-process model of sleep)을 제시하였다. 이 모델은 우리의 수면이 어떻게 이루어지는지 설명한다. 치료 장면에서는 보통 〈그림 1.2〉를 함께 제시하며 설명한다. 다음의 내용을 포함하여, 환자의 연령과 교육 수준에 따라 바꾸어 설명을 한다.

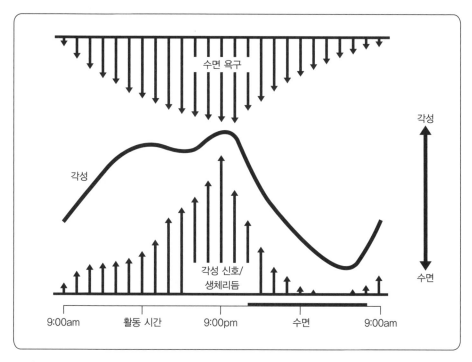

그림 1.2 ● 수면의 2요인 모델(Borbély, 1982)

"수면은 크게 두 개의 과정으로 이루어집니다. 첫 번째 과정은 그래프 상단에 표시되어 있는 수면 욕구이며, 두 번째는 아랫부분에 있는 생체리듬입니다. 이 두 과정의 합산으로 우리가 언제 잠을 자게 될지가 결정됩니다. (9:00am – 9:00am으로 되어 있는 x축을 가리키며) 이 그래프는 24시간으로 이루어진 그래프입니다. 첫 번째 과정인 수면 욕구를 살펴보면, 아래로 향하는 화살표가 길면 길수록 수면 욕구가 증가합니다. 아침에 처음 일어났을 때에는 수면 욕구가 낮지만, 하루 동안 활동을 하게 되면서 수면 욕구가 점점 증가합니다. 밤 시간이 되면 수면 욕구가 최고조에 달하게 되고, 한 번 자기 시작하면 수면 욕구가 감소합니다. 두 번째 과정은 생체리듬입니다. 생체리듬에서의 위로 향하는 화살표는 길면 길수록 더 많은 각성을 의미합니다. 아침에 처음 일어나면 각성 상태가 낮지만, 시간이 점점 지남에 따라 각성이 증가하고, 대략 9:00pm 전후로 우리의 각성 신호는 최고점에 달하게 됩니다. 그렇지만 이때 수면 욕구 또한 가장 높기 때문에 대립되는 두 과정이 존재합니다. 우리가 졸리기 시작하는 시점은, 수면 욕구는 높고, 각성 신호가 약해지기 시작하는 시점이고, 대부분의 사람들은 그것이 9:00~11:00pm 사이입니다. 한 번 자기 시작하면 수면 욕구는 감소하지만, 우리가 깨지 않고 계속 수면을 유지할 수 있는 이유는 이와 같이 각성 신호가 약해지기 때문입니다."

수면 위생

수면 위생은 단독 요법으로 효과적이라는 증거가 적고, 주로 다른 치료 요법과 함께 사용된다. 수면 위생은 환경적 요인이나 행동을 바꿈으로써 불면증 치료를 최적화하고 재발을 방지할 수 있다. 가장 흔하게 사용되는 수면 위생 요법은 취침 시간 전에 과식이나 과음이나 흡연 피하기, 카페인 들어간 음료는 적어도 취침 6시간 전에 마시기, 낮잠 제한, 침실 환경을 쾌적하게 바꾸기와 같은 것이 있다.

자극 조절

자극 조절 요법의 목적은 침대에서 각성 상태로 있는 시간을 줄이고, 침대와 수면에 대한 연관성을 재학습시키는 치료 요법이다. 자극 조절의 치료 지침은 다음과 같다. (1) 졸릴 때에만 잠자리에 든다. (2) 침대는 잠을 자거나 성관계를 위해서만 사용한다. (3) 15~20분 이상 잠을 잘 수 없다면 침대에서 나와 졸릴 때까지 침대에는 가지 않는다. (4) 매일 같은 시간에 기상해서 일정한 수면과 각성 리듬을 구축한다. (5) 1~3 항목을 필요한 만큼 반복한다. 이런 지침은 침대와 침실을 수면을 유발할 수 있는 강한 자극으로 재학습시키기 위해 만들어진 것이다. 자극 조절 요법은 단독 요법으로 효과적이라는 연구 결과가 있으며, 임상 현장에서도 많이 사용되고 있다.

수면 제한

수면 제한은 인위적으로 경도의 수면 박탈을 유발하여, 수면의 질을 향상시키는 요법이다. 수면 제한은 침대에서 각성 상태로 보내는 시간을 줄이며, 총수면시간과 비슷하게 수면을 제한하는 요법이며, 취침 시간과 기상 시간은 1~2주일 동안 작성한 수면 일지 내용을 근거로 정해진다. 수면 제한은 수면 효율성(총수면시간/침대에 누워 있는 시간×100)이 85% 이하인 내담자에게 적합하다. 수면 제한은 내담자가 침대에 누워 있는 시간을 제한하고, 내담자의 수면 항상성 욕구를 사용하여 수면 통합(sleep consolidation)을 증가시킨다. 수면 제한을 실시할 때, 내담자의 총수면시간과는 관계없이 침대에서 보내는 시간을 5~5.5시간 이하로 제한하지 않는다.

> **수면 효율성＝(총수면시간/침대에 누워 있는 시간)×100**

CBTI 치료기간 동안 내담자의 수면 효율성을 지속적으로 관찰하며, 수면 일지와 내담자의 보고에 따라 수면 효율성이 85% 이상이면 침대에 있는 시간을 상향 조정하고(원칙적으로 1주일에 15~30분 증가), 85% 이하이면 하향 조정한다(자세한 수면제한 방법은 부록 1 참조).

이완 요법

이완 요법은 과다각성을 줄이는 데 효과적이며, 특히 입면 불면증이 심한 내담자에게 도움이 될 수 있다. 가장 흔하게 쓰이는 이완 요법은 점진적 이완 요법(progressive muscle relaxation)과 호흡 요법(diaphragmatic breathing)이다. 점진적 이완 요법은 몸 전체의 근육근을 차례로 힘을 주었다가 이완하는 요법이다. 이 외에도 바디 스캔과 같이 몸의 한 부분을 순서대로 집중을 하거나, 심상요법(autogenic training)과 같이 평화로운 풍경을 상상하며 이완을 증가시키는 것이 있다. 현재 어떤 이완 요법이 불면증 증상에 더 효과적인지에 대한 연구는 없다. 최근에는 마음챙김 명상(mindfulness meditation)이나 바이오 피드백을 이완 요법에 사용하는 경우도 있다(이완 요법에 사용할 수 있는 매뉴얼은 부록 3, 4 참조).

인지 요법

인지 요법은 한 개인이 가지고 있는 역기능적인 생각을 변화시키기 위해 고안된 하나의 정신치료적 기법으로, 여러 정신과적 질환의 치료에 적용되고 있다. 불면증의 치료에 적용되는 인지 요법은 불면증을 지속시키는 왜곡된 역기능적 생각을 보다 합리적이고 현실적인 생각으로 대체하는 치료 요법이다.

불면증에서 역기능적 생각의 역할 불면증은 고용, 결별, 내과적 질환, 사별과 같은 생활의 변화 등에 의해 유발된다. 대부분의 경우에는 스트레스 요인이 사라진 다음이나 그 요인에 적응된 이후에 수면은 정상화된다. 그러나 어떤 사람들에게는 불면증이 만성화될 수도 있다. 특히 불면증에 대해 비합리적인 믿음이나 지나친 걱정이 있는 경우에 더욱더 그러하다. 이러한 경우, 불면증 증상을 위험이나 통제력 상실로 해석하게 되고, 잠을 잘 자지 못하는 것에 대해 지나치게 걱정하고, 잠을 못 잤을 경우 다음 날 생활에 영향을 받는 부분에 대해서도 지나치게 걱정을 한다. 즉 수면에 대한 그릇된 믿음과 잘못된 생각이 있다면 이를 교정하는 것이 숙면에 도움이 된다.

잠을 못 자는 것에 대해 걱정하거나, 수면에 대한 비현실적인 기대는 스트레스를 증가시켜 불면증을 악화시키는 악순환이 일어날 수 있다. 수면에 대한 잘못된 생각을 수정함으로써 수면과 관련된 불안이나 과다각성을 감소시킬 수 있다. 내담자는 수면에 대한 여러 가지 역기능적 사고를 할 수 있다. 예를 들어, 내담자는 불면증 증상이 다음 날 낮 시간 동안의 기능에 미칠 영향을 지나치게 걱정하거나, 8시간 이상 꼭 자야 한다는 생각을 가지고 있을 수 있다. 이런 역기능적 사고를 현실적이고 적응적인 사고로 대체하는 것이 인지 요법의 목표이다.

불면증 관련 인지 요법 불면증과 관련한 인지 요법은 정서적 반응을 감소시키고 수면을 증진시키기 위해 역기능적 믿음과 태도를 변화시키는 데 초점을 맞춘다. 이 치료의 주된 목적은 (1) 수면 욕구와 낮 동안의 기능에 대한 비현실적인 기대, (2) 불면증의 원인에 대한 착오와 잘못된 기인, (3) 그러한 결과에 대한 그릇된 지각, (4) 수면을 증진시키는 방법에 대한 잘못된 믿음을 알게 하는 것이다. 수면장애의 존재를 부정하거나 잠을 못 자는 것이 우리의 삶에 미치는 영향을 과소평가하는 것이 아니라, 불면증과 그 결과를 보다 현실적이고 합리적인 관점에서 볼 수 있도록 유도하는 것이다. 또한 스스로를 불면증으로 인한 피해자라고 여기는 경우가 많기 때문에 낮 동안의 장애에 대한 대응 기술을 강화시키는 것이다.

첫 단계는 내담자에게 자동적 사고 기록지나 질문지를 통해 수면과 관련된 자동적 사고를 기록하도록 한다. 이를 통해 수면과 관련된 잘못된 자동적 사고가 밝혀지면 내담자가 자동적 사고를 대체할 수 있는 적응적 사고로 바꿀 수 있도록 유도한다. 치료자는 내담자가 하는 자동적 사고가 진리라고 간주하기보다는, 그 상황에서 할 수 있는 여러 가지 해석 방법 중 하나라는 점을 알린다. 마지막 단계는, 내담자가 다른 해석 방법을 통해 가장 적응적이고 현실적인 대체 생각에 도달할 수 있게 도와준다.

불면증 환자가 흔하게 하는 역기능적 생각

Q 하루에 꼭 8시간은 자야 낮 동안 기능을 할 수 있다?

A 사람이 하룻밤 동안 자는 잠은 평균 7~8시간이지만 매번 8시간 잠을 잘 잘 수 있는 것은 아니다. 또한 사람마다 잠자는 시간이 차이가 있기 때문에 본인에게 알맞은 시간을 알아보는 것이 중요하다. 그 잣대는 낮 시간 동안 피곤함 및 졸림을 느끼는지가 되어야 하고, 잠을 적게 자도 낮 시간 동안 지장이 없으면 괜찮은 것이다. 잘못된 수면습관과 잠에 대한 집착 또는 불안으로부터 자유로워지면서 본인이 잘 수 있는 양의 잠을 자연스럽게 자는 것이 중요하다. 또한 수면은 기분을 따라가는 경우도 많다.

Q 하룻밤에 몇 번씩 깨서 다시 빨리 잠들지만, 나에게 악영향을 미치는 것 같다?

A 밤중에 몇 번씩 깨는 것은 정상적인 수면의 일부분이다. 기억은 하지 못하지만 우리가 정상적으로 밤마다 깨는 횟수는 평균 12번이다.

Q 불면증은 타고난 것이므로 통제가 불가능하다?

A 앞서 배웠듯이, 모든 사람은 소인적인 요인을 어느 정도 타고나긴 하지만, 소인적인 요인만으로는 불면증에 걸리지 않는다. 불면증을 유발하고 지속시키는 요인은 흔하게 행동적 · 인지적 요인으로 스스로 통제할 수 있다.

Q 잠을 잘 못 자면 다음 날 일을 제대로 할 수 없다?

A 밤에 취하는 수면과 다음 날 낮 기능과는 일대일의 관계가 아니다. 밤에 잠을 잘 잤어도 다음 날 본인을 피곤하게 할 수 있는 요인들이 많다. 예를 들면, 현재 복용하는 다른 약물의 부작용, 카페인 리바운드, 우울증, 식습관, 통증, 과도한 운동, 비만, 염증 등이 있을 수 있다. 그렇기 때문에 잠을 잘 잤다고 꼭 다음 날 낮 시간 동안 일을 제대로 할 수 있는 것은 아니다.

Q 어젯밤에 잠을 잘 못 잤으니 오늘은 낮잠(또는 늦잠)을 자야 제대로 생활할 수 있다?

A 수면의 질이 수면의 양보다 더 중요하다. 더불어 침대에서 더 오랜 시간을 지내면 수면 욕구와 생체리듬을 방해하기 때문에 우울증에 걸릴 확률이 증가할 수 있다.

Q 나이가 들면 불면증에 걸리는 것이 당연한 것이다?

A 나이가 들수록 더 자주 깨는 것은 사실이지만 모든 노인이 불면증이 있는 것은 아니다. 나이가 들수록 불면증을 예방할 수 있는 방법은 여러 가지가 있다.

광 치료

일주기 리듬 장애(Circadian Rhythm Disorders)가 있는 사람들은 불면증 치료 항목에 더하여 광 치료가 부수적으로 필요할 수 있다. 심한 저녁형 혹은 아침형인 사람들은 이런 일주기 리듬 장애를 한 번쯤 의심해 볼 수 있다. 이런 사람들은 아침 혹은 저녁에 밝은 빛에 노출되면 일주기 리듬에 영향을 주어, 각성 및 취침 시간을 어느 정도 조정할 수 있다. 또한 우울증이 심한 내담자 같은 경우에는 우울증 증상 호전에도 도움이 될 수 있다. 광 치료에 대한 추가적인 내용은 제6장에서 다룬다.

CBTI는 몇 회기로 구성되어 있는가?

CBTI는 기본적으로 단기 치료이다. 연구에 의하면 최소한 4회기는 진행되어야 어느정도 치료 효과를 볼 수 있다고 한다. 그렇지만 동반되는 정신 질환 혹은 신체 질환이 많거나, 불면증 증상이 심각할수록 더 많은 회기가 필요할 수 있다. CBTI는 개인형식과 집단 형식 모두 가능하며, 어떤 것이 더 우세하다는 연구는 없고 각자의 장단점이 있다. 개인 치료는 한 내담자에게 더 많이 집중할 수 있고, 그 사람의 수면 문제에 더 깊이 개입할 수 있는 기회를 준다. 그 반면, 집단 치료에서는 각 내담자의 사례가 각자 다르고 시간은 한정되어 있기 때문에 개인 치료만큼의 깊이는 부족할 수 있지만, 비슷한 상황에 놓인 여러 불면증 내담자와 함께 잠에 대한 고민을 나누다 보면서로 의지가 될 수 있는 좋은 지지 기반이 마련될 수 있다. 따라서 각 내담자의 문제, 상황, 성격에 따라 회기를 어떤 형식으로 진행할지 맞추는 것이 중요하다.

CBTI의 효과성

CBTI의 효과성은 1990년대 여러 연구를 통해 증명되었다. 현재 *NIH Consensus Statement*와 *British Association of Psychopharmacology*에서는 CBTI를 불면증을 위한 가장 효과적이며 일차적인 치료법으로 권하고 있고, 2016년 5월에는 미국내과의사협회(American College of Physicians)에서도 공식적으로 불면증에 대해 약물 치료 이전에 CBTI를 일차적인 치료법으로 권했다. 그만큼 미국에서는 약물 치료보다는 불면증의 비약물적인 치료가 보편화되고 있다. 한 연구에서 CBTI와 약물 치료를 비교한 논문들을 메타 분석한 결과, CBTI는 단기적으로 수면을 향상시키는 효과를 갖고있으며, 약물 치료와 동일한 효과가 있다는 결론을 내렸다. 치료 항목 중에 수면 제한, 이완 요법, 자극 조절은 불면증을 치료하는 데 있어서 단독으로 효과적이다. 또한 CBTI는 불면증에 대한 왜곡된 생각을 바꿔 줌으로써 치료 효과를 유지시켜, 약물치료보다 장기적인 효과가 있다. 그 외에도 불면증 환자들이 약물 치료에 비해 CBTI를 더 선호한다는 점에서 치료에 대한 접근성이 더 좋다.

　CBTI는 수면제를 끊기 원하거나 수면제의 의존성에 대한 우려가 있는 환자들에게도 좋은 대안이 될 수 있다. 많은 환자들이 불면증 클리닉에 찾아오는 가장 큰 이유도 수면제 복용을 중단하고 싶어서이다. 한 연구에서는 수면제를 복용하고 있는 만성 불면증 환자들에게 CBTI를 적용 후, 수면제를 제한하라는 지시를 특별히 주지 않았는데도 불구하고 수면제 복용이 23.5%나 감소하였으며, 환자들의 잠이 드는 시간, 잠들고 나서 깨어 있는 시간, 수면 효율성, 불면증 심각도 지표와 수면에 대한 부정적인 태도가 모두 감소되었다. 즉 CBTI는 수면제 장기 복용자에 대한 대체 치료법이 될 수도 있다는 결론을 조심스럽게 내릴 수 있다.

많은 내담자들이 흔하게 하는 질문은, "약이 더 효과적이냐, 심리 치료가 더 효과적이냐?"라는 것이다. CBTI와 약물 치료를 비교하면, 단기간(1주일 이내)에는 약물 치료의 치료 효과가 CBTI보다 크다. CBTI와 약물 치료의 효과가 4~8주 이내에는 동일하지만, 약물 치료는 약물 중단과 함께 치료 효과를 유지하기 힘들다는 단점이 있다. 연구 결과에 따르면, 치료 초기에는 복합적 치료(약물 치료 + CBTI)가 단독 치료(CBTI, 약물 치료)보다 우세하다.

CBTI는 모든 연령대에 적용할 수 있는 효과적인 치료라고 증명되었다. 23개의 연구를 메타 분석하여 55세 전후의 연령대를 비교한 결과, 모든 연령대에서 수면 잠복기 및 입면 후 각성 시간을 감소시켰고, 수면의 질도 향상시켰다.

불면증과 공존하는 정신 및 신체 질환

불면증이 신체 질환 혹은 정신 질환과 공존하는 유병률은 약 28% 정도이다. 종단 연구에 의하면 불면증은 정신 질환을 유발하는 위험 요인이며, 공존하는 정신 질환을 치료한다고 해도 불면증이 잔여 증상으로 남을 확률이 높다. 만성 통증 환자는 불면증 증상과 이 때문에 낮 시간 동안의 기능 장애가 있을 확률이 세 배나 높다고 보고되며, 당뇨병, 심장병, 그리고 만성 허리 통증 환자의 불면증 유병률은 16~33%로 알려져 있으며, 만성 통증 환자의 불면증 유병률은 88%라고 보고되었다. 이와 같이 만성 신체 질환을 앓고 있는 환자들은 불면증 혹은 수면장애를 갖고 있는 비율이 일반 인구에 비해 훨씬 높다.

수면 박탈이 면역 체계, 통증 지각 능력, 신진대사 기능, 인지 기능과 기분에 부정적인 영향을 준다는 연구 결과를 근거로, CBTI가 정신 질환 혹은 신체 질환과 공존하는 불면증이 있는 환자들에게 특별히 유용한 이유는 다음과 같다. 첫째, CBTI는 불면증을 치료함으로써 공존하고 있는 신체 질환 혹은 정신 질환의 증상을 완화할 수 있으며, 공존 질환의 재발을 방지할 수 있다. 둘째, 환자나 의사들이 수면제의 장기 복용에 대해 갖고 있는 우려를 덜어 줄 수 있다. 셋째, 공존 불면증을 갖고 있는 환자, 약물 남용자, 다른 약을 많이 복용하는 만성 질환 환자나 노인들이 CBTI를 통해 수면제 복용을 줄일 수 있다면, 약물 상호작용이나 부작용에 대한 가능성을 낮출 수 있다.

불면증과 공존하는 만성 신체 질환 혹은 정신 질환은 CBTI 치료를 준수하는 데 영향을 미칠 수 있기 때문에 공병에 대한 정보를 갖고 있는 것이 중요하다. 예를 들어, 만성 통증이 있는 환자는 통증이나 피로감 때문에 침대에서 오랜 시간을 보낼 수 있고, 우울한 환자는 침대를 도피처로 사용하여, 두 환자군 모두 낮잠 시간이 길어질 수 있다. 또한 공존하는 질환을 치료하기 위한 약물 치료는 불면증 치료를 방해할 수 있다. 예를 들어, 에이즈를 치료하기 위한 약물 치료에서는 각성제를 사용하는 경우가 많으며, 그 이외에도 만성 통증 환자의 진통제는 환자를 졸리게 만들어, 수면 제한에서 제안하는 기상 시간을 지키기 어려워질 수 있다.

또한 공존하는 질환 때문에 진정제를 복용 중이라면 밤중에 침대에서 나오다가 사고가 날 우려가 있기 때문에 CBTI 항목 중 자극 조절 요법을 생략하거나 환자에 맞게 수정할 필요가 있다. CBTI는 모든 불면증 환자에게 알맞은 치료가 아니고, 모든 환자에게 획일적인 치료를 제공하면 오히려 해를 끼칠 수 있다. 그렇기 때문에 개개인의 사정이나 공존 질환에 따라 치료를 변경할 필요가 있다는 점을 시사한다. 맞춤형 CBTI를 제공했을 때만이 불면증과 공존하는 신체 질환 혹은 정신 질환이 있는 내담자들에게 효과적인 치료가 될 수 있다.

CBTI는 불면증과 공존하는 정신 질환에도 효과가 있다. 정신과 진단 기준인 DSM-5의 진단 기준만 봤을 때에도 수면장애는 많은 정신 질환의 증상으로 나타난다. 예를 들어, 주요 우울 장애의 진단 기준 중에는 '거의 매일 나타나는 불면이나 과다 수면(insomnia and hypersomnia everyday)', '거의 매일의 피로나 활력 상실(fatigue or loss of energy everyday)'이 있으며, 불면증 증상은 자살 시도 환자들에게 나타나는 10가지 초기 경고 증상 중 하나라고 미국 약물남용·정신건강서비스국(SAMSHA)에서 보고하고 있다. 또한 양극성장애의 진단 기준에는 '수면에 대한 욕구 감소(decreased need for sleep)', 범불안장애의 진단 기준에는 '수면장애(sleep disturbance)', '쉽게 피로해짐(being easily fatigued)', 그리고 외상 후 스트레스 장애의 진단 기준에는 '외상에 대한 반복적이고 괴로운 꿈(recurrent distressing dreams of the event)' 그리고 '잠들기 어려움 또는 수면을 유지하기 어려움(difficulty falling or staying asleep)'이 있다. 이와 같이 많은 정신 질환의 진단 기준에 수면과 관련된 항목이 포함됐다는 점을 고려한다면, 불면증 치료를 통해 정신 질환의 증상이 동시에 완화될 수 있다고 볼 수 있다.

불면증과 공존하는 정신 질환 중 가장 많이 연구가 된 질환은 우울증이다(자세한 내용은 제3장 참조). 한 연구에 의하면 CBTI에 참여한 환자 중 우울증의 진단 여부와 상관없이 80%가 불면증 증상이 완화되었으며, 우울증이 있는 환자들은 특별한 우울증 치료 없이도 우울증 증상이 완화되었다고 보고되었다. CBTI에 참가한 우울증 환자들의 57%는 불면증 치료 후에 더 이상 우울하지 않다고 대답하였으며, 그중 13%는 우울증 증상이 40% 완화되었다고 보고하였다. 이 연구는 우울증과 불면증의 관계가 복합적이라는 것을 보여 주며, 우울증 환자에게 우울증 치료를 한다고 해서 꼭 불면증이 치료가 되지 않는다는 점도 시사한다. 더 나아가, 다른 연구들은 불면증이 우울증, 그리고 자살 생각을 유발할 수 있는 위험 요인이라고 보고하고 있다.

이와 같이 불면증은 많은 공존 질환을 동반할 수 있기 때문에 치료가 복잡해진다. 공존 질환이 전혀 없는 환자와 있는 환자의 치료 장면은 똑같은 치료더라도 많이 달라 보일 수 있다.

🖉 사례에 대한 치료자 노트

강 모 씨는 20대 초반 여학생으로, 18살 때부터 불면증 증상이 시작되었다고 보고 하였다. 그녀는 18살에 친척 오빠가 수면 도중 자연사한 이후로, 잠들기 어려운 증상을 경험했다. 현재 학교 근처에서 자취를 하는데, 자취하는 집에 공간이 협소 하여 집에 들어가면 항상 침대에서 생활했다. 그녀는 잠들기 위해 최소 2시간이 필요했으며, 일주일에 한 번은 기상 시간보다 일찍 일어나서 다시 잠드는 데 시간 이 오래 걸렸다. 고등학교 3학년 수험생 생활을 할 때 간헐적으로 수면 유도제를 복용하였으며, 평소 밤에 집중이 잘되고, 심하지는 않지만 다소 지연된 수면 패턴 을 보고하였다. 내담자가 원하는 치료 목표는 "11시에 잠들고 싶다."였다.

내담자는 공존 질환이 크게 없는, 흔히 말하는 '정신생리성 불면증(psychophysi -ological insomnia)'을 갖고 있었다. 우선, 3-P 모델을 기반으로 하여 사례개념화 를 해 보면, 소인적인 요인으로는 본인이 걱정이 많은 성격이라고 보고하였으며, 지연된 수면 패턴이 있다고 했다. 보통 10대에서 20대에는 이런 지연된 수면 패턴 을 보이는 것은 흔한 일이고, 심하지 않으면 굳이 심한 저녁형으로 분류하지 않아 도 된다. 유발 요인으로는 18살 때 지인의 수면 도중 자연사 사건으로 인해 잠들 기 어려운 사건이 있었다. 지속 요인으로는, 잠이 오지 않을 때에도 오랜 시간 깨 어 있는 상태로 침대에 머물러 있는 생활 습관을 가지고 있었으며, 집에서의 모든 활동을 침대에서 했다.

내담자는 총 5회기의 치료를 통해 불면증 증상이 완화되었다.

첫 회기 수면 일지

구분	주중	주말	구분	주중	주말
침대에 들어간 시간	11:00pm	11:00pm	침대에 누워 있는 시간	9시간 30분	10시간
불을 끈 시간	11:00pm	11:00pm	수면 잠복기	2시간 30분	4시간
침대에서 나온 시간	8:00am	9:00am	입면 후 각성 시간	0	0
총수면시간	6시간 30분	6시간	수면 효율성	68.42%	60.00%

내담자의 치료 구성은 다음과 같았다.

내담자가 원하는 치료 목표 : "11시에 잠들고 싶다"

1회기	• 수면 일지 검토 및 약물 중단 • 수면 제한	• 자극 조절 • 버퍼 존(호흡 요법)
2회기	• 수면 일지 검토 • 수면 제한 유지 및 자극 조절	• 광 치료, 버퍼 존 • 수면관성 교육
3회기	• 수면 일지 검토 • 수면 제한 유지 및 자극 조절	• 광 치료, 버퍼 존
4회기	• 잠들기 위한 노력에 대한 개입 • 수면 제한 유지 및 자극 조절	• 광 치료, 버퍼 존 • 계획된 걱정의 시간
5회기	• 치료 요약 및 종결	

1주 차 수면 일지(처방된 수면 시간 : 1:30~8:30am)   주중 SE(%) : 51.67   주말 SE(%) : 71.19

날짜	1일 차	2일 차	3일 차	4일 차	5일 차	6일 차	7일 차
침대에 들어간 시간	5:00pm	5:00pm	6:00pm	7:00pm	8:00pm	10:00pm	12:00am
불을 끈 시간	5:00pm	10:00pm	9:00pm	8:00pm	8:00pm	10:00pm	12:00am
침대에서 나온 시간	8:20am	8:30am	8:35am	8:30am	8:30am	8:30am	8:00am
수면 잠복기(분)	210	720	240	240	300	180	90
입면 후 각성 시간(분)	80	10	5	0	10	10	15
침대에 누워 있는 시간	15.33	15.50	14.58	13.50	12.50	6.00	4.67
총수면시간	10.50	3.33	10.50	9.50	7.33	2.83	2.92
수면 효율성(%)	68.48	21.51	72.00	70.37	58.67	47.22	62.50
깬 횟수	1	0	2	0	1	1	1
수면의 질	1	2	3	4	4	7	7
낮잠 여부(분)	0	20	0	0	0	60	40
피로도(0~10)	10	9	6	4	4	3	3

2주 차 수면 일지(광 치료, 버퍼 존 실시) 주중 SE(%) : 86.70   주말 SE(%) : 87.01

날짜	1일 차	2일 차	3일 차	4일 차	5일 차	6일 차
침대에 들어간 시간	1:30am	12:00am	10:00pm	10:00pm	12:00am	12:00am
불을 끈 시간	1:30am	12:00am	10:00pm	10:00pm	12:00am	12:00am
침대에서 나온 시간	8:30am	8:30am	8:30am	8:00am	8:30am	8:30am
수면 잠복기(분)	10	60	120	120	90	30
입면 후 각성 시간(분)	0	0	0	0	0	0
침대에 누워 있는 시간	7.00	8.50	10.50	10.00	8.50	8.50
총수면시간	6.83	7.50	8.50	8.00	7.00	5.50
수면 효율성(%)	97.62	88.24	80.95	80.00	82.35	91.67
깬 횟수	0	0	0	0	1	0
수면의 질	9	7	6	3	4	5
낮잠 여부(분)	0	0	0	0	0	0
피로도(0~10)	9	7	6	3	4	5

3주 차 수면 일지(치료 개입 유지) 주중 SE(%) : 92.64   주말 SE(%) : 94.60

날짜	1일 차	2일 차	3일 차	4일 차	5일 차	6일 차	7일 차
침대에 들어간 시간	12:30am	1:30am	1:30am	1:00am	1:30am	12:30am	1:30am
불을 끈 시간	1:30am	12:00am	1:30am	1:00am	1:00am	12:30am	1:00am
침대에서 나온 시간	8:30am	8:30am	8:30am	8:30am	8:15am	8:30am	8:30am
수면 잠복기(분)	90	30	35	30	10	30	30
입면 후 각성 시간(분)	0	0	0	0	0	0	0
침대에 누워 있는 시간	8.00	7.00	7.00	7.50	6.75	6.00	7.00
총수면시간	5.50	6.50	6.42	7.00	6.58	5.50	6.50
수면 효율성(%)	68.75	92.86	91.67	93.33	97.53	91.67	92.86
수면의 질	5	5	5	4	3	4	8
피로도(0~10)	5	5	5	7	8	4	2
버퍼 존 실시 여부	×	×	○	○	×	×	○
광 치료 실시 여부	×	○	○	○	○	×	○

4주 차 수면 일지(치료 종결)				주중 SE(%) : 89.37		주말 SE(%) : 92.89	
날짜	1일 차	2일 차	3일 차	4일 차	5일 차	6일 차	7일 차
침대에 들어간 시간	12:00am	12:00am	12:00am	12:00am	12:00am	12:00am	12:30am
불을 끈 시간	12:30am	12:30am	1:30am	12:30am	12:00am	12:00am	1:00am
침대에서 나온 시간	8:30am	8:40am	10:00am	8:50am	8:30am	9:00am	8:30am
수면 잠복기(분)	30	90	60	30	30	30	60
입면 후 각성 시간(분)	0	0	0	0	0	0	0
침대에 누워 있는 시간	8.50	8.67	10.00	8.83	8.50	6.00	7.00
총수면시간	8.00	7.17	9.00	8.33	8.00	5.50	6.00
수면 효율성(%)	94.12	82.69	90.00	94.34	94.12	91.67	85.71
수면의 질	4	4	4	4	4	5	5
피로도(0~10)	4	4	7	8	4	4	4
버퍼 존 실시 여부	×	○	×	×	○	○	○
광 치료 실시 여부	○	×	×	×	×	×	×

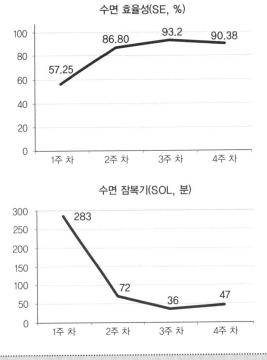

수면 효율성(SE, %)

수면 잠복기(SOL, 분)

제 2 장

●

불면증의 **평가**

현재 불면증을 진단할 수 있는 특정한 생리적 도구나 객관적인 검사는 없다. 많은 사람들은 불면증에 걸리면 병원에 가서 복잡한 검사를 받아야 한다고 생각하기 때문에 병원에 가는 것을 꺼리는데, 불면증은 임상적으로 진단 내리는 것이 가능하기 때문에 수면다원검사와 같은 생리적인 검사를 꼭 해야 할 필요는 없다.

수면다원검사와 같은 생리적인 검사를 받는 이유는, 폐쇄성 수면무호흡증과 같은 신체적인 원인이 있는 수면장애가 공존하고 있거나 이러한 수면장애가 불면증을 유발하는 것은 아닌지 감별 진단하기 위해서이다. 그 이외에도 간혹 주관적으로는 잠을 못 잤다고 호소하지만 수면다원검사에서는 실제로는 잠을 잘 자고 있는 것으로 보이는 일부 불면증 환자들이 있어, 이를 확인하기 위해 검사를 하는 경우도 있다(제19장 수면착각 증후군 참조).

그렇지만 불면증의 진단은 주로 임상 면담을 통해 내릴 수 있다. 불면증의 정확한 진단은 효율적이고 효과적인 치료로 이어질 수 있기 때문에 정확하게 평가하는 것이 중요하다. 불면증을 진단하기 위해 가장 중요한 것은 임상 면담이다. 임상 면담에서 수집된 정보만으로도 불면증 증상, 불면증이 미치는 영향, 불면증이 발생하게 된 배경과 같은 정보를 충분히 얻을 수 있다.

첫 회기 임상 면담에서 해야 하는 것

CBTI를 받기 위해 내담자가 내원한 첫 회기에 꼭 해야 하는 질문이 있다.

- **지난 2주 동안의 수면 패턴은 어땠는가?** 사람마다 매일 조금씩 취침 시간과 기상 시간이 다를 수 있고, 저녁형 성향이 강한 사람 같은 경우에는 수면이 매우 불규칙적일 수 있기 때문에 2주 동안의 수면 패턴을 보는 것이 중요하다. 만약에 지난 2주가 평상시와는 달랐다면, 이전의 수면에 대해서도 꼭 문의한다. 첫 회기 이전에 수면 일지를 미리 제공하여 첫 회기에 지참하라고 지시하는 것도 좋은 방법이다.
- **잠들기 전에 하는 행동이 있는가?** 불면증 환자들은 잠을 못 자는 것이 괴롭기 때문에 잠에 집착하게 된다. 집착하게 되면, 잠들기 전에 하는 '의식(ritual)'이 생길 수도 있고, 너무 이른 시간부터 잠자리에 들 준비를 하게 될 수도 있다. 예를 들어,

어떤 내담자는 자기 전에 꼭 지루한 법학 교과서를 2시간 이상 읽다가 잠든다고 한다. 또 어떤 내담자는 10시에 잠자리에 드는데, 저녁 6시부터 잠옷을 입고 잠자리에 들 준비를 4시간 동안 한다고 한다. 이런 행동을 보이면 잠을 자기 위해 너무 많은 노력을 하는 것이고, 지나친 노력은 불안 증상을 증가시켜 수면을 방해한다.

- **수면제를 복용하고 있는가?** 불면증 환자 중 수면제를 장기간 복용한 환자들이 간혹 있다. 수면제의 복용 여부뿐만 아니라, 수면제를 어떻게 복용하는지도 중요하다. 예를 들어, 수면제를 매일 복용하는지, 혹은 잠이 안 오는 날만 복용하는지와 같은 질문은 중요하다. 특히 수면제를 복용하는 환자들 중에는 의사의 지시를 듣지 않고, 잠이 오지 않으면 수면제를 증량하거나, 술과 같이 복용하는 의존성이 강한 습관을 보이는 경우가 있어, 수면제 복용 여부는 특히 검토해야 한다.

- **불면증이 시작된 유발 사건이 있는가?** 많은 경우 불면증 환자들은 특별한 유발 사건이 있다고 보고한다. 주로 개인적으로 힘들었던 스트레스 사건을 유발 사건이라고 보고하며, 스트레스 원인이 사라졌는데도 불구하고 불면증이 지속되는 것이 주요 특징이다.

- **불면증이 생기기 전의 수면은 어땠는가?** 불면증이 생기기 이전에 다른 불면증 삽화는 있었는지, 혹은 유발 사건 이전에는 잠을 잘 잤는지는 치료에 대한 예후에 대해서도 어느 정도 예측하게 해 줄 수 있다. 특히 예민한 사람들은 어렸을 때부터 불면증 증상을 주기적으로 경험했거나, 특별히 유발 사건이 없다고 대답하는 경우가 많고, 전문용어로 이런 내담자를 '특발성 불면증(idiopathic insomnia)'이 있다고도 한다.

- **낮잠은 자는가?** 많은 불면증 환자들은 부족해진 수면과 피로감을 보상하기 위해 낮잠을 자기 시작한다. 짧은 낮잠은 피로 회복에 도움이 될 수 있지만, 너무 긴 낮잠은 밤 시간의 수면에 대한 욕구를 빼앗아 갈 수 있기 때문에 언제, 얼마만큼의 시간 동안 낮잠을 자는지 파악하는 것이 중요하다.

- **일주기 유형** 불면증 클리닉을 내원하는 환자들의 30~40%는 일주기리듬 장애를 동반하고 있다. 이 중 특히 '지연성 수면위상 증후군(Delayed Sleep Phase Syndrome)'이라고 하는, 극단적인 저녁형 성향을 갖고 있는 사람들이 대부분이다. 저녁형 성향이 강한 사람들은 특히 불면증에 걸릴 수 있는 취약적 요인이 높다. 따

라서 타고난 저녁형 성향과 현재 환자의 낮 시간 동안의 스케줄이 일치하는지에 대한 질문을 하는 것이 좋다. 그 이외에도 심한 아침형 성향을 갖고 있는 '진행성 수면위상 증후군(Advanced Sleep Phase Syndrome)'인 사람들은 저녁형 성향이 강한 사람들과 반대로, 초저녁부터 졸리고 너무 일찍 일어난다. 불면증 클리닉에서는 아침형 성향이 강한 사람들보다 저녁형 성향이 강한 사람들이 더 많이 내원한다(더 자세한 내용은 제7장 참조).

- **혹시 다른 수면장애는 없는가?** 다른 수면장애 때문에 불면증이 생기는 경우가 있다. 예를 들어, 폐쇄성 수면무호흡증(Obstructive Sleep Apnea Syndrome), 하지불안 증후군(Restless Legs Syndrome), 주기성 사지운동장애(Periodic Limb Movement Disorder), 기면증(Narcolepsy), REM 행동 장애(REM Behavior Disorder)와 같은 다른 수면장애가 있다. 하지불안 증후군을 제외하고는, 다른 수면장애는 수면다원검사(polysomnography)를 통해서 진단할 수 있다. 불면증 치료에 앞서 다른 수면장애 때문에 불면증 증상이 있는 것은 아닌지 확인할 필요가 있다.

주관적(자기 보고식) 평가 도구

임상 면담과 함께 임상 장면에서는 주관적 평가 도구를 추가적으로 사용하는 경우가 많다. 자기 보고식 질문지를 통해 수면의 불규칙성, 수면의 양과 질, 과다각성 정도, 수면에 대한 특정한 역기능적 생각, 일주기 유형과 같은 다양한 불면증 양상에 대한 추가적인 정보를 수집할 수 있다. 임상 면담에서 수집한 정보와 주관적 평가 도구에서 얻은 정보를 통해 사례개념화를 하여, 보다 정확한 진단을 내리고 내담자에게 맞는 치료 계획을 세울 수 있다.

수면 일지

수면 일지는 불면증이 있는 내담자를 진단할 때 꼭 필요한 도구이다. 초기 면담 이전에 보통 1~2주의 수면 일지를 작성하도록 하며, 수면 일지를 통해 일상적인 수면 양상이 어떤지 알 수 있다. 많은 경우 불면증 환자는 본인이 실제로 자는 것보다 더 안 좋게 보고하는 경향이 있기 때문에 수면 일지를 작성하는 것은 진단의 중요한 부분이다. 수면 일지의 형식은 다양하지만, 기본적으로 침대에 들어가는 시간, 잠을 자기 위해 실제로 불을 끈 시간, 입면 후 깨어 있었던 시간(예를 들어, 화장실 갔다 온 시간), 밤에 깬 횟수, 계획했던 것보다 일찍 일어나서 다시 잠들지 못한 시간, 침대에서 나온 시간, 그리고 총수면시간을 작성한다(부록 2 참조).

수면 일지에서 수면 정보를 수집하는 것은 여러 가지 장점이 있다. 수면 일지에서 얻은 정보를 바탕으로 수면 효율성(제1장에서 소개)을 계산할 수 있고, 그 이외에도 수면제를 복용하는 양상도 알 수 있다. 많은 불면증 환자들은 수면제를 규칙적으로 먹지 않고, 초저녁에 수면제를 복용하지 않고 잠을 청해 보다가 오랜 시간 깨어 있는 상태로 뒤척인 뒤에야 수면제를 복용한다. 또한 잠이 오지 않으면 수면제를 처방된 용량보다 더 많이 복용하기도 한다. 수면 일지를 통해 이러한 양상을 잘 파악할 수 있다.

또한 많은 불면증 환자들이 매일 잠을 못 자는 것은 아니다. 불면증 환자들은 불면 증 증상이 심한 날이 있으면, 그다음 날에는 높아진 수면 욕구 때문에 잠을 잘 자는 날도 있다. 그렇기 때문에 불면증이 없는 환자들에 비해 수면이 불규칙적이다. 수면 이 불규칙적이기 때문에 예측 불가능하고, 이로 인해 오히려 잠을 잘 잘 수 있을까에 대한 걱정이 높아지게 된다. 불면증 환자는 왜 어떤 날은 잘 자고, 어떤 날은 못 자는 지 스스로 파악하기 위해 수면을 둘러싼 경직된 의식을 가지게 되는 경우가 많다. 그 렇기 때문에 수면의 불규칙성에 대한 부분도 수면 일지에서 확인할 수 있다.

그 이외에도 수면 일지를 사용하면 좋은 점은 보통 수면 일지를 내담자에게 맞춰 서 어떤 요인이 내담자의 수면에 영향을 미치는지 알 수 있다는 것이다. 예를 들어, PTSD 환자에게는 악몽의 횟수를, 알코올 의존 환자에게는 술을 마시는 양을 수면과 같이 측정할 수 있다. 많은 불면증 환자들은 본인의 역기능적인 행동이 수면에 직접 적으로 어떤 영향을 미치는지 모르는 경우가 많기 때문에, 수면 일지를 통해 보여 줄 수 있다. 술을 많이 마신 날에는 그날 밤의 수면이 다른 날에 비해 특별히 분절되어 있고 다음 날의 주간 피로도가 높다는 것을 회기 내에서 보여 주면서 행동의 변화를 주는 데 동기를 부여해 줄 수 있다.

불면증 증상 심각도 및 수면의 질

수면의 질과 불면증의 심각도를 측정하기 위해 가장 많이 사용되는 질문지는 불면증 심각성 척도(Insomnia Severity Index, ISI)와 피츠버그 수면의 질 척도(Pittsburgh Sleep Quality Index, PSQI)이다. 불면증 심각성 척도(ISI)는 짧고 채점이 쉽기 때문에 임상 장면에서 가장 많이 사용되는 질문지이다. 총 7문항으로 구성되어 있으며, 지난 2주 동안의 불면증 증상 심각도에 대해서 물어본다. 15점 이상부터 임상군으로 분류된다.

피츠버그 수면의 질 척도(PSQI)는 총 19개의 문항으로 구성되어 있으며 지난 한 달 동안의 수면의 질에 대한 질문으로 구성되어 있다. 점수가 높을수록 수면의 질이 낮다는 것을 의미하며, 5점을 기준으로 수면의 질이 좋고 나쁜 사람을 구분한다. 두 질문지 모두 임상 장면에서 사용되지만, 진단하기 위해 임상 면담을 대체해서 사용할 수는 없다.

과다각성

과다각성은 만성 불면증 발생의 기제라고 알려져 있다(제4장 참조). 과다각성을 측정하기 위해 가장 많이 사용되는 질문지는 수면 전 각성 척도(Presleep Arousal Scale, PAS), 과다각성 척도(Hyperarousal Scale, HAS), 글라스고 수면노력 척도(Glasgow Sleep Effort Scale, GSES), 그리고 포드 스트레스에 대한 불면증 반응 검사(Ford Insomnia Response to Stress Test, FIRST)이다.

수면 전 각성 척도는 총 16개의 문항으로 구성되어 있으며, 잠들기 전의 인지적 및 신체적 각성을 구분하여 측정한다. 과다각성 척도는 총 26개의 문항으로 구성되어 있으며, 과다각성에 대한 성격적 특성을 측정한다. 글라스고 수면노력 척도는 총 7개의 문항으로 구성되어 있으며, 수면에 대한 노력과 집착을 측정한다. 마지막으로 포드 스트레스에 대한 불면증 반응 검사는 스트레스 반응이 특별히 불면증에 취약하게 만드는 개인의 성격 차이를 측정한다. 이 질문지는 총 9문항으로 구성되어 있으며, 여러 가지 상황에서 불면증 증상을 경험할 확률에 대해 물어본다. 점수가 높을수록 불면증에 취약한 성향이 높다는 것을 의미한다.

수면에 대한 역기능적인 생각

불면증 환자들의 지속 요인은 수면에 대한 역기능적인 생각을 갖는다는 것이다. 가장 흔하게 사용되는 질문지는 수면에 대한 역기능적 생각 척도(Dysfunctional Beliefs about Sleep Scale, DBAS)이다. 원판은 30개의 문항으로 구성되어 있으며, 수면에 대한 역기능적 생각을 측정한다. DBAS의 단축판으로 10개 문항과 16개 문항으로 구성된 질문지 모두 좋은 신뢰도와 타당도를 갖고 있다.

DBAS만큼 많이 사용되지는 않지만 글라스고 생각에 대한 내용 척도(Glasgow Content of Thought Inventory, GCTI)도 사용된다. 총 25개의 문항으로 구성되어 있으며, 수면 개시의 어려움이 있는 불면증 환자들이 잠자기 전에 어떤 생각을 하는지 알 수 있게 측정되는 척도이다. 지난 1주일 동안 잠을 자지 못할 때 생각한 내용에 대해 측정한다.

수면에 대한 역기능적인 생각을 측정하는 두 척도 모두 CBTI에서 인지 재구조화를 할 때 특별히 유용하게 사용될 수 있다.

일주기 유형

불면증 환자 중 일주기 장애를 갖고 있는 환자들이 많은 비율을 차지하기 때문에 환자의 일주기 유형을 확인하는 것은 꼭 필요하다. 가장 많이 사용되는 질문지는 아침형-저녁형 질문지(Morningness-Eveningness Questionnaire, MEQ 혹은 Horne-Östberg Owl-Lark Scale)와 뮌헨 일주기 유형 질문지(Munich Chronotype Questionnaire, MCTQ)이다.

MEQ는 총 19개의 문항으로 구성되어 있으며, 점수가 높을수록 아침형 성향이 강하다는 것을 의미한다. 크게 5개의 유형(명백한 저녁형, 저녁형, 중간형, 아침형, 명백한 아침형) 혹은 3개의 유형(저녁형, 중간형, 아침형)으로 나눌 수 있다.

MCTQ는 평일과 휴일을 구분하여 실제 수면-각성 행동에 대해 질문하며, 휴일의 수면 시간이 개인의 일주기 유형을 나타낸다고 가정한다. 따라서 평일 동안 쌓인 수면 빚(sleep debt)을 고려한 휴일의 중간 수면 시간(mid-sleep time)을 구하는 공식(뒤의 상자글 참조)을 통해 일주기 유형 지수를 산출한다. MEQ와는 반대로, 지수 점수가 높을수록 저녁형 성향이 강하다는 것을 의미한다.

표 2.1 ● 질문지에 따른 일주기 유형 분류 방법

질문지	점수 분류 방범	
	5개 유형	3개 유형
MEQ	명백한 저녁형 : 총점 < 31 저녁형 : 31 ≤ 총점 < 42 중간형 : 42 ≤ 총점 < 59 아침형 : 59 ≤ 총점 < 70 명백한 아침형 : 70 ≤ 총점	저녁형 : 총점 < 41 중간형 : 42 ≤ 총점 < 59 아침형 : 59 ≤ 총점
MCTQ	20%씩 나누어 5집단 유형 구분 가능 MSFsc가 높을수록 저녁형	명백한 저녁형 : MSFsc > 7.25 중간형 : 2.17 < MSFsc ≤ 7.25 명백한 아침형 : MSFsc ≤ 2.17

주간 졸림증 및 피로도

주간 졸림증은 엡워스 졸림 척도(Epworth Sleepiness Scale, ESS), 수면에 대한 기능적 결과 질문지(Functional Outcomes of Sleep Questionnaire, FOSQ), 스탠포드 졸림증 질문지(Stanford Sleepiness Scale, SSS), 그리고 소아 주간 졸림증 질문지(Pediatric Daytime Sleepiness Scale, PDSS)가 있다.

엡워스 졸림 척도는 총 8개의 문항으로 구성되어 있으며, 10점을 임상적 절단점으로 사용하고 있다. 불면증 환자들에게 엡워스 졸림 척도를 사용함으로써 공존하는 폐쇄성 수면무호흡증은 있는지, 환자가 졸림과 피곤함 중 어떤 것을 주로 느끼는지 구분할 수 있다는 점에서 유용하다. 수면에 대한 기능적 결과 질문지는 총 30문항으

로(폐쇄성 수면무호흡증 환자를 대상으로 한국에서 타당화한 설문지는 24문항), 활동 수준, 각성, 친밀성 및 성관계, 전반적인 생산성, 사회적 결과라는 다섯 가지 영역에 수면이 미치는 영향을 측정한다. 점수가 낮을수록 주간 기능에 어려움이 있음을 의미한다.

스탠포드 졸림증 질문지는 일상생활에서의 졸림증을 측정하며, 아침 6시부터 밤 12시까지 매시간 얼마나 졸림을 경험하는지 1점(매우 깨어 있는 상태)부터 7점(매우 졸린 상태)까지 7일 동안 평가하는 질문지이다.

소아 주간 졸림증 척도는 11~15살 사이의 청소년에게 사용하기 적합하다. 원척도 개발의 의도는 주간 졸림증과 학업 성취도와의 관련성을 보기 위해서였지만, 주간 졸림증에 사용한다. 총 8개 문항으로 구성되어 있으며 16점을 절단점으로 사용한다.

피로도 척도 중에서 가장 흔하게 사용되는 것은 한국판 다차원피로척도(Multi-dimensional Fatigue Scale, MFS)이다. 이 척도는 지난 2주 동안 느꼈던 피로 수준에 대해 응답하도록 총 19개의 하위 문항으로 구성되어 있다. 세 개의 하부 척도로 되어 있으며, 전반적 피로도(global fatigue) 8개 항목, 일상생활 기능 장애(daily dysfunctioning) 6개 항목, 그리고 상황적 피로도(situational fatigue) 5개 항목으로 구성된다. 점수가 높을수록 피로 수준이 높은 것을 반영하며, 점수 범위는 19~133점으로, 95점 이상을 '고위험 피로군'으로 사용한다.

폐쇄성 수면무호흡증 고위험 척도

불면증 진단에 앞서, 공존하는 수면장애가 불면증을 유발하고 있는 것은 아닌지 확인하는 것이 중요하다. 만약 수면 클리닉에서 근무하고 있다면 모든 환자에게 수면 다원검사를 할 것을 권고하겠지만, 상담소에 있다면 이런 결정을 하는 것이 쉽지 않을 수 있다. 간단한 질문지로 폐쇄성 수면무호흡증 고위험군인지 판단할 수 있으며, 만약 폐쇄성 수면무호흡증이 의심되면 환자에게 추가 검사를 권하는 것이 중요하다.

베를린 질문지(Berlin Questionnaire, BQ)는 폐쇄성 수면무호흡증의 고위험 요인 세 가지를 분류하여 측정한다. 코골이, 주간 졸림증, 비만과 고혈압 항목에 대해 두 개 이상 해당이 된다면 폐쇄성 수면무호흡증 고위험군으로 분류된다.

이와 비슷하게 STOP-BANG 질문지도 많이 사용한다. STOP-BANG은 코골이

(snoring), 피로감(tired), 관찰된 수면무호흡(observed), 고혈압(pressure), 체질량지수(BMI), 연령(age), 목둘레(neck size), 성별(gender)의 알파벳 첫 글자를 사용한 약자이며, 총 8개의 항목에 해당되는지를 체크하는 질문지이다. 보다 구체적으로는 BMI가 35이상(혹은 30 이상), 50세 이상의 연령, 목둘레(남성은 43cm, 여성은 41cm 이상), 남성인지 여부에 대해 예 혹은 아니요로 응답하며, 예인 경우 1점으로 채점한다. 총점이 0~2점인 경우 정상범위, 3~4점은 중간 위험군, 5~8점은 고위험군에 속한다.

객관적(생리적) 평가 도구

수면다원검사

임상 장면에서 가장 흔하게 사용하는 수면 관련 객관적 검사는 수면다원검사이다. 불면증 진단에는 필요하지 않지만, 주로 다른 수면장애를 진단할 때 사용한다. 실험실에서 하룻밤 자면서 시행하기도 하지만, 요즘은 집에서 할 수 있는 휴대용 수면다원검사도구도 개발이 되었다. 보통 뇌전도(EEG), 안전도(EOG), 근전도(EMG), 그리고 심전도(EKG)를 측정하는 전극을 사용하며, 그 이외에도 호흡, 호흡 노력, 사지운동 등과 같은 정보를 하룻밤 사이에 수집한다. 수면검사실이 있는 대학병원이나 수면전문 클리닉에서 검사받을 수 있다.

액티그래피

상담과 병행하며 사용하기 좋은 객관적 검사는 액티그래피(actigraphy)이다. 액티그래피는 가속도계로, 깨어 있을 때와 자고 있을 때의 움직임을 측정한다. 수면 일지와 병행해서 사용하면 불면증 환자의 주관적 및 객관적 수면 양상에 대한 정보를 모두 수집할 수 있기 때문에 임상 장면에서 특별히 유용할 수 있다. 특히 아동, 인지 기능 장애가 있는 환자, 혹은 시각 장애인과 같은 환자가 오면 수면 일지를 작성할 수 없기 때문에 사용하면 좋다.

불면증 내담자 평가하기

불면증이 있는 환자를 만나면, 위에 언급한 모든 질문지를 작성하게 할 필요는 없다. 가장 중요한 도구인 임상 면담을 통해, 환자에게 맞춰서 필요할 것 같은 질문지를 선택하는 것이 중요하다. 불면증 진단을 위해 최소한 임상 면담은 필수적으로 사용해야 하며, 다른 도구들은 임상적 가설에 대한 확정, 추가 정보 수집, 치료 계획에 대한 구체적인 목표를 세울 때 이차적인 도구로 사용할 수 있다. 특히 객관적 검사는 시간과 비용, 환자의 프로파일을 고려하여 권장하는 것이 좋다. 좋은 치료자라면, 환자에 대한 정확한 이해와 큰 그림을 볼 수 있는 도구를 선택할 것이다.

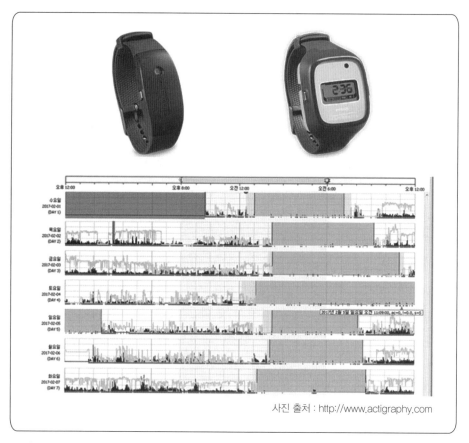

사진 출처 : http://www.actigraphy.com

그림 2.1 ● 액티그래피 기기와 평범한 대학원생의 결과표 예시

앞으로의 장에 대한 소개

제1, 2장까지는 모든 불면증 환자에게 적용할 수 있는 CBTI에 대한 개관과 불면증 평가에 대한 내용이었다. 그렇지만 불면증을 호소하며 찾아오는 환자는 다양하다. 공존하는 질환도 다양하고, 불면증 내에서도 호소하는 증상이 각기 다르다. 앞으로의 장에서는 특정 장애와 공존하는 불면증의 치료에서 어떤 항목을 고려하고 강조해서 환자 개인에게 맞춤형으로 치료를 진행할 수 있는지 상세하게 언급할 것이다. 사례에 대한 치료자 노트는 모든 장에 포함되어 있긴 하지만, 다양한 치료 장면(상담소, 병원)에서 수집한 사례들이기 때문에 수집한 내용이 차이가 있음을 볼 수 있을 것이다. 이처럼 어떤 장면에서도 동일한 불면증 치료를 할 필요가 없다는 것을 시사하며, 내가 있는 기관에 방문하는 환자의 특성에 맞춰 치료를 진행하면 된다.

제 3 장

우울증과 불면증

사례 "칭대에서 일어날 이유가 없어졌어요."

주 호소 노 씨는 58세 남성으로, 잠들기 어려움, 수면 유지의 어려움, 그리고 수면제 의존 때문에 내원하게 되었다. 최근까지 규모가 큰 회사에서 임원까지 했다가 회사가 경제적으로 어려워지면서 정리해고당한 이후, 이전부터 있었던 우울증 증상이 심해졌고, 침대에서 나올 의욕을 상실하였다.

현재 수면 습관

- 취침 시간 : 10:30~11:00pm
- 불 끄는 시간 : 11:00pm
- 잠들기까지의 시간 : 스틸녹스(Stilnox) 복용 시 30분, 미복용 시 1.5~2시간
- 입면 후 각성 시간 : 밤에 2~3번 깨며, 20분 내로 다시 잠듦
- 기상 시간 : 7:00am
- 침대에서 나오는 시간 : 7:00am
- 총수면시간 : 6시간
- 수면 효율성 : 63%
- 수면제 복용 여부 : 스틸녹스(Stilnox) 10mg, 매일(3년간 복용)
- 일주기 유형 : 저녁형

치료 목표 "수면제를 끊고 잠을 더 잘 자고 싶어요."

불면증 과거력 없음

정신과 병력 18년 전 주요 우울 장애를 진단받았으며, 그때부터 심리 치료를 받고 있음. 16년 전 우울증과 불안 증상 때문에 약물 치료를 시작했고[심발타(Cymbalta)], 현재 우울증 때문에 상담을 받고 있다고 보고.

신체 질환 과거력 없음

진단

(DSM-5 기준)

- F51.01(307.42) 불면장애, 지속성, 비수면장애, 정신질환 동반이환 동반
- F34.1(300.4) 지속성 우울장애, 간헐적인 주요 우울 삽화, 현재 삽화를 동반

하는 경우, 중등도
- F41.9(300.00) 명시되지 않는 불안장애

(ICSD-3 기준)
- 만성 불면장애, 주요 우울장애로 인한 불면장애

치료 계획
- 수면 제한 : 권장된 수면 스케줄은 11:30pm~6:30am
- 버퍼 존 : 잠자리에 들기 2시간 전에 마음을 침착하게 할 수 있는 활동을 한다.
- 광 치료 : 기상 후 15분 이내로 광 치료를 45분간 받는다.
- 수면 효율성이 85% 이상이 되면 수면제를 서서히 줄여 나간다.
- 행동 활성화

우울증 환자의 수면

✓ 불면증 때문에 우울증이 생길 수 있다.
✓ 불면증은 우울증의 증상 중 하나로 나타날 수 있다.
✓ 우울증 환자 중 불면증 증상이 있으면 우울증 치료와 별도로 불면증 치료가 필요하다. 우울증 치료만 받으면 불면증은 잔여 증상으로 남아 있을 가능성이 높고, 잔여 증상으로 남아 있는 불면증 증상은 우울증 재발의 가능성을 높인다.
✓ 불면증은 항우울제의 부작용으로 나타날 수 있다.

우울증은 불면증 증상을 동반하는 경우가 흔하다. DSM-5에서 우울증 진단 기준을 보면 '거의 매일 경험하는 불면증 혹은 과다 수면'이 포함되어 있을 정도로 우울증과 불면증은 밀접한 관계가 있다. 특히 불면증 환자의 14~20%는 우울증을 호소하며, 불면증을 경험하는 기간이 길고, 정도가 심각할수록 우울증의 심각도도 증가한다.

우울증은 불면증 때문에 생길 수도 있는데, 잠을 오랫동안 자지 못하면 수면 박탈로 인해 정서 조절에 실패하면서 우울증이 생길 수 있다. 또한 불면증은 우울증의 증

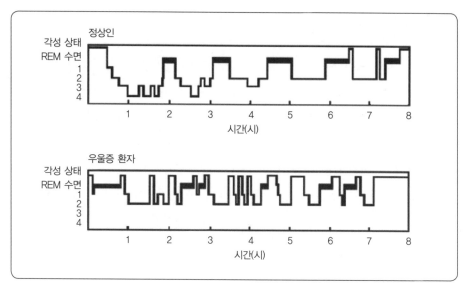

그림 3.1 ● 정상인과 우울증 환자의 수면

상 중 하나로 나타날 수 있다. 우울증의 한 증상인 무쾌감증(anhedonia)으로 인해 많은 환자들이 침대를 도피처로 사용하게 된다. 잠을 자지 않은 상태에서 침대에 오래 누워 있을수록 침대와 각성과의 연관성이 학습되면서 조건화된 불면증이 생기기 쉽다. 많은 불면증 환자들이 침대에서 각성 상태로 누워 있는 것뿐만 아니라, 대부분의 경우 침대에 누워서 반추 행동(rumination)을 반복한다. 이러한 반추 행동을 통해 침대와의 연관성이 학습되면서 밤에 잠을 자려고 해도 학습된 반추 행동이 수면 개시를 방해할 수 있다.

그 이외에도 항우울제로 사용하는 세로토닌 재흡수 억제제(Selective Serotonin Reuptake Inhibitors)를 복용하는 환자들 중 10~20%는 약물의 부작용으로 인해 불면증이 생길 수 있으며[예 : 프로작(Prozac), 졸로프트(Zoloft), 팍실(Paxil)], 우울증 증상을 완화시키기 위해 복용한 수면제가 오히려 각성 상태를 불러일으켜, 조건화된 불면증이 발생할 수 있다.

우울증 환자의 수면은 우울증이 없는 사람의 수면과 질적으로 다르다. 우울증 환자는 우울하지 않은 사람에 비해 빠른 REM 수면, 짧은 REM 수면 시간, 분절된 수면, 그리고 특히 남성에게서는 서파 수면(3~4단계 수면)의 감소를 볼 수 있다.

불면증이 우울증 치료에 미치는 영향

우울증 환자들 중 불면증 증상이 있는 환자는 자살과 알코올 남용에 대한 위험성이 더 높으며, 전반적으로 우울증 증상도 더 심각하다. 이런 환자들은 우울증 치료를 받는 도중 중단할 확률도 높고, 우울증 치료 비율도 낮으며, 치료에 대한 안정적인 효과가 감소하는 것으로 밝혀졌다. 불면증이 있는 우울증 환자는 항우울제나 심리 치료에 대한 반응도 불면증이 없는 우울증 환자에 비해 좋지 않고, 불면증을 함께 치료하지 않으면 우울증 치료를 방해할 수 있기 때문에 불면증을 독립적으로 치료할 필요가 있다. 또한 우울증 치료가 성공적이어도, 불면증이 잔여 증상으로 남아 있을 수 있다. 만약 불면증이 잔여 증상으로 남아 있다면, 이후 우울증 삽화 재발 확률이 더 높아진다. 불면증 치료는 우울증 치료 효과를 향상시키며, 불면증 치료만으로도 우울증 증상이 어느 정도는 개선될 수 있어 우울증 치료에 대해 거부감을 느끼거나 낙인을 두려워하는 환자들에게 우울증 치료로 자연스럽게 이어질 수 있는 하나의 대안책이 될 수 있다.

우울증 환자를 위한 CBTI를 할 때 유의할 점

CBTI 항목은 우울증이 없어도 실시하기 힘들기 때문에, 우울증이 있으면 더욱 많은 어려움을 직면할 수 있다. 그렇기 때문에 우울증 환자들은 중도에 치료를 중단하는 경우가 많아 특별히 신경을 쓸 필요가 있다. 그렇지만 치료를 지속하는 우울증 환자들은 우울증이 없는 불면증 환자들과 비교해도 치료의 효과성은 동일하다고 밝혀졌다.

CBTI 치료 항목 중에는 우울증 환자에게 적용하기 어려운 항목이 있을 수 있다. 예를 들어, 인지 요법의 경우 중증이나 심각한 우울증 증상을 보이는 불면증 환자들은 어려움을 호소할 수 있다. 또한 많은 우울증 환자들이 침대를 도피처로 사용하거나, 일어나도 즐거운 일이 없다고 인지하기 때문에 고정된 취침 시간과 기상 시간을 지키는 것에 대한 어려움을 호소한다. 그렇기 때문에 CBTI를 적용할 때에는 우울증 환자에게 맞추어 치료를 진행해야 한다.

행동 활성화

행동 활성화(Behavioral Activation)는 1970년대 Lewinsohn과 그의 동료들이 제안한 우울증을 위한 행동 이론을 바탕으로 만들어진 치료 기법이다. 이들은 전반적으로 우울한 환자는 일상생활에서도 즐거운 일이 적기 때문에, 동기가 적어도 즐거운 행동을 해서 보상을 받으면 우울한 기분을 어느 정도 향상시킬 수 있다고 주장한다.

우울증을 동반한 불면증 환자는 밤 동안의 나쁜 습관만 개선한다고 해서 불면증이 해결되지 않는다. 환자가 우울증이 있을 때, 많은 경우에는 침대를 도피처로 사용하고, 침대에서 나오기 힘들어한다. 아니, 힘들어한다기보다는 침대에서 나올 이유가 없기 때문에 기상 시간을 정해도 지키기 어려워하는 경우가 많다. 그뿐만 아니라, 우울증 환자들은 정신적 고통에서 벗어나기 위해 저녁에 일찍 잠자리에 들고 싶어 하는 경향이 있다. 그러나 잠자리에 더 일찍 들고, 더 늦게 일어나서 침대에 누워 있는 시간이 길어질수록 불면증 증상은 심해진다. 그렇기 때문에 치료자는 환자가 침대를 도피처로 사용하는 문제를 상담 시간 내에 해결해야 한다.

우울증을 동반한 불면증 환자는 CBTI에서 흔하게 사용하는 수면 제한, 즉 취침 시간과 기상 시간을 처방해 주는 전통적인 치료 기법을 지키기 쉽지 않다. 위에서 언급했던 것처럼, 침대에서 나올 만한 인센티브가 부족하기 때문이다. 또한 침대를 도피처로 사용하다 보면 점점 사회적으로 고립이 되며, 긍정적인 경험의 횟수가 줄어들수밖에 없다. 그 반면, 우울증 환자들이 흔하게 하는 사후 반추(ruminative thinking)를 침대에서 계속 하게 되면, 침대는 더 이상 '잠을 자는 곳' 혹은 '쉬는 곳'이 아니라 '예전에 있었던 부정적인 일에 대해서 회상하는 곳' 혹은 '우울한 생각에 빠지는 곳'이 되어 버린다. 즉 침대와 우울한 생각과의 연관성이 학습되고, 불면증 증상은 심해질 수밖에 없다.

행동 활성화는 두 가지 방법으로 이루어질 수 있다. 첫 번째는 우울증 환자에게 흔하게 사용하는, 내키지 않더라도 어떤(침대에 누워 있는 것 이외의) 활동을 시작하는 것이다. 많은 경우, 초반에 그 행동을 하는 것이 내키지 않았어도 하고 나면 성취감으로 인해 기분이 어느 정도 좋아질 수 있다. 예를 들어 우리가 운동을 하기 전에 하기 싫어도 억지로 하다 보면 하고 나서는 기분이 개운하듯이, 많은 경우에는 그 행동이 내키지 않아도 그 행동을 하다 보면 어느 정도 기분이 좋아지는 것을 볼 수 있다.

두 번째 방법은, 실제로 낮 시간 동안 할 수 있는 즐거운 일을 계획하는 것이다. 저녁 시간에 더 늦게 잠자리에 들 수 있는 활동을 상담 시간에 같이 계획하고, 특히 아침에 기상하는 데 동기 부여가 되는 활동을 낮 동안 계획해 본다. 예를 들어, 기상 시간을 지킬 수 있게 아침에 친구와 약속을 하거나, 아침 운동 수업을 수강하는 등과 같은 활동을 생각해 보고 환자와 상의하여 활동을 정한다. 우울증 환자는 낮 동안 기대해 볼 수 있는 활동이 있으면 아침에 일어나기 수월해진다. 이 방법은 여러 가지 면에서 환자에게 도움이 될 수 있다. 즐거운 일이 있으면 기상 시간을 지키고 강화하는 것이 한층 수월해지고, 또한 많은 불면증 환자들이 흔하게 보이는 양상인 수면에 대해 걱정하는 시간도 감소시킬 수 있다.

많은 불면증 환자들이 낮에는 밤에 잠을 잘 잘 수 있을까 걱정을 하며, 그 생각에 사로잡혀 낮 시간 동안의 활동도 감소하고, 그 생각으로 인해 잠을 자기 위해 더 열심히 노력을 하게 되지만 이러한 잠을 자기 위한 노력은 궁극적으로 수면을 방해하게 된다. 그렇기 때문에 즐거운 일을 계획하면, 수면에 대한 집착과 걱정을 덜 하게

행동 활성화에서 활동 기록지 활용하기

상담 시간에 행동 활성화에 대해 보조적으로 도움을 줄 수 있는 것은 '활동 기록지'이다(이 장 맨 뒤 활동 기록지 예시 참조). 활동 기록지는 두 가지 방법으로 사용할 수 있다.

(1) 처음 환자에게 제시할 때에는, 현재 활동을 하고 있는 일상에 대해서 7일 동안 기록하고, 각 활동에 대해 본인의 감정을 0~100점 척도로 평가하라고 지시한다.
(2) 그다음 회기에는 지난주의 활동 기록지를 같이 검토한다. 지나치게 침대에 오래 누워 있거나 활동이 저조한 시간과 부정적인 감정과의 연관성을 환자와 같이 상의한다.
(3) 새로운 활동 기록지를 제시하며, 다음 일주일 동안에는 누워 있거나 저조한 활동을 하는 대신에 계획할 수 있는 즐거운 일이 있는지 환자와 같이 상의해 본다. 활동은 두 가지로 나눌 수 있는데, 성취도를 증가시킬 수 있는 활동(mastery experiences. 예를 들어, 애완견 산책, 설거지하기, 목욕탕 다녀오기 등)과 기분을 좋게 해 줄 수 있는 활동(pleasant experiences. 예를 들어, 친구와 만나서 즐거운 시간 갖기, 콘서트 보러 가기)이 있다. 성취도를 높이거나 기분을 좋게 해 줄 수 있는 활동을 골고루 계획해 주는 것이 좋다.
(4) 새로운 활동을 시도했다면 상담자는 이런 행동에 대해 상담 시간에 강화해 주고, 수면에 어떤 영향을 미쳤는지 수면 일지와 함께 내담자와 같이 검토해 본다.

됨으로써 자연스럽게 수면에 대한 노력도 감소하고, 자연스럽게 잠도 더 잘 잘 수 있게 된다.

일주기 유형에 대해 질문하기

일주기 유형은 크게 아침형, 중간형, 저녁형 인간으로 나눌 수 있다. 원하는 시간보다 일찍 일어나는 조기 증상은 우울증 환자들에게 흔한 증상이긴 하지만, 원래 타고난 성향이 아침형을 선호했을 수도 있다. 그렇기 때문에 우울증 삽화 이전에 아침형 성향이 강했는지, 조기 증상이 존재했는지 확인하는 것이 중요하다(일주기 장애에 대한 자세한 정보는 제7장 참조).

일주기 유형을 확인하는 것은 수면 제한과 자극 조절을 시행할 때 중요하다. 예를 들면, 아침형 성향이 강한 환자는 우울증 때문에 일찍 일어나는 환자보다 더 이른 기상 시간이 필요하다. 또한 연구에 의하면 저녁형 성향이 강한 사람은 우울증에 걸릴 확률도 더 높다고 한다. 정확한 이유는 명확하게 밝혀지지 않았지만, 많은 저녁형 인간은 주중과 주말의 수면 습관이 불규칙해서 주말에 몰아서 자는 수면 습관을 보이기 때문에 정서 조절에도 어려움이 있을 수 있다. 따라서 규칙적인 수면 습관에 대한 추가적인 교육이 필요할 수 있다.

광 치료와 병행하기

광 치료(Light therapy or Phototherapy)는 계절성 우울증(Seasonal Affective Disorder)을 치료하기 위한 부가적인 치료이며, 불면증과 우울증이 공존하는 환자의 기분 향상 및 생체리듬 조절에 도움을 줄 수 있다. 특히 저녁형 성향이 강한 우울증 환자에게 사용하면 유용할 수 있다(광 치료에 대한 더 자세한 내용은 제7장 참조).

인지 요법 강조하기

불면증 환자 중 우울증이 있는 환자는 우울증이 없는 환자에 비해 역기능적인 생각을 더 많이 가지고 있다. 이런 경향은 잠을 자려고 할 때 침대에서 더 높은 인지적 각성을 일으킬 수 있다. 그렇기 때문에 우울증 환자의 불면증을 치료할 때, 수면에 대해 가지고 있는 인지적 과다각성과 수면에 대한 잘못된 생각, 기대에 대해 특별히 더

신경 써야 한다.

다른 수면장애가 있는지 확인하기

수면무호흡증은 불면증을 동반한 우울증 환자에게서 유병률이 더 높다. 그 이유는 우울증으로 인한 활동성 감소와 체중 증가 때문일 가능성이 높다. 또한 특정 항우울 제 및 진정제는 수면무호흡증을 악화시킬 수 있고, 항우울제의 부작용으로 인해 주기성 사지운동장애(Periodic Limb Movement Disorder)가 생길 수 있다. 그렇기 때문에 수면다원검사를 받아서 다른 수면장애에 대한 감별 진단을 받는 것이 좋다.

📝 사례에 대한 치료자 노트

내담자는 초기 면담을 포함하여 총 5회기에 걸쳐 치료를 받았다(그는 수면 일지 공개를 원하지 않았다). 치료 과정은 다음과 같았다.

- **초기 면담 이후 2회기** : 내담자는 초기 면담 때 처방받은 11:30pm~6:30am을 지키기 어렵다고 호소하였으며, 가장 큰 장애물은 자기 전에 술을 마시는 것이라고 하였다(수면 일지에 의하면 일주일 동안 자기 전에 총 11잔의 술을 마셨다). 회기 내에서 수면제 복용과 동시에 알코올 섭취의 위험성, 알코올 섭취가 수면을 방해하는 것에 대한 교육이 이루어졌으며, 당장 술을 끊기 어렵다면 줄이는 방향으로 합의를 보았다. 하루에 2잔 넘게 술을 마시지 않는 것에 내담자는 동의하였다. 또한 회기 내에서 아침에 늦잠을 자는 것이 내담자에게 일종의 강화로 작용한다는 것이 드러났다. 행동 활성화를 통해 기상 시간을 지킬 수 있는 방법에 대해 논의하였고 동시에 광 치료를 병행하여 우울증 및 저녁형 성향도 치료할 수 있는 것에 동의했다. 처방된 수면 시간은 11:30pm~6:30am이었으며, 광 치료 및 알코올 섭취 제한을 과제로 내주었다. 초기 면담에 비해 아직은 기상 시간이 불규칙적이었지만 수면 효율성은 증가하였다.

- **3회기** : 내담자는 알코올 섭취 제한에 성공하였으며, 수면의 질이 증가했다는 것을 보고하였다. 기상 시간을 지키는 것에 대해 여전히 어려움을 호소하였지만, 밤중에 깨는 횟수는 줄어들었다고 보고하였고, 수면 일지 내용과도 일치하였다. 그는 침대에 누워 오랫동안 걱정하는 양상을 보여, 계획된 걱정의 시간(제4장 참조)도 일주일 동안 시행하기로 했으며, 주말에는 11:30pm~7:30am으로 평일보다는 아침에 늦잠을 잘 수 있는 시간을 1시간 허용하였다.

- **4회기** : 3회기와 4회기 사이에 연휴가 있어 내담자가 잘 지키던 처방된 수면 시간을 지키지 못하여 심하게 자책하는 모습이 있었다. 우울증을 위한 전통적인 인지행동치료 요법 중 인지 재구조화 방법을 사용하여 이러한 부정적인 자기대화에서의 지나친 죄책감을 감소시킬 수 있었다. 이후 그는 스스로 다시 처방된 수면 시간으로 돌아와 기분도 많이 향상되었다는 것을 보고하였으며, 이 부분에 대해 회기 내에 강화를 해 주었다.

- **5회기** : 내담자는 주중에는 11:30pm~6:30am, 주말에는 11:30pm~7:30am의 처방된 수면 스케줄을 잘 지켰다. 그는 광 치료, 마음챙김 명상, 그리고 계획된 걱정의 시간을 실천하고 있었으며, 결과적으로 높은 수면의 질, 밤중 각성 횟수 및 시간 감소, 우울증 증상 감소, 그리고 낮 동안의 각성 수준 증가를 보고하였으며 만족했다. 또한 알코올 섭취도 감소하며 일주일에 10잔 이하로 술을 마시고 있다고 보고하였으며, 잠시 중단했던 우울증을 위한 심리 치료도 다시 받기 위해 예약을 잡아 놓았다고 했다. 불면증 증상은 어느 정도 완화가 되었지만, 근본적인 우울증 치료를 받아야겠다고 생각하고 불면증 치료는 종결하였다.

활동 기록지 예시

4일 동안 본인의 기분과 활동을 적는다. 깨어 있는 매시간에 대해 다음을 기록한다.
(1) 본인이 한 활동(예 : 독서, 공부, 점심, TV)
(2) 본인의 기분을 0~100 사이로 측정(0 = 가장 최악의 기분, 100 = 가장 최고의 기분)

시간	날짜	날짜	날짜	날짜
7:00~8:00am				
8:00~9:00am				
9:00~10:00am				
10:00~11:00am				
11:00am~12:00pm				
12:00~1:00pm				
1:00~2:00pm				
2:00~3:00pm				
3:00~4:00pm				
4:00~5:00pm				
5:00~6:00pm				
6:00~7:00pm				
7:00~8:00pm				
9:00~10:00pm				
10:00~11:00pm				
11:00pm~12:00am				
12:00~1:00am				
1:00~2:00am				

제 4 장

•

불안장애와
불면증

사례 *"걱정이 너무 많아서 밤에 잠을 못 자겠어요."*

주 호소 장 씨는 49세 여성으로 잠드는 데 어려움을 호소하여 내원하였다. 남편의 직업으로 인해 오랫동안 살던 지역에서 낯선 환경으로 이사를 가면서 생각이 많아졌고, 걱정이 많아 밤새 잠을 자지 못한다고 보고하였다. 가끔 자다가 벌떡 일어나 숨이 막히고 죽을 것 같아, 아파트에서 뛰어내리고 싶은 충동까지 들고, 가슴이 답답하고, 식은땀이 나고, 심장이 두근거리며, 죽음에 대해서도 생각하게 되었다. 자녀들이 독립해서 살고 있는데, 자녀들에 대한 걱정과 공황 발작으로 인해 신경이 예민해져 체중도 40kg 미만으로 줄어든 상태였다.

현재 수면 습관

- 취침 시간 : 11:00pm
- 불 끄는 시간 : 11:00pm
- 잠들기까지의 시간 : 1시간 이상
- 입면 후 각성 시간 : 약 1~2시간
- 기상 시간 : 5:30~6:00am
- 침대에서 나오는 시간 : 7:00am
- 총수면시간 : 5시간
- 수면 효율성 : 62%
- 수면제 복용 여부 : 트라조돈(Trazodone) 0.5mg
- 일주기 유형 : 중간형

치료 목표 "잠들기 전에 잡다한 생각 없이 그냥 잠들었으면 좋겠어요. 짧게 자더라도 생각이 없었으면 좋겠어요."

불면증 과거력 없음

정신과 병력 2년 전 우울증 진단을 받았지만 약물 치료를 스스로 중단함. 그 이외에도 불면증 증상과 동시에 불안 증상이 심하다고 보고함.

신체 질환 과거력 없음

진단

(DSM-5 기준)

- F51.01(307.42) 불면장애, 비수면장애 정신질환 동반이환 동반
- F41.1(300.02) 범불안장애
- F41.0(300.01) 공황장애

(ICSD-3 기준)

- 만성 불면장애, 다른 정신장애로 인한 불면장애

치료 계획

- 이완 요법에 초점
- 수면 제한 : 권장된 수면 스케줄은 12:30am~6:00am
- 수면 제한에 초점을 두기보다는 '휴식'에 초점을 두고, 꼭 잠을 자야 한다는 압박감에서 벗어나고, 인지적 및 생리적 각성 상태에서 벗어나는 것을 강조한다.

불안장애 환자의 수면

✓ 불안장애와 불면증의 공존 유병률은 24~36%이다.

✓ 불안장애 환자는 수면에 대한 걱정이 많다. 그렇기 때문에 잠을 잘 자기 위해 노력을 많이 하는데, 이런 노력은 오히려 수면의 과정을 방해한다.

✓ 불안장애 환자는 수면 잠복기가 길고, 수면 효율성이 떨어지며, 특히 짧은 총수면 시간을 보고하여 간혹 수면 제한을 치료에 적용하기 어렵다.

모든 사람은 일상생활에서 불안 증상을 경험할 수 있다. **불안**은 잠재적인 위험이 있을 때 내부적으로 경고의 기능을 하기 때문에, 불안 증상을 경험하면 잠을 설치게 된다. 그러나 대부분의 사람들에게 스트레스 사건으로 인해 단기간 잠을 자지 못하는 것은 일시적인 현상이다. 대부분의 사람들은 본인이 왜 잠을 못 잤는지에 대한 이유를 파악할 수 있고, 특정 스트레스 사건이 지나가면 그동안 밀렸던 수면 욕구를 충족

하기 위해 충분한 수면을 취하여 정상적인 생활로 돌아올 수 있게 된다. 그러나 불안장애가 있는 불면증 환자는 거의 매일, 이유 없이 잠을 못 자게 될 수 있으며, 잠을 못 자는 것이 일상생활의 일부분이 되어 버린다. 적당한 수준의 불안은 각성, 경고의 기능으로 개인에게 도움이 될 수 있지만, 불안장애 환자는 불안이 강렬하고, 빈번하며, 지속적으로 나타나기 때문에 잘못된 경고 신호를 경험하게 된다. 이러한 잘못된 경고 신호는 역기능적인 각성 상태를 유도하며, 이는 수면-각성 상태에 부정적인 영향을 미칠 수 있다. 다시 말해, 불안함을 느끼는 사람은 지나친 걱정과 불안으로 쉽게 잠에 들지 못하거나 잠에 들더라도 깊게 잠들지 못하는 수면 문제를 경험할 수 있다.

스트레스나 불안 증상을 경험할 때 잠을 못 자는 것은 진화론적으로 적응적인 현상이다. 과거 우리 조상들이 동굴에 살면서, 포식자의 공격과 같은 위협적인 상황에서 수면을 지연시키며 깨어 있는 것은 생존 가치가 있었다. 그렇지만 현대인의 삶에서 생존을 위협하는 상황은 많지 않다. 그 대신, 과거 우리 조상들이 경험한 위협 상황과 유사하게 현대인들은 대인관계 갈등, 직무 스트레스 등을 경험할 수 있으며 이런 요인들이 수면을 방해할 수 있다. 우리의 뇌는 포식자로 인한 스트레스인지, 대인관계 갈등으로 인한 스트레스인지 정확한 스트레스원을 구분하지 못하기 때문에 뇌에게는 똑같은 경고 반응이다. 수면의학자들은 이렇게 스트레스가 높은 상태를 **과다각성**(hyperarousal)이라고 한다.

수면의 제3요인 : 각성

앞서 제1장에서 수면의 2요인 모델에 대해서 설명하였다. 이 모델에 따르면 수면의 두 가지 요인인 수면 욕구와 생체리듬이 이상적으로 상호작용을 하면 우리는 정상적인 수면을 취할 수 있다. 최근에는 이 두 요인에 더하여, 수면의학자들은 중요한 제3의 요인을 강조하였다. 그것은 바로 **각성** 요인이다.

말 중에 "업어 가도 모른다"라는 표현이 있다. 이처럼 우리는 완전히 마음이 놓여야지만 잠을 잘 잘 수 있다. 잠을 자려면 깨어 있을 때 경험하는 신체적·정서적·인지적 각성 상태가 감소해야 한다. 신체적으로는 근육이 이완되고, 심장박동 수가 느려지고, 혈압도 낮아지며, 정서적으로 편안해지고, 복잡한 생각도 내려놓아야 한다.

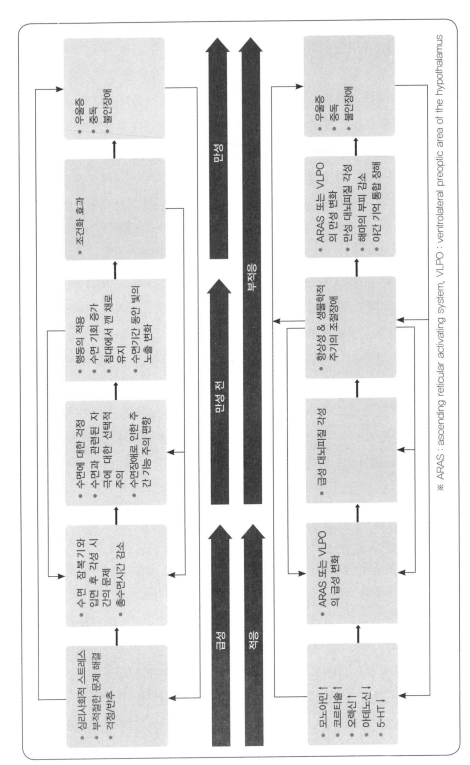

그림 4.1 ● 불면증의 과다각성 이론(Riemann et al, 2010)

※ ARAS : ascending reticular activating system, VLPO : ventrolateral preoptic area of the hypothalamus

목표 지향적인 행동의 감소, 문제 해결 감소, 걱정과 생각을 곱씹는 반추도 줄어야 우리는 잠을 잘 수 있다. 많은 사람들은 다음 날 걱정되는 일이 있거나, 속상한 일이 있으면 잠을 잘 자지 못하는데, 이것은 높은 각성 상태 혹은 과다각성 상태에서 잠들기 어렵다는 것을 의미한다(그림 4.1 참조). 또한 다양한 생물적 및 심리적 요인의 상호작용으로 인해 불면증이 만성화되면 우울, 중독, 불안장애와 같은 문제가 생길 수 있다.

앞에서 언급했듯이, 높은 각성 상태에서 잠을 잘 자지 못하는 것은 진화론적으로는 적응적인 현상이지만, 만성 불면증 환자는 스트레스 요인이 사라져도 과다각성 상태에 있다. 불면증이 없는 대부분의 사람들에게 잠을 자는 것은 자연스러운 과정이다. 자연스럽다는 것은 특별히 노력하지 않아도 침대에 누우면 잠을 잘 수 있다는 것이다. 정상적인 수면에서 각성 수준이 낮아지는 것은 자동적으로 이루어지는 과정이다. 그러나 불면증 환자에게는 이러한 과정이 결코 자연스러운 과정이 아니다.

단기 불면증 환자는 주간 기능 저하와 수면 박탈을 경험하면서, 이런 괴로운 문제를 해결해 보고자 여러 가지 보상 행동을 하게 된다. 예를 들면, 양을 세고, 온갖 건강기능식품을 먹어 보고, 아로마 오일도 발라 보고, 수면제도 복용해 보는 등의 행동을 한다. 이러한 과정을 통해 불면증 환자들은 잠을 자기 위해 많은 노력을 하게 된다. 인생의 많은 문제는 이런 식으로 노력하면 해결이 된다. 그렇지만 안타깝게도, 불면증은 노력을 하면 할수록 문제 해결에서 더욱 멀어지게 된다.

다양한 불안장애와 불면증 증상

불안이 수면 문제에 영향을 미치기도 하지만 반대로 수면 문제가 불안장애에 영향을 미치기도 한다. 걱정이나 불안으로 인해 나타난 불만족스러운 수면과 잠을 이루지 못하는 불면증이 불안정한 정서에 영향을 미치며, 이는 불안장애나 우울증과 같은 정신 질환으로도 연결될 수 있다.

다양한 불안장애 중 **범불안장애**의 유병률이 가장 높은 것으로 알려져 있다. 범불안장애는 다양한 신체 증상을 동반하면서 나타나는데 호흡이 빨라지고, 떨리며, 땀이 나고, 얼굴이 붉어지는 증상을 보인다. 또한정신적으로도 전반적으로 불안한 상태에 있기 때문에 통제력을 잃고, 화를 잘 내며, 주의가 산만한 것도 흔하게 나타난다. 범불안장애는 진단 기준에 불면증 증상이 포함되어 있을 정도로 불면증과 공병률이 높다. 특히 범불안장애 환자들은 항상 과다각성 상태에 있기 때문에 쉽게 잠들지 못하여 불면증에 걸리기 쉽다.

그렇다면 범불안장애 환자들은 어떠한 수면 문제를 경험하게 되는가? 범불안장애를 겪는 환자들에게 주로 나타나는 수면 문제로는 잠들기 어렵거나, 잠을 지속하는 것이 어려운 경우, 불만족스러운 수면 등이 있다. 범불안장애를 진단받은 성인의 경우, 52~68%가 보통 수준에서 심각한 수준의 불면증을 보고하고 있으며 90% 이상이 불만족스러운 수면을 보고한다.

아래 그래프는 범불안장애 환자의 경우 진단을 받지 않은 일반인에 비해 잠들기 어려움, 수면 유지 어려움, 너무 일찍 일어나는 조기 증상, 불만족스러운 수면 부분에서 유의하게 더 심각한 불면증을 보고하였다. 불면증 심각성 척도(Insomnia Severity Index, ISI) 총점을 보면 불면증의 심각성 정도가 범불안장애 환자에게서 유의하게 높음을 알 수 있다(그림 4.2 참조).

불안장애의 하위 유형인 공황장애는 예상치 못한 상황에서 강렬한 공포와 함께 심장박동이 빨라지거나, 호흡곤란과 같은 신체적 증상이 나타나는 공황발작을 특

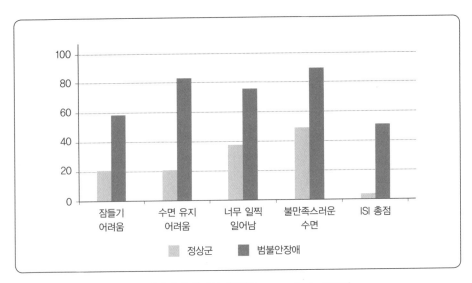

그림 4.2 ● 불면증과 범불안장애의 관계성 연구(Brenes et al., 2009)

징으로 한다. 공황장애 환자들의 불면증 증상을 살펴보면 잠들기까지 걸리는 시간(수면 잠복기, Sleep Onset Latency, SOL)이 증가하고, 수면 시간, 수면 효율성(Sleep Efficiency, SE)이 감소하는 양상을 보인다. 공황장애 환자 중 약 70%가 수면 문제를 경험한다고 보고하였는데, 그 이유는 야간 공황발작(nocturnal panic attack)으로, 특히 이러한 공황발작이 수면 도중 나타날지도 모른다는 두려움은 공황장애 환자들이 수면 문제를 경험하는 원인 중 하나이다. 실제로 공황장애 환자의 18~33%는 정기적으로 야간 공황발작을 경험한다고 한다. 야간 공황발작을 경험하는 사람들은 갑자기 수면 도중 공황 상태로 각성하게 되며, 주로 비REM 수면 2단계 혹은 3단계에서 경험을 하게 된다.

공황장애의 인지행동치료 모델에서는 공황발작이 지속적으로 일어나는 가장 큰 이유를 신체 감각의 오해석 때문이라고 본다. 즉 몸에서 일어나는 각성(예를 들어, 심장이 두근거리고, 빠른 호흡을 하는 증상)이 해롭다고 해석하고, 이것이 공황발작으로 이어진다는 것이다. 이런 신체적 증상은 실제로 일어나는 각성 증상일 수도 있고, 내담자가 잘못 인식하는 신체 감각일 수도 있다. 야간 공황발작을 자주 경험하는 환자들은, 수면 중에 생기는 이런 신체적 증상의 변화에 예민해서 수면 도중에도 갑자기 발작을 일으킬 수 있다. 실제로 대부분의 공황 환자들에게서 야간 공황발작 직전에 심장박동 수 증가, 뒤척거리기, 근육이 움직이는 현상 등이 선행한 것을 발견할 수 있었다. 이런 환자들은 공황발작에 대한 두려움 때문에 잠자리에 드는 것과 관련된 회피 행동을 보일 수 있으며, 잠들기 어려움(수면개시 불면증)을 보고한다.

불안장애 환자를 위한 CBTI를 할 때 유의할 점

수면 압축

불면증이 공존하는 많은 불안장애 환자들은 '수면 제한'이라는 치료 요법을 사용할 때 높은 불안을 호소한다. 수면 제한을 실시했을 때, 불안증상은 수면 욕구가 증가되는 것을 방해하기 때문에 불안 증상을 감소시키는 것은 중요하다. 수면 압축(Sleep Compression)은 수면 제한 대신에 사용할 수 있는 방법이다. 수면 효율성이 낮은 환자에게 갑자기 침대에 누워 있는 시간을 줄이는 것이 아니라, 환자가 불안하지 않게 천천히 침대에 누워 있는 시간을 감소시키는 것이다. 예를 들면, 현재 침대에 누워 있는 시간이 8시간이고, 실제 수면 시간이 6시간이라면 수면 제한은 침대에서 6~6.5시간을 누워 있으라고 제안할 것이다. 반면에 수면 압축은 초반에는 침대에 누워 있는 8시간을 7.5시간으로 줄이고, 매주 30분씩 침대에 누워 있는 시간을 점진적으로 줄이는 것이다. 수면 압축은 여러 가지 방법으로 할 수 있지만, 수면 제한처럼 갑자기 줄이는 것이 아니라 점진적으로 하는 것이 핵심이다.

이완 요법 강조

우리의 말초신경계는 교감신경계와 부교감신경계로 이루어져 있다. 교감신경계는 우리가 흥분하거나 스트레스를 받을 때 활성화되며, 부교감신경계는 그 반대로 우리의 마음이 침착해질 때 활성화된다. 불안장애 환자는 교감신경계가 과잉 활성화되어 있는데, 우리가 잠을 자기 위해서는 부교감신경계가 활성화되어야 한다. 제1장에서 소개한 이완 요법은 부교감신경계를 활성화시키는 데 좋은 행동 요법이며 불안장애 환자에게 매일 연습할 수 있도록 강조하는 것이 중요하다. 특히 환자 중에서 5.5시간 이하로 잠을 자는 환자들이 있을 것이다. 잠은 쉽게 들지만 2~4시간이 지나면 깨고, 잠을 유지하지 못하는 환자들이다. 이런 환자들에게는 수면 제한을 하는 것은 크게 도움이 안 된다. 이들이 잠을 적게 자는 이유는 수면의 2요인 중 수면의 욕구 때문에 잠이 쉽게 들긴 하지만, 두 번째 요인인 생체리듬에서의 각성 신호가 감소해야 수면을 유지할 수 있는데, 각성 신호가 여전히 높아 수면 욕구가 일정 시간이 지나 줄어들고 나면 수면을 유지할 수 없는 것이다. 이런 경우에는 밤중에 일어나서 몸과 마음을 이완할 수 있는 활동을 하는 것이 무척 중요하다. 특히 잠을 자는 것에 대한 압박을 줄이기 위해 간혹 이런 환자들에게는 "잠을 자려고 하지 말고, 휴식도 어느 정도는 회복의 기능이 있으니 눈만 감고 있어라"라고 지시한다. 신기하게도 이런 환자들은 잠을 자는 것이 주요 목표가 아니고 휴식을 취하는 것이 주요 목표가 됐을 때 더 쉽게 다시 잠들 수 있는 것을 발견한다.

버퍼 존

많은 사람들은 깨어 있는 것과 잠을 자는 것이 스위치처럼 갑자기 전환된다고 생각하지만, 그렇지 않다. 컴퓨터를 하면서 집중하여 일을 하다가, 갑자기 불을 끄고 잠자리에 누우면 바로 잠들기 쉽지 않다. 따라서 잠들기 위한 준비를 위해 잠들기 1~2시간 전에는 마음을 가라앉힐 수 있는 시간이 필요하다. 이것을 버퍼 존(Buffer Zone)이라고 하는데, 명상, 이완 요법, 목욕 등과 같이 내 마음을 가라앉힐 수 있는 활동을 하는 것이 중요하다. 버퍼 존을 시행하는 것은 범불안장애 환자처럼 침대에 누워 여러 가지 걱정을 하여 수면 잠복기가 긴 환자들에게 적합하다.

계획된 걱정 시간

계획된 걱정 시간(Scheduled Worry Time)은 불안장애 환자를 대상으로 흔하게 사용되는 치료 요법이다. 범불안 환자들은 특히 시간과 장소를 불문하고 항상 걱정을 한다. 계획된 걱정 시간은 걱정하는 시간을 통제하는 것이다. 침대에서 온갖 걱정을 하느라 수면 잠복기가 긴 환자들에게 특히 적합하다. 우리는 하루 종일 분주하게 활동하면서 충분히 걱정할 시간이 없을 수가 있다. 그렇기 때문에 잠들기 직전에 각종 고민과 걱정이 떠오를 수 있다. 계획된 걱정 시간은 잠들기 4~5시간 전에 20~30분 동안 오늘의 걱정거리를 적어 보는 것이다. 가장 중요한 점은 침대에서 걱정을 하지 않는 것으로, 일종의 자극 조절 요법을 사용한다. 계획된 걱정 시간에는 오늘의 걱정거리를 나열하고, 통제 가능한 걱정거리와 통제 불가능한 문제를 분류해 본다. 분류하는 가장 큰 이유는 통제할 수 있는 문제와 할 수 없는 문제는 대처 방법이 다르기 때문이다. 통제 가능한 문제(예 : 프로젝트 마감이 다가오는데 시간이 촉박하다)는 체계적으로 계획을 세워 문제를 해결할 수 있을 것이다. 그 반면, 통제 불가능한 문제(예 : 가족 구성원의 만성 질환)는 내가 해결할 수 있는 부분이 제한되어 있기 때문에 정서 중심 대처 방법(emotion-focused coping) 혹은 내려놓기와 같은 명상 요법을 통해 힘든 마음을 달래는 것이 중요하다.

수면 노력 줄이기

위에서 언급했듯이, 불면증과 공존하는 불안장애 환자들은 흔히 잠을 자기 위해 많은 노력을 한다. 평소보다 더 일찍 잠자리에 들 수도 있고, 아침에 일어나서도 혹시라도 운 좋게 조금 더 잘 수 있지 않을까 하는 희망으로 침대에서 더 뒹굴거리며 나오지 않는 행동을 한다. 낮에도 피곤하면 침대에 눕기도 하고, 처방받은 수면제의 양보다 더 많은 수면제를 복용하기도 한다. 그렇지만 이상하게도 잠은 자려고 노력할수록 더 불안해지고, 그럴수록 잠은 더 달아나게 된다. 잠을 자기 전에 잘 자기 위해 운동을 격렬하게 하거나, 취침 전에 오랜 시간 잠을 잘 수 있을지 걱정하거나, 침대에 누워서 오랫동안 뒤척거리는 것도 수면 노력에 해당된다. 이런 노력을 하는 사람들에게 치료에서 사용할 수 있는 몇 가지 기법이 있다.

- 환자에게 다음과 같은 질문을 한다. "주변에 잠을 잘 자는 사람이 있습니까? 그 사람은 잠을 자기 위해 어떤 노력을 합니까?" (대답은 아무 노력도 하지 않는다는 것입니다)
- 노력하면 더욱 안 되는 예시를 같이 들어 준다. 예를 들어, 당황했을 때 얼굴이 빨개지는 것을 멈추려고 할수록 얼굴은 더 빨개지며, 말을 더듬지 않으려고 노력할수록 더 더듬게 되며, 발기 부전 환자는 더 노력할수록 수행 불안이 높아진다.
- 역설적 의도(Paradoxical Intention) : 오늘 밤은 최대한 잠을 자지 않도록 노력해 본다.

야간 공황발작 환자를 위한 심리 치료

공황장애를 위한 인지행동치료는 연구에서 주로 85~100% 치료 가능하다고 보고되고 있다. 비슷하게 야간 공황발작을 경험하는 환자들에게 공황장애를 위한 인지행동 치료적 요소를 불면증 치료에 추가해서 시행할 수 있다. 가장 기본적으로는 수면 교육에 야간 공황발작에 대한 교육이 필요하다.

공황발작과 관련된 신체 감각의 오해석이 존재하며, 본인이 경험하는 신체적 각성이 해롭지 않다는 교육이 선행되어야 한다. 수면 중에 기본적으로 나타날 수 있는 신체적 변화, 예를 들어 REM 수면과 동반된 각성 증상이 존재하는 것은 정상적인 수면의 과정이라는 교육이 중요하다. 또한 수면 교육을 하는 과정에서 수면 개시 문제와 동반하는 수면 위생 문제(예를 들어, 회피 행동을 강화할 수 있는 자기 전 TV 보기, 불규칙적인 수면 스케줄 등)는 야간 공황발작을 일으킬 수 있다는 교육도 필요하다.

그 외에도 인지 요법을 통한 인지 재구조화가 이루어져야 하는데, "수면 중에 생기는 신체적 감각이 해롭다"는 생각을 가진 환자가 있다면, 특히 재구조화가 필요한 부분이다. 이 중 많은 환자들은 잠을 자다가 심장마비, 수면 중 질식사, 혹은 종교적인 신념이 강해서 악령에게 공격당하거나 가위 눌리는 것에 대한 두려움이 있을 수 있다. 그렇기 때문에 수면 교육을 동반한 인지 요법을 통해 인지적 재구조화가 필요하다.

수면 교육, 인지 요법에 더해 전통적인 공황장애를 위한 인지행동치료적 요소에서 사용하는 호흡 요법(breathing retraining)을 시행하는 것이 중요하다. 특히 과호흡(hyperventilation)을 하며 수면 중 깨는 환자들을 위해 올바른 호흡 방법을 가르쳐 주는 것이 중요하다. 그 외에 다른 이완 요법을 병행하는 것도 중요하다. 전통적인 공황장애를 위한 인지행동치료에서 활용하는 신체 감각에 대한 노출(interoceptive exposure)도 필요하면 사용할 수 있다.

📝 **사례에 대한 치료자 노트**

장 씨는 치료를 받기 전 불면증 심각성 척도(Insomnia Severity Index, ISI) 점수는 18점(중증도)이었던 반면, 엡워스 졸림 척도(Epworth Sleepiness Scale, ESS) 점수는 2점이었다. 이것은 불면증 증상이 있는 불면증 환자들이 흔하게 보이는 양상인데 총수면시간은 적고, 수면 박탈 증상도 심한 반면, 주간 졸림증을 많이 호소하지 않고, 특별히 낮 시간에 조는 일도 흔하지 않다. 그것은 위에서 언급한 과다각성이 높기 때문이다.

장 씨의 치료는 전통적인 수면 제한에 초점을 맞추기보다는 이완 요법에 초점을 두었다. 과다각성 수준이 높으면 교감신경계가 활성화되어 있는데, 잠을 잘 자기 위해서는 부교감신경계가 활성화되어야 하고, 그러기 위해서는 이완과 같은 마음을 편안하게 하는 활동에 집중하는 것이 중요하다. 또한 수면 제한을 너무 강조하다 보면, 잠을 잘 자야 한다는 압박이 심해지면서 불안을 증가시키고 오히려 수면에 방해가 되기 때문에 악순환이 될 수 있다. 따라서 첫 회기부터 이완 요법인 점진적 근육 이완 요법과 호흡 요법을 소개하였다.

그 이외에도 잠을 자기 전에 하는 계획된 걱정 시간과 버퍼 존을 함께 실시하여 진행한 결과, 잠자기 훨씬 전에 걱정할 수 있는 충분한 기회를 가진 것과 자기 전에 이완할 수 있는 점진적 근육 이완 요법 CD 듣기와 족욕과 같은 활동을 통해 충분히 이완을 한 후 잠자리에 들게 한 것이 효과적이었다.

권장된 수면 스케줄은 12:30am~6:00am이었는데, 치료가 진행되고 수면 효율성이 증가하여, 치료 마지막 회기에는 수면 효율성이 88%로 정상 수준이었으며, 평균 수면 잠복기도 15분 미만, 입면 후 각성 시간도 거의 없었다. 잠을 자는 것에 대한 불안도 치료 전에는 100이라고 보고한 반면, 치료 종결 후에는 30이라고 보고하였다. 그 밖의 긍정적인 변화로는 치료 이전에 원하는 기상 시간보다 일찍 일어나 한참 침대에서 각성 상태로 머무르는 행동을 한 반면, 치료 종결 시점에는 알람 소리를 듣고 잠에서 깬다고 보고하며 좋아하였다.

간혹 불안장애 환자들은 총수면시간이 5.5시간 이하로 떨어지는 경우가 있다. 이것은 과다각성 수준이 높아서 수면 욕구가 높은데도 불구하고 잠을 못 자는 경우일 수도 있고, 객관적인 지표로는 실제로 잠을 자고 있는데, 주관적으로는 잠을 못 잔다고 인지하는 경우도 있다(제19장의 수면착각 증후군 환자 참조). 이런 경우에는 수면 제한을 하기 어렵고, 5.5시간 이하로 침대에 누워 있는 시간을 처방해서는 안 된다. 5.5시간 이하로 침대에 누워 있는 시간을 처방하게 되면 지나친 수면 박탈 상태가 되기 때문에 일상생활을 하는 데 위험할 수 있고, 수면 박탈 상태에서 오히려 더 불안해질 수 있기 때문에 피해야 한다. 이런 경우에는 특히 치료 시간에 이완 요법에 더욱 초점을 맞추어야 한다.

다음은 장 씨의 치료 전과 치료 종결 시점에서 수면 일지의 변화를 보여 준다.

치료 전 수면 일지							평균 TST(분) : 302.85, 평균 SE(%) : 68	
날짜	1일 차	2일 차	3일 차	4일 차	5일 차	6일 차	7일 차	
침대에 들어간 시간	10:30 pm	10:30 pm	10:30 pm	11:00 pm	11:30 pm	11:50 pm	11:00 pm	
침대에서 나온 시간	6:30 am	6:00 am	7:00 am	5:30 am	7:00 am	7:30 am	6:30 am	
침대에 누워 있는 시간(분)	480	450	510	390	450	440	450	
수면 잠복기(분)	150	0	180	90	60	40	90	
깬 횟수	2	1	1	1	0	0	1	
입면 후 각성 시간(분)	120	2	0	0	0	0	0	
총수면시간(분)	210	390	270	300	260	330	360	
수면 효율성(%)	44%	87%	53%	77%	58%	75%	80%	

- 치료자 노트 : 1일 차에서 2일 차로 넘어가면서 수면 효율성이 44%에서 87%로 증가한 것을 볼 수 있다. 이것은 불면증 환자에서 볼 수 있는 흔한 증상으로, 전날 잠을 못 자면 높아진 수면 욕구 때문에 다음 날 잘 잔다.

치료 후 수면 일지							평균 TST(분) : 370.71, 평균 SE(%) : 88	
날짜	1일 차	2일 차	3일 차	4일 차	5일 차	6일 차	7일 차	
침대에 들어간 시간	11:30 pm	10:30 pm	11:30 pm	11:00 pm	11:00 pm	11:00 pm	12:00 am	
침대에서 나온 시간	6:00 am	6:00 am	6:00 am	5:45 am	6:00 am	6:30 am	7:00 am	
침대에 누워 있는 시간(분)	390	450	390	405	420	450	420	
수면 잠복기(분)	20	15	15	20	20	25	60	
깬 횟수	1	1	1	0	1	2	2	
입면 후 각성 시간(분)	15	20	30	0	30	30	30	
총수면시간(분)	355	415	345	385	370	395	330	
수면 효율성(%)	91%	92%	88%	95%	88%	86%	79%	

- **치료자 노트** : 7일 차를 보면 수면 잠복기가 다시 60분으로 증가한 것을 볼 수 있다. 불안장애 환자들은 매일 잠을 잘 자기 어려울 수 있다. 기질적으로 스트레스에 취약하면 잠을 못 자는 날도 생길 수 있다. 그렇기 때문에 치료자는 이렇게 하루 못 잤다고 다시 불안해지는 것에 대해 내담자와 이야기를 할 필요가 있다. 치료에 대한 기대가 너무 높으면 그것도 불면증을 다시 야기할 수 있다. "하루쯤 못 잘 수도 있어."라고 생각하는 것이 중요하다.

제5장
•
자살과 불면증

"잠도 안 오고, 희망도 없어요. 죽고 싶어요."

주 호소 전 씨는 45세 여성으로, 5년 전까지 부유한 생활을 하다가 경제적인 어려움으로 사업을 중단하면서 신체적 및 정신적으로 취약해졌다. 신체적으로는 섬유근육통으로 인해 만성 통증이 심했으며, 정신적으로는 경제적인 어려움을 경험하고 시어머니를 모시고 살게 되면서 '화병'으로 인해 우울증 증상이 나타나 정신과를 다니게 되었다. 병원에서 처방한 약은 모두 합치면 하루에 25알을 복용하며, 약물 및 여러 가지 복합적인 요인으로 인해 불규칙적인 수면 및 심한 불면증 증상을 경험하였다. 과거 두 번의 자살 시도로 정신과 병동에 입원하였고, 치료 당시에도 지속적으로 자살 생각이 높다고 호소하였다.

현재 수면 습관
- 취침 시간 : 9:30pm
- 불 끄는 시간 : 9:30pm
- 잠들기까지의 시간 : 불규칙적으로 추정하기 어려움
- 입면 후 각성 시간 : 30분에서 4시간까지 다양하고, 침대에 누워 밤을 새는 경우가 많음
- 기상 시간 : 8:00am~3:00pm 사이, 그날그날 다름
- 침대에서 나오는 시간 : 8:00am
- 총수면시간 : 3.5~7시간(평균 5시간 40분)
- 수면 효율성 : 불규칙적이어서 계산이 어려움
- 수면제 복용 여부 : 현재 아티반(Ativan), 클로노핀(Klonopin), 세로켈(Seroquel), 트라조돈(Trazodone), 졸피뎀(Zolpidem), 프로프라놀롤(Propranolol) 복용 중
- 일주기 유형 : 많은 약물 복용으로 인해 파악하기 어려웠으나 불면증 전의 수면 행동으로는 저녁형으로 추정됨

치료 목표 "약 줄이고 잘 자고 싶어요."

불면증 과거력 과거에 불면증 삽화가 여러 번 있었다고 보고

정신과 병력 우울증, 경계선 성격장애 의심, 과거 두 번의 자살 시도로 인한

정신과 병동 입원

약물력 없음

신체 질환 과거력 섬유근육통

진단

(DSM-5 기준)

- F51.01(307.42) 불면장애, 지속성, 비수면장애 정신질환 동반이환 동반
- F33.9(296.30) 주요 우울장애, 재발성 삽화, 고도
- R/O F60.3(301.83) 경계선 성격장애

(ICSD-3 기준)

- 만성 불면장애, 주요 우울장애로 인한 불면장애

치료 계획

- 정신과 치료와 병행
- 수면 제한 치료 항목은 시행하지 않음
- 규칙적인 기상 시간 지키기
- 통증 완화를 위한 휴식 취하기
- 이완 요법

자살과 불면증의 관계

✓ 불면증은 그 자체로 독립적인 자살 위험 요인이다.

✓ 불면증은 자살 위험성을 높이는 요인을 발생시킬 수 있다.

✓ 불면증은 자살의 예후 증상으로 나타날 수 있다.

✓ 미국의 약물남용·정신건강서비스청(SAMSHA)은 불면증 증상을 자살의 10가지 주의해야 할 증상 중 하나로 지목하고 있다.

대한민국에서는 매일 40명이 자살한다. 이것은 34분에 한 명씩 자살하는 꼴이다. 자

살에 성공하는 사람들 이외에도 일반 인구의 3.2%는 자살을 시도하며, 자살 시도 횟수가 많아질수록 자살에 성공할 확률도 높아진다. 자살로 인한 죽음을 예방하기 위해 자살의 위험 요소에 대한 보다 심화된 이해와 지식이 필요하다. 특히 치료적인 개입을 통해 자살 위험을 낮출 수 있는 가능성이 있거나 자살 위험을 동반하는 정신 질환을 가진 사람에게는 이러한 개입이 더욱 절실하다고 할 수 있다. 따라서 자살 위험 요소로서 불면증을 독립적이고 위험을 감소시키는 요인으로 다루는 것은 자살 예방과 개입에 있어서 중요하다.

자살의 위험성

자살은 전 세계적으로 주요 사망 원인 중 하나로 꼽힌다. 우리나라의 경우는 사정이 더욱 심각하다. 통계청의 조사 결과에 따르면 우리나라의 10대, 20대, 30대 인구의 사망 원인 중 1위가 자살이며, 자살로 인한 사망의 경우 남성은 2배 이상 증가했고, 여성의 경우 3배 이상 증가하였다. 자살로 인한 죽음을 예방하기 위해 자살의 위험 및 예측 요소에 대한 보다 심화된 이해와 지식이 필요하다고 할 수 있다. 특히 적절한 치료를 통해서 자살을 예방할 수 있는 가능성이 있는 사람이나 자살 위험을 동반하는 정신 질환을 가진 사람에게는 이런 필요성이 더욱 절실하다고 할 수 있다.

불면증은 정신 질환을 가진 사람 외의 일반 사람에게도 자살 위험 요소일 수 있다. 이 책에서 소개하고 있는 불면증 역시 누구나 겪을 수 있는 자살 위험 요소 중 하나이다. 불면증 역시 정신 질환을 가지지 않은 일반 사람에게 충분히 존재할 수 있다. 실제로 최신 연구 결과들을 살펴보면, 불면증이 없는 사람에 비해 불면증을 호소하는 사람에게 보다 더 큰 자살 위험이 있다고 밝혔다. 따라서 불면증을 자살 위험을 예측할 수 있는 요인으로 보고, 정신 질환, 무망감, 외로움과 무관한 독립적인 요소로 다루는 것은 자살 예방과 치료적인 개입에 있어서 중요하다.

자살의 대인관계 이론

Thomas Joiner의 자살의 대인관계 이론에 따르면, 좌절된 소속감(thwarted belongingness)과 주변에 짐이 되는 느낌(perceived burdensomeness)이 증가하고, 자살을 실행할

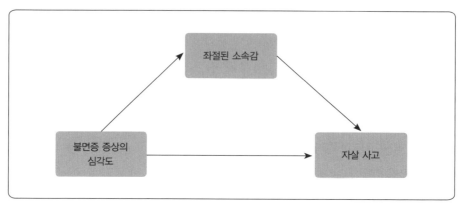

그림 5.1 ● 불면증 증상이 심각하여 자살 사고를 경험하는 것은 대인관계적인 요소로 설명될 수 있다(Chu et al., 2016).

수 있는 실행력이 충족되었을 때 실제로 자살을 실행하고 성공할 수 있게 된다고 한다. 이 이론에서 좌절된 소속감이란 외로움이나 의미 있는 사회적 관계의 부재를 의미한다. 주변에 짐이 되는 느낌이란 본인의 가족, 친구 혹은 사회에 본인이 짐스럽다고 느끼는 것이다. 이 이론은 자살이 성공하는 데 있어 대인관계적 요소를 강조하였는데, 여기서 불면증과 자살이 왜 연관되어 있는지에 대한 중요한 해답을 얻을 수 있다. 많은 경우에 불면증은 혼자서 잠을 자지 못하는 것이기 때문에 한 사람의 내적 문제라고 생각하는 경우가 많다. 그렇지만 사회적 관점에서 본다면 불면증은 인간의 내적 과정에서 생기는 문제인 동시에, 무척이나 외롭고 고립되는 경험이기도 하다. 다른 사람들이 모두 잠들어 있는 늦은 저녁이나 새벽 시간에 잠을 자지 못하고 뒤척인다는 것은 환자들이 경험하는 고독감과 사회적 고립을 증폭시킬 수 있다. 많은 선행 연구에서 불면증이 높은 수준의 외로움과 관련이 깊다는 것을 보았을 때, 자살 사고가 높은 불면증 환자들의 대인관계적 측면을 고려해야 효과적인 자살 예방을 할 수 있을 것이다. 또한 불면증과 같은 자살 위험 요인에 대한 충분한 치료적 개입을 통해 자살 예방을 효과적으로 할 수 있다는 것도 시사한다.

자살 위험성이 높은 환자와 불면증

흔히 자살을 시도하는 사람들을 우울증을 앓고 있는 정신병리적 문제가 있는 사람으

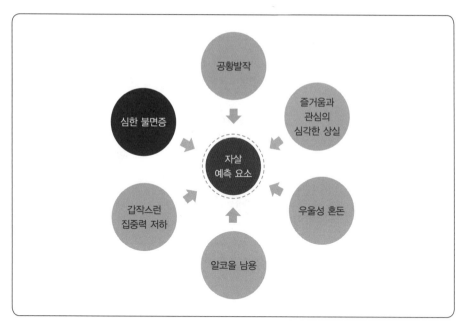

그림 5.2 ● 1년 이내에 자살을 예측할 수 있는 요소들

로만 생각하지만 꼭 그렇지만은 않다. 기존에 정신병리적인 문제가 없었던 사람 중에서도 많은 사람들이 사업 실패, 실연, 입시 실패와 같은 과도한 스트레스나 심리적인 충격을 받은 상황에 제대로 대처하기 어려울 때 자살을 생각하게 되며 충동적으로 극단적인 행동을 결정하기도 한다.

　노르웨이의 한 역학 연구에서는 75,000명을 대상으로 한 인구기반 연구 중에 188명이 자살에 성공하였는데, 이 중에 "가끔"(주 1~2회) 불면증이 있다고 대답한 사람들은 자살할 확률이 1.9배, "자주"(주 3~4회) 불면증이 있다고 대답한 사람들은 자살할 확률이 2.7배, 그리고 매일 불면증에 시달린 사람은 자살할 확률이 4.3배 증가했다고 밝혀졌다.

　불면증은 자살을 예측할 수 있는 요인 중 하나이다. 불면증은 자살 시도에 직접적, 간접적으로 모두 영향을 미친다. 불면증 자체도 자살 시도를 하게 만드는 직접적인 원인이 되는 요인일 뿐만 아니라, 불면증이 자살 시도를 높이는 다른 요인들을 발생시키는 유발 요인이 되기도 한다. 예를 들면, 불면증은 자살의 또 다른 예측 요인인 알코올 문제나 우울증과 같은 문제를 발생시키거나 혹은 악화시키는 원인이

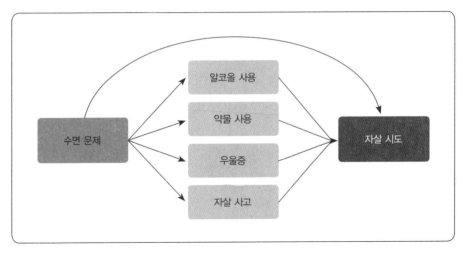

그림 5.3 ● 자살 시도의 위험 요소로서의 수면 문제(Wong & Brower, 2012)

될 수 있다는 점에서 자살의 간접적인 위험 요소라고 말할 수 있다. 실제로 자살 위험성이 낮은 집단에 비해 자살 위험성이 높은 집단인 알코올 중독으로 고통받는 환자나 약물 사용과 관련한 문제를 가진 환자, 우울증과 같은 기분장애 환자들에게서 불면증의 비율이 높은 것은 우연이 아니다. 한 연구에서는 청소년 시절에 불면증 증상을 호소한 청소년들을 6~7년 동안 추적 조사한 결과, 성인이 되었을 때 남성은 술과 마약 사용률이 더 높았고, 여성은 우울증이 더 높았다. 뿐만 아니라 불면증은 독립적으로 자살 사고, 자살 계획, 자살 시도, 그리고 실제로 자살을 실행할 위험성을 증가시키는데, 다수의 연구에서 입면이나 수면 유지의 어려움을 경험하는 것과 자살과 관련된 부정적인 생각과 행동들을 더 하게 만든다고 밝혀졌다. 이것은 정신 질환을 갖고 있는 집단뿐 아니라 일반인의 불면증도 자살의 예측 요소로서 심각하게 다루어야 한다는 것을 시사한다.

실제로, 자살한 사람들의 경우 자살 이전에 심각한 불면증을 호소해 왔던 것으로 알려져 있다. 특히 유명 연예인들의 경우 자살로 사망한 사례가 많은데, 생활이 불규칙한 연예인들이 가진 문제 중 하나가 바로 불면증이다. 배우들의 경우 항상 밤샘 촬영에 시달리고, 가수들은 저녁 행사와 새벽 앨범 작업에 쫓겨 만성적인 수면 부족을 털어놓는다. 그런 생활을 지속하면서 잠들기 위해 술이나 수면제에 의존하게 되는 경우가 상당히 많다. 한 시대의 아이콘이자 만인의 연인이었던 배우 최진실 씨도 이혼 이후 우울증과 불면증에 시달리다 결국 자살로 사망하였다. 스포츠조선 2012년 9월 20일 자 기사에 의하면 자살로 사망했을 당시에도 우울증과 불면증 때문에 새벽까지 잠들지 못하고 지인들에게 "외롭고 힘들다"며 전화를 하는 일이 잦았다고 한다. 자살로 생을 마감한 배우 박용하 씨도 14년 동안이나 수면제를 복용할 정도로 심각한 불면증에 시달렸고, 결국 죽음을 택하기 전에 술을 마신 상태였다고 한다. 이처럼 불면증에 시달리면 자연스럽게 술과 약을 찾게 되고, 알코올 중독이나 우울증과 같은 또 다른 정신병리적인 문제를 유발할 수 있다.

자살 생각이 높은 사람들의 수면 특성

자살 생각이 높은 사람과 자살 생각이 없는 사람의 수면을 비교했을 때, 자살 생각이 높은 사람은
1) REM 수면에 더 빨리 도달한다.
2) REM 수면의 비율이 더 높다.
3) REM 수면에서의 악몽을 꾸는 횟수가 많다.

자살 예방에 있어서 CBTI의 가치

불면증과 자살 사이에 존재하는 기제에 대한 지식을 넓혀 나가는 것은 자살 위험을 감소시키기 위한 치료적 개입의 효능을 보다 향상시킬 것이다. 특히 지금까지 밝혀진 불면증과 자살 사이의 관계성의 기제가 CBTI의 구성 요소에 의해 목표로 설정될 수 있다는 점을 고려할 때, 자살 예방을 위한 CBTI는 유의미한 치료적 접근이 될 것이다.

실제로 많은 연구들이 자살과 관련한 불면증 치료에서 자살 위험을 효과적으로 감소시킬 수 있는 가장 중요한 치료법으로 CBTI를 추천해 왔다. 최신 연구 역시 이러한 가정을 지지하며, CBTI는 불면증을 경감시킬 뿐 아니라 자살 생각을 유의미하게 감소시키기 때문에 수면과 직접적으로 관련이 없는 치료 목표에도 효과적이라는 것을 밝혔다.

CBTI로 인해 특별히 우울증을 치료하지 않더라도 우울증 증상 및 자살 생각이 감소한다는 결과가 있다. 한 연구에서 7회기를 통해 CBTI 전후의 자살 사고를 비교하였을 때, 특별하게 우울증 치료를 하지 않더라도 우울증 증상이 높았던 환자들은 유의미하게 우울 증상이 감소되었다. 또한 같은 연구에서 불면증 환자 301명 중에 자살에 대한 생각이 있다고 보고한 65명은 CBTI 전과 후를 비교하였을 때, 그중 45%는 치료 후에 더 이상 자살 생각이 없다고 하였다. 이처럼 특별히 우울증 치료나 자살에 대한 개입 없이도 불면증 치료만으로도 자살에 대한 예방이 이루어질 수 있으며, 특히 '정신과 치료'에 대한 거부감이 높은 정신 질환이 있는 환자들은 불면증 치료를 받으며, 점차적으로 심리 치료나 정신과 치료를 받는 것에 대한 거부를 완화할 수 있다.

자살 생각이 높은 환자를 위한 CBTI를 할 때 유의할 점

- **자살에 대한 모니터링** : 자살 위험이 높은 환자는 대부분 불면증 치료만 받아서는 안 되는 환자들이다. 그러나 많은 경우, 이런 환자들은 자살과 관련된 다른 정신과 치료는 받기를 거부하며 수면 문제만 해결하고 싶어 한다. 자살 시도 과거력이 있었거나 현재 자살 생각이 높은 환자들은 지속적으로, 가까이 모니터링을 하며, 자살 생각이 높은 경우 정신과 치료 혹은 우울증을 위한 심리 치료를 병행하며 불면증 치료를 받으라고 권하는 경우가 많다. 특히 현재 수면제를 복용하고 있으면 자살을 위한 수단으로 사용할 가능성이 높기 때문에 수면제를 처방하는 의사와 상담을 통해 자살의 위험성에 대해 알리는 것이 좋다. 자살 생각이 지나치게 높거나, 자살에 대한 계획이 구체적이면 불면증 치료를 중단하고 자살에 대한 문제를 적절하게 중재해 줄 수 있는 응급실이나 보건소에 의뢰를 하는 것이 좋으며, 치료 초기부터 혹시 자살 생각이 높아지는 경우, 어떤 행동을 할 것인지 비상사태 계획(contingency planning)을 하는 것이 좋다.
- **자살과 생체리듬 주시** : 자살은 생체리듬과 관련이 있다. 많은 연구에서 보면, 낮보다는 밤 시간에 자살 행동을 많이 보인다. 기존 연구들에 따르면, 자살 시도자들은 대체적으로 밤 시간(10:00pm~12:00am)에 자살 행동을 가장 많이 했고, 새벽 시간(2:00~8:00am)에는 자살 행동이 가장 적었다. 이런 자살 위험성은 연령별로

도 차이가 있는데, 65세 이상의 노인은 이른 아침(8:00~11:00am)에 자살을 가장 많이 했고, 14~24세의 청소년들은 늦은 오후(4:00~7:00pm)에 자살을 가장 많이 했다고 알려져 있다.

- **우울증** : 우울증이 자살의 가장 강력한 자살 위험 요인이라는 점을 고려할 때, 자살 생각이 높은 환자를 치료할 때 유의해야 할 점은 우울증 환자를 치료할 때 유의할 점에서 찾아볼 수 있다. 연구에 따르면 우울증 환자에게 CBTI를 적용할 때는 치료자가 치료의 지속과 결과에 영향을 줄 수 있는 임상적 요인에 대해 보다 더 민감할 필요가 있다. 예를 들어, 자살 생각을 반복적으로 하며 그에 따르는 부정적인 감정에 시달리는 환자가 감정적인 괴로움으로부터 벗어나기 위해 자려고 시도하는 것은 침대에 있는 시간을 연장시키며, 결과적으로 불면증을 지속시킨다. 특히 침대에서 자살이라는 도발적인 사고를 반복하고 걱정을 하게 되면 생리적이고 심리적으로 과다각성을 일으키게 되고 이것은 불면증을 심화시킬 수 있다.

- **수면 제한 치료 요법은 하지 않는다** : 자살 위험성이 높은 환자들은 수면 박탈을 유발하면 자살 생각이 더 높아질 수 있기 때문에, 자살 위험이 있는 환자라면 수면 제한을 하지 않고 자극 조절 요법에 더 초점을 두는 것이 중요하다.

- **인지적 요소** : 치료자는 환자의 수면과 불면증에 대한 환자의 신념과 같은 인지적인 요소를 더 주의 깊게 살펴야 한다.

🖉 사례에 대한 치료자 노트

내담자는 총 5회기 동안 참여하였다.

- **정신과 치료와 병행** : 자살 시도 과거력이 있고, 현재도 자살 생각이 높고 우울증 증상도 심각하다는 점을 고려하여, 지속적으로 정신과 치료와 자살에 대한 모니터링이 필요하여, 불면증 치료의 목표는 정신과 치료에 도움이 될 수 있는 '규칙적인 수면 습관 만들기'에 초점을 맞추었다. 약물 복용량이 많은 내담자라 아침에 일어나면 "멍하고 무기력하다"고 자주 보고하여, 약물 중 진정 효과가 강한 것 중 조정 가능한 것이 있는지에 대해 의사와 상담을 의뢰하였다.
- **수면 제한 치료 항목은 시행하지 않음** : 위에서 언급했듯이, 수면 박탈이 자살 생각을 증가시킬 수 있기 때문에 수면 제한은 하지 않았다.
- **규칙적인 기상 시간 지키기** : 치료 대부분의 시간은 규칙적인 기상 시간을 정하는 데 초점을 두었다. 어떤 날은 3:00pm까지 침대에 누워 있었기 때문에, 8:00am이면 기상하여 무기력하고 피곤하더라도 침대에서 나오는 습관을 지키는 것을 강조하였다.
- **통증 완화를 위한 휴식 취하기** : 내담자는 섬유근육통이 있어 통증 수준이 높았다. 그렇기 때문에 침대에 하루 종일 누워 있는 시간이 많았고, 이것은 통증을 악화시킬 뿐만 아니라 우울증 증상도 증가시켜 악순환을 지속시켰다. 그렇기 때문에 규칙적인 기상 시간 지키기와 함께 침대에서 나와 통증이 있는 경우 휴식을 취할 수 있는, 침대가 아닌 공간을 마련하는 계획을 세웠다. 마루에 이불을 두고 휴식을 하되, 마루에서 잠을 자지 않고 각성할 수 있는 일에 대해서도 상담 회기 동안 논의하였다.
- **이완 요법** : 통증을 완화하고 수면도 개선하기 위해 점진적 이완 요법, 호흡 요법과 같이 부교감신경계를 활성화시킬 수 있는 이완 요법을 하고, 내담자에게 하루에 3번씩 그리고 잠들기 전에 연습하라고 과제를 내주었다. 내담자는 특히 통증 조절에 도움이 된다고 보고하였다.

날짜	1일 차	2일 차	3일 차	4일 차	5일 차	6일 차	7일 차
침대에 들어간 시간	12:00 am	11:00 pm	1:30 am	잠들지 못함	12:00 am	1:00 am	4:00 am
침대에서 나온 시간	10:00 am	못 일어남	11:50 am	못 일어남	못 일어남	못 일어남	못 일어남
침대에 누워 있는 시간(분)	–	–	–	–	–	–	–
수면 잠복기(분)	–	–	–	–	–	–	–
깬 횟수	4.5	3~7	4	여러 번	여러 번	여러 번	여러 번
입면 후 각성 시간(분)	–	–	–	–	–	–	–
총수면시간	–	–	–	–	–	–	–
수면 효율성(%)	–	–	–	–	–	–	–

비고) 날씨가 추워지기 시작하고 흐린 날이 많아서 너무 힘든 일주일이었습니다.
근육 통증과 몸의 마비가 자주 와서 거의 누워 살았습니다.

초기 면담 시 수면 일지와 동일한 형식의 1회기 수면 일지

날짜	1일 차	2일 차	3일 차	4일 차	5일 차	6일 차	7일 차
침대에 들어간 시간	11:20 pm	1:40 am	8:00 am	6:00 am	11:00 pm	11:00 pm	9:30 pm
침대에서 나온 시간	7:30 am	9:00 am	3:00 pm	10:00 am	8:00 am	8:00 am	10:00 am
침대에 누워 있는 시간(분)	490	440	420	240	540	540	450
수면 잠복기(분)	20	20	30	0	0	0	240
깬 횟수	1	4	3	2	4	5	0
입면 후 각성 시간(분)	5	40	180	50	45	5	25
총수면시간(분)	465	380	210	190	495	535	185
수면 효율성(%)	94.89	86.36	50.00	79.16	91.67	99.07	41.11

제 6 장

트라우마(외상)와
불면증

사례 *"누군가 내가 잠든 사이 침입할까 봐 더 이상 수면제를 먹고 싶지 않아요."* *

주 호소　M씨는 70세의 남성으로, 25년 이상 해군에서 근무해 온 참전 용사 출신이다. 그는 군 복무 중 의식이 없는 해군이 배 작업실에서 질질 끌려 나가는 것을 보았고, 그 해군의 업무를 대신하는 외상을 경험했다. 내담자는 그 상황에서 무기력감과 공포감을 경험했다고 보고하였으며, 그 이후에도 심한 폐쇄공포증과 외상 후 스트레스 장애(이하 PTSD) 증상을 호소하였다. 그는 누군가 집에 침입할 것 같은 공포와 외상 사건과 관련된 생각, 신체적 과다각성으로 인해 잠들기 어렵다고 보고하였다. 심각한 불면증을 호소하면서 수면제에 의존하였으나, 잠든 사이에 누군가 집에 침입할 것 같은 공포 때문에 더 이상 수면제에 의존하고 싶지 않아 미국 남동부에 있는 국가보훈처 산하의 의료센터에 내원하였다. 깨어 있는 시간에나 밤에 악몽을 꿀 때 작은 폐쇄된 공간에 있으면 누군가 침입해서 해칠 것이라는 불안감과 공포를 느꼈다. 침대로 가기 전 집 문이 제대로 잠겼는지 여러 번 확인하며 경계 태세를 늦추지 않는 특징을 보였다. 침대에 들기 전 이완하는 시간을 가지고, 술을 최대한 먹지 않고, 카페인 섭취는 아침에만 하고, 침대에서는 수면과 성관계 이외의 일은 하지 않고, 침실은 편안하고 어둡게 유지하는 등 좋은 수면 습관을 오랫동안 가지고 있었다. PTSD를 동반한 심각한 불면증으로 인해 낮 동안 주의 집중에 장애를 보이고 있었고, 기억력 역시 저하되어 있었다.

현재 수면 습관

• 취침 시간 : 9:30~10:00pm

• 불 끄는 시간 : 취침 시간과 동일

• 입면 후 각성 시간 : 외상과 관련된 생각이 들면 입면에 어려움을 느끼고, 수면 유지의 어려움을 호소함. 다시 침대로 돌아가더라도 다시 잠들기 전까지 한참을 몸을 뒤척거리며 쉽게 다시 잠에 들지 못함.

---

* 이 사례는 Baddeley, J. L., & Gros, D. F. (2013). Cognitive behavioral therapy for insomnia as a preparatory treatment for exposure therapy for posttraumatic stress disorder, *American Journal of Psychotherapy*, 67(2), 199–210을 저자들 동의하에 사용하였음.

- 평균적으로 침대에서 보내는 시간 : 8시간
- 총수면시간 : 4.5시간
- 수면 효율성 : 56.3%
- 수면제 복용 여부 : 수면제 복용 시 불면증 증상은 호전되었지만, 잠든 사이 침입자가 왔을 때 깨지 못할까 걱정되어 더 이상 복용하지 않기를 원함.
- 일주기 유형 : 아침형
- 그 밖의 수면 위생 : 아주 양호함(예 : 침대에 들기 전 이완하는 시간을 갖고, 술을 최대한 먹지 않고, 카페인 섭취는 아침에만 하고, 침대에서는 수면과 성관계 이외의 일은 하지 않고, 침실은 편안하고 어둡게 유지하는 등 좋은 수면 습관)

치료 목표 "수면제를 먹지 않고도 잘 자고 싶어요."

불면증 과거력 해군 입대 전에는 불면증 문제가 없었으나, 해군 입대 후부터 지금까지 지속적인 불면증 호소

정신과 병력 최초 면담 시 시행한 그의 자기 보고서에 의하면 불안과 우울증상, 중간 정도의 스트레스와 심각한 불면증 증상을 보고

진단
(DSM-5 기준)
- F51.01(307.42) 불면장애, 지속성, 비수면장애 정신질환 동반이환 동반
- F43.01(309.81) 외상 후 스트레스 장애
(ICSD-3 기준)
- 만성 불면장애, 외상 후 스트레스장애로 인한 불면장애

치료 계획
- 수면 제한
- 수면제 줄이기
- 인지 재구조화

외상의 일반적인 증상

외상(trauma)이란 우리 일상생활의 평범한 경험을 벗어나는 충격적인 스트레스 사건을 의미한다. 이런 경험을 한 사람들은 실제적인 위협이 사라진 이후에도 외상과 관련된 침습적 기억, 악몽 혹은 불면증과 같은 수면장애, 외상과 관련된 단서에 대한 극심한 심리적 고통과 같은 부정적인 증상을 지속적으로 경험할 수 있다. 이것은 우리 뇌가 아주 자연스럽게 스스로를 보호하기 위한 장치로 투쟁 혹은 도피 반응(fight-or-flight response)을 일으키기 때문이다. 실제적인 위험이 사라진 이후에도 혹시나 다시 위험에 빠지지 않을까 촉각을 곤두세우고 있는 것이다. 신체적으로 보면 이 현상은 우리 자율신경계의 교감신경계가 과하게 활성화되어, 신경화학적인 과정이 지속적으로 반복되면서 마음을 안정하지 못하는 원인이 된다.

특히 이런 충격적인 외상 사건을 경험한 이후에는 외상과 관련된 장애가 생길 수 있다. 충격적인 외상 사건 이후에 재경험(침습적 이미지, 플래시백, 악몽), 과각성, 회피, 부정적 인지 및 기분의 변화와 같은 증상이 1주일에 3일 이상, 1개월 이내의 단기간 동안 지속된다면 급성 스트레스 장애(Acute Stress Disorder, ASD)로 진단할 수 있으며, 1개월이 지나도록 이러한 증상이 개선되지 않은 채로 지속되거나 악화되면 외상 후 스트레스 장애(Posttraumatic Stress Disorder, PTSD)로 진단된다. 이러한 장

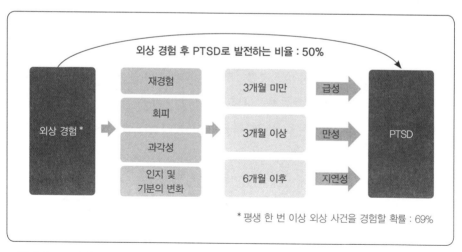

그림 6.1 ● 외상과 외상 관련 장애

애는 외상 사건을 경험한 이후부터 나타나는 경우가 대부분이지만 사건을 경험한 후 잘 지내다가 몇 개월 또는 몇 년 이후에야 이러한 증상이 나타나는 경우도 있다. 이렇게 사람이 충격적인 사건을 경험하게 되면 그 사건과 관련된 위협이 종료되었음에도 불구하고 그런 충격적인 경험이 심각한 심리적인 상처가 되어 오랜 기간 외상 생존자의 삶에 영향을 미치게 된다(권석만, 2014).

PTSD/ASD 환자의 수면

✓ 불면증은 PTSD/ASD의 중요한 증상 중 하나이다.
✓ 외상 사건 이후에 반복적인 악몽은 불면증을 일으킨다.
✓ PTSD 치료 이후에도 수면 문제, 특히 악몽은 잔여 증상으로 남을 수 있다.
✓ PTSD/ASD 환자는 수면 개시와 유지에 어려움을 겪는다.

외상 사건은 불면증의 유발 요인으로 작용하며, 급성 불면증과 만성 불면증을 일으킬 수 있다. 누구나 일상을 살아가면서 고통스러운 사건을 경험할 수 있기 때문에 우리 모두가 불면증의 위험에서 자유롭다고 하기 어렵다. 앞서 살펴보았듯이, PTSD와 ASD는 외상 사건 이후에 여러 가지 부적응 증상의 지속 기간의 차이 이외에 주요 증상과 기준이 서로 매우 유사하다.

이런 외상 사건 관련 스트레스 장애를 겪는 환자들은 흔히 수면 곤란을 경험하고, 그중에서도 악몽을 꾸는 사람들이 많다. 1989년에 샌프란시스코에서 대지진이 일어났을 때, 그 지역 사람들과 지진을 경험하지 않은 애리조나 주에 살고 있는 사람들의 악몽 빈도를 비교했을 때, 샌프란시스코 주민의 40%가 악몽을 꾸는 빈도가 증가했다고 보고한 반면, 애리조나 주에서는 5%라고 보고했다. 실제로 수면 문제는 PTSD의 핵심 증상으로서 PTSD 환자의 72%가 외상 사건을 악몽으로 재경험하는 것으로 나타났으며, 91%는 수면 유지에 문제가 있었다.

수면의 구조를 살펴보면 하룻밤의 전반기에 주로 서파 수면인 3, 4단계 수면이 주로 나타나고, 후반기로 갈수록 REM 수면이 더 많이 나타난다. 우리는 주로 REM 수면에 꿈을 꾸기 때문에 일반적인 경우 악몽은 REM 수면 단계에서 발생하지만,

PTSD 환자의 경우 비REM 수면 단계에서도 악몽을 경험한다. 악몽의 특성상 바로 각성을 하기 때문에 수면 유지의 어려움이 있을 수 있다.

악몽에 대해서 알아보기 위해서는 우리가 꿈을 왜 꾸는지에 대해 알아볼 필요가 있다. 꿈의 기능 중 가장 보편적으로 알려져 있는 기능은 정서 조절 기능과 낮 시간의 사건을 반영해 주는 기능이다. 첫 번째, 우리가 잠을 자기 전에 기분이 나빠도 아침에 일어나면 기분이 조금 괜찮아진 경험을 했을 것이다. 1979년에 Cartwright라는 연구자가 자기 전의 부정적 정서가 낮거나, 중간이거나 높은 세 집단이 자고 일어난 이후 부정적 정서에 어떤 변화가 있었는지 알아보는 연구를 했다. 낮거나 높은 부정

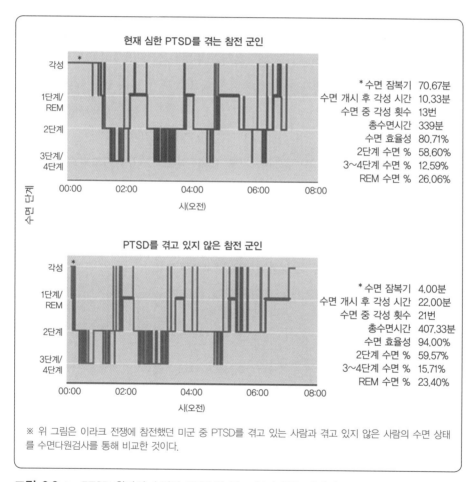

그림 6.2 ● PTSD 환자의 수면과 PTSD를 겪고 있지 않은 사람의 수면 양상 차이(Germain, 2013)

적 정서를 가진 집단은 자고 일어나도 크게 변화가 없었는데, 중간 정도의 부정적 정서를 가진 사람들은 자고 일어난 날 아침에 부정적 정서가 감소했다는 것을 확인할 수 있었다. 이 연구 결과에 의하면, 자기 전에 부정적 정서가 아주 높은 사람은 자고 일어나도 부정적 정서를 조절하기 힘들다는 것이다. 특히 PTSD 환자들은 자기 전에 높은 경계심과 외상에 대한 침투 증상 때문에 자기 전에 기분이 안 좋을 수 있다. 앞서 소개한 우울증 환자들은 REM 수면에 이상이 있는 경우가 많고, 꿈 회상도 적은데, 대부분 하루 중 아침에 제일 기분이 좋지 않다고 보고한다. 즉 PTSD나 우울증처럼 자기 전에 부정적 정서가 높은 장애는 자고 일어나도 이런 정서 조절의 기능이 낮아졌을 수 있다.

두 번째 꿈의 기능은 낮 동안의 사건을 반영하는 것이다. 낮에 있었던 일들은 우리의 서술 기억(declarative memory)의 재구조화와 변화로 인해 경험이 반영된다. 깨어 있을 때 생긴 공포스러운 일은 밤에 악몽의 형식으로 나타날 수 있고, 외상에 대한 기억의 응고화를 막기 위해 우리 몸은 악몽으로 인해 잦은 각성을 일으킨다.

〈그림 6.2〉에서 PTSD 환자의 수면 효율성은 80.7%로 불면증의 기준이 되는 수면 효율성 85%보다 낮아 불면증이 있다는 것을 알 수 있다. 그리고 PTSD가 없는 사람의 경우는 수면 잠복기가 4분밖에 되지 않는 반면에, PTSD 환자의 경우 70.67분으로 수면 잠복기가 훨씬 긴 것을 관찰할 수 있다. PTSD가 없는 사람의 경우는 깨는 빈도가 높은 편임에도 불구하고 PTSD 환자의 경우보다 수면 효율성이 더 높은 특징을 보인다. 서파 수면의 빈도는 둘 다 높은 편이지만 PTSD가 없는 사람의 경우가 약간 더 높고, REM 수면의 빈도는 PTSD 환자의 경우가 약간 더 높다.

악몽이란?

악몽은 생생하게 기억나는 꿈으로, 꿈꾸는 사람에게 불쾌한 기분이 들게 하고 잠에서 깨도록 만드는 꿈으로 정의한다. 흔히 우리가 말하는 '나쁜 꿈'과는 구분을 할 수 있는데, 나쁜 꿈은 불쾌한 기분이 들고, 꿈의 내용이 생생하게 기억난다는 점에서 공통적이지만, 잠자는 사람을 깨어나게 하지는 않는 꿈을 의미한다. 악몽을 꿀 때 공포를 경험하는 것이 가장 흔하며, 꿈을 부분적으로 혹은 다 기억하기도 하고, 심할 경

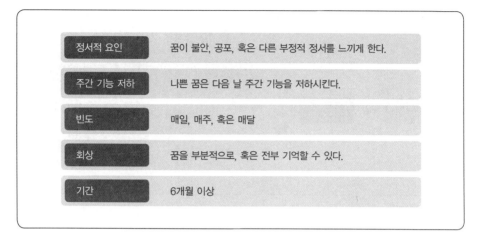

정서적 요인	꿈이 불안, 공포, 혹은 다른 부정적 정서를 느끼게 한다.
주간 기능 저하	나쁜 꿈은 다음 날 주간 기능을 저하시킨다.
빈도	매일, 매주, 혹은 매달
회상	꿈을 부분적으로, 혹은 전부 기억할 수 있다.
기간	6개월 이상

그림 6.3 ● 악몽의 정의

우 다음 날 주간 기능에 부정적인 영향을 미칠 수 있다(그림 6.3).

외상을 경험한 사람이 악몽을 꾸는 이유는, 꿈을 꾸다가 경험하는 부정적인 정서가 수면 중 감당하기 힘들어지기 때문이다. 악몽을 꾸다 보면 앞서 말했던 꿈이 해야 하는 정서 조절 기능의 범위를 넘어서게 된다. 그러면 REM 수면에서의 일반적인 수용 범주를 벗어날 정도의 과도한 부정적 정서가 일어나게 되고, REM 수면에서 급작스럽게 계획했던 것보다 일찍 깨게 된다. 또한 PTSD 환자의 악몽과 일반 사람과의 악몽은 조금 다를 수 있는데, 일반 사람이 꾸는 악몽은 나쁜 기억이 변형된 형식으로 나타나는 경향이 많은 반면, PTSD 환자는 외상과 관련된 변형되지 않은 기억 그대로 악몽으로 나타난다는 점이다.

악몽도 PTSD 환자에게 외상 직후에는 어느 정도 적응적인 기능을 할 수 있다. 악몽은 특별히 조심하고 스스로 보호할 수 있는 경각심을 일으키는 경고에 대한 기억을 제공하고, 외상에 대한 부정적인 정서를 표현하게 해 주고, 수면을 방해하여 밤중에 깨게 함으로써 본인의 환경에 대한 개인적인 통제감을 즉각적으로 증가시켜 준다. 문제는 외상이 한참 지난 이후, 예를 들어 5년, 10년이 지난 후에도 외상에 대한 악몽을 계속 꾼다면 이것은 적응적인 가치를 상실한 것이며, 외상 사건에 대한 인지적 통합 및 정서 처리에 실패한 것을 의미한다는 것이다(그림 6.4 참조). 그렇게 되면 악몽장애로 발전할 수 있다. 현재 DSM-5에서 제시하는 악몽장애 진단 기준은 6개월 이상 악

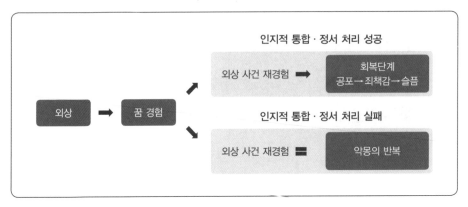

그림 6.4 ● 외상을 경험한 환자에게 악몽의 기능

몽을 자주 꾸는 것을 의미하며, 주로 외상을 경험한 PTSD 환자에게서 공존 질환으로 나타난다.

그럼 악몽은 불면증과 어떤 관련성이 있는가? 앞서 제1장에서 언급했듯이, 불면증은 잘못된 행동을 학습해서 생기는 장애이다. 여기서 잘못된 행동은 침대에 오래 누워 있고, 잠을 자려고 노력하는 행동과 같은 부적응적인 행동이다. 악몽을 자주 꾸고, 수면 유지의 어려움을 오래 경험하게 되면, 침대가 더 이상 편안하고 휴식을 취하는 공간이 아니라 공포스러운 공간이 된다. 예전에 전쟁에 참전했던 군인 환자를 치료할 때, 그는 잠을 자다가 폭탄이 터져 동료들이 죽는 것을 목격했다고 한다. 그 이후로는 침대에서 자는 것이 너무 싫어졌고, 아무리 아내가 애원해도 소파에서 잠을 잤다고 한다. 그는 침대에 누우면 그 생생한 외상이 기억이 나서 잠을 잘 수 없었다고 한다.

DSM-5에서 악몽장애의 진단 기준

- 부정적 정서를 동반한 길고 생생한 반복적인 꿈 삽화를 경험하여, 주제는 주로 본인의 생명에 대한 위협, 안전, 혹은 신체에 대한 손상이다.
- 악몽은 주로 수면의 후반부에 경험한다.
- 악몽에서 깨고 난 직후, 즉각적으로 각성이 된다(oriented and alert).
- 기간 : 급성(1개월 이하), 아급성(1~6개월), 지속성(6개월 이상)
- 심각도 : 경도(1주일에 한 개 삽화 이하), 중도(1주일에 여러 번), 중증(매일)

외상 관련 악몽의 빈도가 높은 환자를 위한 불면증 치료법 : 심상시연치료(IRT)

충격적인 외상 사건 이후에 수면의 곤란이나 악몽은 스트레스 장애의 핵심적인 증상이다. 외상 직후에는 악몽을 꾸고 잠을 자지 못하는 것은 적응적일 수 있다. 참전 군인처럼 공포스러운 상황에 있는 사람은 잠을 자지 않고 본인의 생명을 지켜야 한다. 집에 도둑이 든 사람은 밤을 새서 집을 지켜야 한다. 또한 REM 수면은 장기기억의 통합(consolidation) 기능을 하기 때문에 악몽으로 인해 깨어나게 되면 끔찍했던 일이 장기기억으로 넘어가는 것을 막을 수 있고 오래 기억하지 않기 위해 우리 뇌에서 보호해 주는 기능을 할 수 있다. 그렇지만 외상 사건이 일어나고 오랜 시간이 흐른 후에도 수면 문제를 경험하고 악몽을 꾸고 있다면 별도의 치료가 필요하다.

이처럼 PTSD를 겪는 환자들의 불면증과 함께 동반되는 악몽 문제를 해결하기 위해 흔히 쓰이면서 가장 큰 효과를 나타내는 치료법으로는 **심상시연치료**(Imagery Rehearsal Therapy, IRT)가 잘 알려져 있다. 실제로 PTSD 환자들은 악몽과 불면증을 동반하는 경우가 많은데, 이런 경우에는 IRT와 CBTI를 병행하여 치료하는 것이 IRT만 시행한 경우보다 더 효과적이다.

치료 장면에서 IRT와 CBTI는 쉽게 결합할 수 있는 치료이다. 한 연구에 의하면, IRT와 CBTI를 같이 시행하여 비효율적이고 낮은 질의 수면을 해결하고 악몽 빈도도 감소시키는 데 도움이 될 수 있다는 것을 보여 주었다.

IRT 모델

✓ 악몽은 반복을 통해 학습된 습관이자 행동이다.
✓ 악몽은 자동적으로 일어나는 비자발적인 행동이다.
✓ 악몽은 더 긍정적인 혹은 적어도 중립적인 꿈으로 대체되면서 사라지게 만들 수 있다.

IRT 모델의 기본적 원리는 악몽을 자동적으로 일어나는 비자발적인 행동으로 반복을 통해 학습되는 습관으로 본다는 것이다. 위에서도 언급했듯이, 외상 사건 직후에 수면 분절이나 악몽은 외상 기억이 장기기억으로 넘어가는 것을 방해하기 때문에 적응적인 기능을 하기도 하지만, 외상 사건과 시간적으로 멀어질수록 습관처럼 꾸게 되는 악몽의 적응적 가치는 점점 사라진다. 이러한 가정은 예전의 습관을 버리고 새로운 습관을 습득하는 것처럼 고통을 불러일으키는 악몽을 좋은 꿈으로 바꾸어 악몽 자체를 사라지게 할 수 있다는 전제를 가능하게 한다.

일반인에 비해 PTSD 환자들은 악몽을 꾼 직후에 악몽을 회상하기 더 힘들어하며, 악몽이 생존자로서의 죄책감을 보상하는 측면이 있기 때문에 악몽 치료에서 유의해야 하는 부분이 있다. 이렇듯 PTSD나 ASD를 겪는 환자들의 악몽은 다른 악몽장애와는 양상이 다르다. 반복적이고 지속적인 생생한 악몽으로서, 외상 사건과 동일한 악몽이 반복되어 재경험하게 되는 경우가 20%, 외상 사건과 비슷한 악몽을 꾸는 경우가 50%에 이른다.

IRT의 치료 효과

✓ IRT는 악몽의 빈도와 강도를 낮추고, 수면의 질을 향상시키며 PTSD 증상과 불안 증상을 완화시킨다.
✓ IRT의 치료 효과는 치료 종결 이후에도 지속적으로 유지되어 증상을 완화시킨다..

IRT는 악몽 증상을 경감시키기 위한 비약물적인 치료로서 회기당 1시간씩 총 1~6회기 정도로 진행되며, 적은 비용으로도 큰 효과를 볼 수 있다. 기존에 시행된 많은 연구에서 다양한 외상 집단에서 IRT의 효과성을 입증하는데, 악몽의 빈도와 강도를 줄이고, 수면의 질을 향상시키며 치료 효과가 PTSD 증상에도 긍정적인 영향을 미쳐 PTSD 증상을 완화하고 불안도 감소시키는 것으로 나타났다. 특히 치료 효과는 회기가 종결된 이후에도 지속적으로 유지되어 악몽의 빈도와 강도를 경감시키는 것으로 나타났다.

한 가지 유의해야 할 것은, 겉에서 보았을 때 IRT가 단시간에 쉽게 시행될 수 있는 치료라고 생각될 수 있다는 점이다. 1회기 내에서도 충분히 악몽을 재구성하는 개입을 할 수 있다. 그렇지만 PTSD 환자들은 많은 경우 심상이 불안정하기 때문에 쉽게 생각했다가 오히려 악영향을 미칠 수 있다. 만약 심상이 불안정한 환자라면 더 오랜

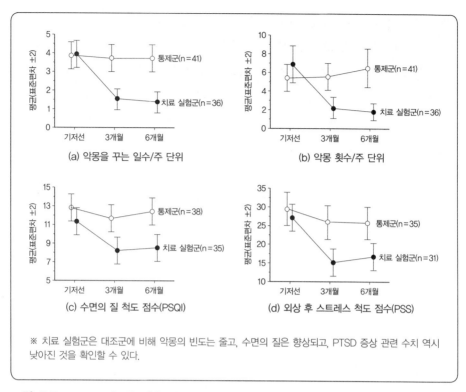

그림 6.5 ● IRT 치료를 받은 치료 실험군과 통제군의 악몽, 수면의 질, PTSD 증상 비교 (Krakow et al., 2001)

시간을 두고, 긍정적인 심상 요법을 연습하며 치료할 필요가 있다.

IRT의 구성 요소

✓ 악몽에 대한 교육

✓ 손상된 심상 체계 치료

악몽 치료의 두 가지 치료 구성 요소는 '악몽에 대한 교육'과 '손상된 심상 체계 치료'이다. 이 두 구성 요소는 모든 치료 과정 전반에 포함되지만, 특히 치료 초반부에는 악몽에 대한 학습에 중점을 두고, 치료 후반부에는 손상된 심상 체계를 치료하는 것에 중점을 둔다. 치료 초반부에 악몽이 수면을 어떻게 방해하는지를 교육하며 악몽이 통제할 수 없는 현상이라는 환자들의 기존 인식을 악몽 역시 학습된 행동이고 습관이라는 것으로 변화시킨다. 치료 후반부에는 사람의 심상 체계에 대해 배우고, 이러한 체계가 본인들의 삶에서 어떻게 작동하는지 관찰한다. 나아가 일상의 심상과 꿈의 심상의 연결성에 대해 학습하고, IRT의 구체적인 단계를 적용하게 된다.

IRT 치료의 특이한 점은 외상 사건에 대해 다루지 않는다는 것이다. 악몽의 원인이 외상이라는 것에 대해 환자들의 주관적인 생각과 관점을 무시하는 것은 아니지만 외상 사건을 비롯하여 악몽 문제가 발생하기 이전의 선행 사건에 대한 노출을 최소화한다. 특히 악몽을 꾸는 외상이 있는 환자들은 악몽의 의미가 중요할 수 있는데, 환자는 회기를 진행하며 외상 사건이나 수면과 무관한 PTSD 증상에 대해 다루지 않고도 악몽이 치료될 수 있다는 것을 경험할 수 있다.

IRT의 치료 단계

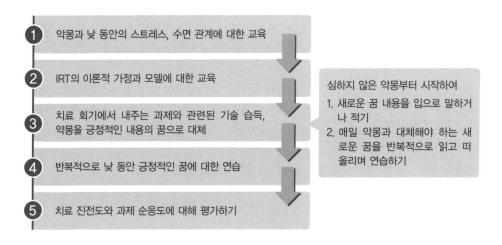

🕐 1회기

악몽에 대한 교육

환자와 악몽이 어떻게 불면증을 발생시키는가에 대해 토론을 하며 IRT를 소개한다. 이 작업은 다음의 세 가지 이유에서 유용하다. 첫째, PTSD나 외상이 아닌 수면 문제에 관심이 있는 환자의 치료 동기를 높일 수 있으며, 둘째, 대부분의 외상 생존자들이 악몽과 불면증의 관계를 연결시키지 못하기 때문에 환자에게 교육적인 효과가 있을 수 있고, 마지막으로, 대부분의 환자들은 잠을 못 자는 문제로 얼마나 고통받는지에 대해 이야기하며 치료가 필요한 이유에 대해 스스로 설명하게 된다.

회기 내에서 악몽은 수면을 분절시키며, 분절된 수면은 다시 수면의 질에 영향을 미치고, 이어 낮은 수면의 질은 심리적·신체적으로도 부정적인 영향을 미친다는 교육을 해야 한다. 그렇기 때문에 수면을 개선하기 위해서는 악몽을 치료하는 것이 필수적이며, 어느 정도 외상과 수면 문제를 분리해 줌으로써 환자가 편안하게 본인의 수면 문제에 대해서 이야기할 수 있는 장을 만들어 준다. 그뿐만 아니라 많은 외상 사건 경험자들은 외상을 경험한 이후에 그것으로부터 벗어나지 못한다는 절망감과 두려움을 경험하며, 외상 사건에 대해 이야기하는 것을 회피한다. 오히려 수면 문제를 다룰 것이라는 이야기를 들으면 환자는 안심을 할 수도 있고, 라포 형성에도 더 도움이 될 수 있다. 수면의 질에 대해 악몽과 관련된 요인은 아래에 제시되어 있다.

수면의 질에 대한 악몽 관련 요인

수면의 질에 영향을 미치는 악몽 관련 요인
- 입면에 대한 두려움과 불안
- 다시 잠드는 것에 대한 두려움과 불안
- 자는 동안 경험하는 불쾌하고 불안한 감정
- 안정적이지 않고 분절된 수면
- 괴로운 심상과 정서로 인한 각성의 재경험
- 악몽에 대처하기 위한 약물 사용 문제

수면의 질을 향상시키기 위한 방법
- 수면에 대한 두려움 감소
- 수면 중 각성 빈도의 감소
- 비회복성 수면의 감소
- 수면의 통합(consolidation) 증가
- 기상 후 경험하는 기분의 개선

외상 사건 생존자를 위한 IRT

외상 사건을 경험한 환자에게 IRT를 실시할 때는 외상으로 인한 악몽의 특성을 고려해야 한다. 악몽은 외상 사건에 대한 재경험을 유발하며 정신적·신체적 과각성을 야기하는데, 이것은 PTSD의 대표적인 증상이다. 환자들은 각성 경험에 대처하기 위한 여러 가지 역기능적인 행동을 할 수 있다. 외상 사건 생존자들은 취침 시간에 잠자리에 들기를 피하거나, 더 나쁜 악몽을 꾸는 것을 피하기 위해 한밤중에 자주 깬다. 저자는 책에서 소개한 사례와 비슷한 환자를 치료하였는데, 참전을 한 이후 집으로 돌아와 한 번도 침대에서 자지 않고 소파에서 텔레비전을 보다가 잠든다고 했다.

침대에서 자지 않아 부인은 불만족스러워했으며, 그것은 결혼 생활에도 심각한 영향을 미치고 있었다. 이처럼 외상 사건을 경험한 환자들은 어떤 수를 써서라도 잠자리에 드는 것을 회피하는 행동을 할 수 있다. 그래서 PTSD의 과각성 증상의 특징을 보이던 악몽은 시간이 지나면서 회피 증상으로 발전하게 된다. 대부분의 환자들은 과각성 증상뿐 아니라 회피 증상까지 경험할 때 치료의 필요성을 느낀다. 따라서 외상 사건 생존자를 대상으로 한 IRT에서는 외상 이후 시작된 악몽이 점차 만성화되는 과정에 대해 논의해야 한다.

외상을 경험한 지 시간이 얼마 지나지 않았을 때는 악몽은 오히려 도움이 된다. 외상 사건 생존자에게 의미 있는 중요한 세부 사항을 기억할 수 있게 하고, 반복적으로 경험하면서 외상과 관련된 정서를 처리하도록 동기 부여하는 데 도움이 될 수 있다. 악몽이 도움이 될 수 있다는 시각은 외상 사건 생존자에게 흥미로운 지점이 될 수 있다. "외상 이후 시작된 악몽이 어떤 이점이 있다고 생각하십니까?"라는 질문은 환자가 외상 이후 발생한 악몽의 적응적 기능에 대해 이해하는 계기가 될 수 있다. 악몽으로 인한 이점에 대해 살펴보는 것은 환자들의 자기효능감을 증진시키는 데 중요하다. 이 질문은 그다음 회기에서 "악몽이 여전히 오래 지속될 때 어떤 이점이 있을 수 있습니까?"라는 질문으로 바뀔 수 있다. 대부분의 환자는 이 질문에 대해 부정적으로 응답한다. 하지만 이 질문은 그 이후 회기에서 주목하는 '스스로 삶을 살아가는 가능성'에 대한 희망적인 관점을 제시할 수 있다.

◎ 2회기

만성적인 악몽

외상 사건에 노출된 후에 시간이 한참 지났는데도 불구하고 지속되는 악몽을 어떻게 설명할 수 있는가? 이 회기에서는 만성적인 악몽에 대한 합리적인 설명에서 시작하여, 환자들이 악몽 치료를 위해 심상을 사용할 수 있도록 하는 작업을 하게 된다. 악몽으로 고통받는 환자는 보통 악몽 경험을 통제할 수 없는 영역으로 여긴다. 동시에 악몽을 왜 그렇게 오랫동안 꾸는지에 대해 알고 싶어 한다. 악몽이 학습된 행동이라는 사실을 아는 것은 환자가 치료를 지속하기 위해 중요한 인식의 전환이다. 어떤 환자들은 외상으로 인해 여전히 악몽이 발생하는 것이라고 설명하려 하기도 하고, 악몽이 외상 사건 이후 신경계에 문제가 생겼다거나 유전적인 원인 때문이라고 생각한다. 대부분의 PTSD가 있는 환자들은 외상이나 다른 심리적 문제가 있기 때문에 악몽이 지속된다고 믿는다. 따라서 환자가 악몽을 잘못된 습관이자 행동이라고 생각할 수 있도록 관점을 전환시키는 것은 중요하다.

이런 생각을 바꾸기 위해서는 환자가 몇 가지 점을 숙지해야 할 필요가 있다. 우선 악몽은 학습된 습관이기 때문에 PTSD 치료와는 별도로 악몽 치료를 받아야 한다는 점과 현재 느끼고 있는 불안, 우울, 적대감 혹은 신체화 증상이 악몽이 없어진다고 해서 증상 대체가 되지 않는다는 것이다.

악몽에 대한 추가 교육

이 단계에서는 악몽이 직접적으로 치료된 이후의 긍정적인 효과를 보고한 연구에 대해 소개한다. 환자들은 악몽이 학습된 행동이라는 것에 많은 의구심을 가지는데 이것은 환자들의 기존 믿음과 상충되기 때문이다. 따라서 많은 환자가 이 단계에서 새로운 관점에 대해 호기심을 느낀다. 이 토론의 마지막 단계에서 악몽의 원인이 100%라면, 외상과 습관에 기인하는 정도를 합이 100%가 되게 추정을 해 보라는 작업을 시도한다. 처음에는 악몽이 외상 때문만이라고 답했던 환자도, 교육을 받은 이후에는 사고의 전환이 있어 악몽이 습관 때문이라고 생각하게 된다. 이러한 추정치를 통해 치료에 대한 저항이나 준수를 어느 정도 예측할 수 있다.

악몽이 외상과 깊은 관련이 있다고 믿는 사람들은 습관적인 측면이 전혀 없다고 이야기할 수도 있다. 반대로 외상에 대한 치료를 성공적으로 받았던 사람들은 악몽이 100% 나쁜 습관이라고 선언할 수도 있다. 전자의 경우 IRT 시도를 꺼릴 수 있어 환자의 생각에 변화가 있기 전까지는 작업을 시작하지 않는 것이 좋고, 후자는 IRT를 시행할 준비가 되어 있다고 볼 수 있다. 대부분의 사람들은 이러한 극단의 중간에 놓여 있지만 거의 대부분의 사람들이 습관에 대한 인식으로 변화하게 된다. 외상에서 기인한다고 보는 측면이 크더라도 이전에는 악몽이 습관이라고 전혀 여기지 못했던 것에서 변화했다는 점에서 의미 있는 작업이라고 할 수 있다.

즐거운 심상 연상하기

악몽을 변화시키기 위해 심상을 사용하게 된다. 심상은 정신 활동의 자연스러운 부분이며, 생각, 감정, 이미지로 이루어진 하나의 구성 요소이다. 또한 낮에 떠올린 심상이 밤에 떠올리는 심상(밤에 꾸는 꿈)에 영향을 줄 수 있다. 심상은 필요에 따라 의도적으로 바뀔 수 있으며, 이런 심상 관련 기술은 간단한 연습으로 배울 수 있고, 대부분의 외상을 경험한 환자에게도 적합하다. 극심한 상태의 PTSD 환자를 제외하고 대부분의 경우 어려움 없이 즐거운 심상을 떠올리는 연습을 할 수 있다.

심상을 떠올리는 데 결함이 있는 환자의 경우에는 특별한 주의가 필요하다. 검은색 혹은 빈 화면의 심상을 보고하거나 매우 불쾌한 심상을 떠올릴 수 있다. 불쾌한 심상이 나타날 수 있다는 것을 인정하고, 조금 더 즐겁고 중립적인 심상을 떠올리는 데 중점을 두어야 한다. 모든 환자는 매일 즐거운 심상을 떠올리는 연습을 하며, 즐거운 심상을 통해 긍정적인 감정을 느끼는 방법에 대해 토론하게 된다. 이 단계에서 악몽에 변화는 기대할 수 없지만, 즐거운 심상을 통한 몇 가지 이점을 경험할 수 있다.

심상 보호 장치

- PTSD 환자의 경우 치료 과정이 불쾌한 심상을 자극한다면 치료를 중지해야 한다.
- 심상 체계의 활성화는 천천히, 부드럽게 진행해야 한다.
- 자신의 한계에 대해 인지하고 불쾌한 이미지를 떨쳐 내는 방법을 배운다.
- 스트레스로 인해 부정적인 심상을 떠올리게 되고, 그러한 심상이 악몽을 통해 나타난 는 원리에 대해 배운다.
- 즐거운 심상을 떠올리는 것의 중요성을 확인한다.

🕐 3회기

심상을 통해 변화를 시연하기

심상시연은 새로운 혹은 오래된 상황에서 그 상황에 대해 상상하면서 예상되는 행동이나 경험을 '연습'할 때 항상 행동하는 방식이다. 이것을 연습하기 위해 불쾌한 감정을 야기하지 않고 긍정적이거나 중립적인 것 중에서 환자가 인생에서 변화시키고 싶은 것에 대해 선택하도록 한다. 가장 일반적인 것은 집 안의 가구를 재배치하는 것이다. 심상을 통해 무언가 변화하는 과정은 긍정적으로 보고된다. 심상을 통해 무언가 변화하는 것을 연습하고, 실제로 무언가 변화할 필요는 없다. 하지만 많은 사람들이 변화하려고 심상시연을 한 것에 대해 실제로 바꾸려고 노력했다고 보고한다.

악몽장애 환자라는 정체성

악몽으로 고통받는 환자들은 '악몽장애 환자로서의 정체성'이 고정되어 있을 수 있다. 이것을 변화시키기 위해 (1) 악몽장애 환자로서의 정체성이 얼마나 확고한지, (2) 악몽을 꾸지 않는다는 것이 얼마나 낯선지에 대해 확인하고, (3) 심상을 통해 악몽에 더 이상 시달리지 않는 새로운 정체성을 어떻게 가질 수 있는지에 대해 배운다.

◉ 4회기

마지막 회기에서는 지금까지 배운 것들을 기반으로 악몽을 재구성한다. 악몽을 재구성하는 작업을 할 때 다음의 규칙을 참고해야 한다.

악몽 재구성하기의 규칙

- 변화시킬 악몽을 선택하되 반복적인 악몽이나 외상 사건과 관련된 악몽이 아닌 낮은 강도의 악몽을 선택한다.
- 원하는 어떤 방식으로든 자유롭게 악몽을 바꾼다.
- 악몽을 바꿀 때 1인칭 현재 시제를 사용한다.
- 선택한 시간에 새로운 꿈에 대해 시연한다.
- 매일 이런 연습을 지속하고, 다른 악몽도 동일한 작업으로 변경한다.
- 하나의 악몽을 변화시키는 데 3~7일 정도가 걸리고, 매주 한두 개의 새로운 꿈을 연습할 수 있다.

악몽 재구성하기

(1) **악몽 작성하기** : 어떤 환자들은 처음 시도에서 반복되는 악몽이나 외상과 관련된 악몽을 선택한다. 하지만 치료 과정에서는 감정적인 반응을 최소화하고 외상 사건에 노출시키지 않도록 해야 한다. 그렇기 때문에 반복되는 악몽이나 외상과 관련된 악몽을 바꾸는 것은 첫 번째 시도에서 권장되지 않는다. 비교적 강도가 심하지 않은 악몽을 선택하면 심상 작업을 하는 것이 더 쉽다. 환자들은 시연 과정에서 새로운 꿈을 쉽게 작성할 수 있다.

(2) **악몽을 새로운 꿈으로 만들기** : 악몽을 바꾸는 작업에서 환자에게 저항이 나타날 수 있다. 자신에게 일어난 일이거나 자신이 이미 꾼 꿈이기 때문에 바꿀 수 없다고 이야기할 수 있다. 환자가 시도하는 변화는 다양할 수 있다. 어떤 사람들은 사소한 부분을 바꿀 수도 있고, 어떤 사람들은 완전히 새로운 이야기를 전개할 수도 있다.

(3) **새로운 꿈 시연하기** : 새로운 꿈을 시연할 때 가장 중요한 지침은 지금은 악몽이 아닌 새로운 꿈을 시연하는 것이라는 것을 설명하는 것이다. 환자가 자신이 만든 자연스럽고 긍정적인 심상을 활성화할 수 있도록 해야 한다. 심상시연 작업이 시작되기 전에 불쾌한 심상이 침습적으로 나타나면 즐거운 심상 연상하기 훈련으로 되돌아간다.

새로운 꿈 시연하기

- 편안히 앉아, 눈을 감고, 새로운 꿈을 상상한다.
- 가능한 실제 꿈처럼 느끼도록 만들어 본다.
- 새로운 꿈 안에서 들리는 소리와 이미지를 생동감 있게 느끼도록 노력한다.
- 꿈에 대해 생각하는 것이 아니다. 잠에 들었을 때 꿈을 꾸는 것과 마찬가지로 심상을 떠올린다.

절대로 악몽을 떠올리는 일을 반복하지 않는다.

---

(4) **심상시연 연습하기** : 환자는 악몽을 제어하기 위해 심상 체계를 활성화하는 것을 배운다. IRT의 목표는 인간에게 내재되어 있는 심상 체계를 개선하는 것이다. 그렇기 때문에 모든 악몽에 대해 새로운 꿈으로 변화시키는 작업이 필요하지 않다. 환자에게 강조해야 하는 점은 심상 체계를 활성화하여 어떤 식으로 편안함을 얻게 되는지를 이해하는 것이다. IRT를 통해 이전에는 작동하지 않던 자연적인 인간의 치유 체계가 활성화되기 때문에 모든 악몽에 대해 연습할 필요는 없다. 기존의 악몽을 새로운 꿈으로 바꾸는 것은 다른 악몽에도 영향을 준다. 따라서 특정한 종류의 악몽에 집착하는 것은 비효율적일 수 있다. 이 모든 과정에서 가장 중요한 것은 각 단계에 필요한 기술을 배우고 심상 체계를 활성화하는 것이다. 이 단계에서 일부 환자는 악몽이 자연스럽게 변하는 경험에 대해 보고할 수 있다. 마지막 회기는 매주 한두 개의 악몽만을 다루는 것이 중요하다는 것을 강조하면서 마무리한다.

🖉 사례에 대한 치료자 노트

- PTSD 치료를 위한 외상 사건 노출 치료와 불면증 치료를 위한 CBTI 치료를 권유받았으나, 내담자가 CBTI에 대해서는 적극적이었지만 PTSD 치료에 대해서는 회의적인 시각을 나타내어 우선 CBTI만 시행하였다.

- **수면 제한** : 내담자가 아침에 일찍 일어나는 것을 선호하고, 지속적으로 9:30~10:00pm에 잠에 들었기 때문에 첫 회기의 수면 일정을 9:30pm~2:00am으로 제안하여 평균 3.7시간 자게 되면서 수면 효율성을 74%로 향상시켰다. 다음 회기 때는 침대에 있는 시간을 5시간으로 늘렸고, 그다음 주(2회기 이후) 동안에는 평균 4.2시간 자게 되면서 수면 효율성이 83%로 늘어났다. 다음 몇 주 동안 수면 시간이 점차 증가했고, 수면 효율성을 80~85%로 유지했으며, 6주 후에는 평균 수면 시간이 5시간이 되었고, 최소 수면 효율성이 83%가 되었다.

- 수면제는 내담자의 요구로 첫 회기부터 사용하지 않았다.

- **수면 일지 사용** : 수면을 방해하는 생각을 확인하고 교정하기 위해 수면 일지를 사용하였다. 침대에 들어가는 시간과 벗어나는 시간, 잠자리에 든 이후에도 깨어 있던 시간과 깨는 횟수, 주관적인 수면의 질, 밤에 다시 깨었을 때의 주관적인 느낌에 대해 쓰도록 하였다. 이렇게 수면 일지를 쓰는 작업을 통해 자신이 해결할 수 없는 문제와 삶의 어려운 상황들에 대한 생각으로 수면 도중 깨게 한다는 사실을 발견하게 되었다. 또한 제대로 자지 못하면 낮에 하는 봉사활동을 제대로 하지 못하게 되고 건강 문제를 일으킬 것이라는 걱정과 같이 수면에 대한 역기능적인 사고를 보고하였다.

- **인지 재구조화** : 수면을 방해하는 생각을 감소시키기 위해 아침에 깼을 때 불안과 역기능적인 사고에 대한 대체 사고를 생각할 것을 권유하였다. 수면을 취하지 못하는 것의 의미와 그 이유에 대한 반추적 사고 습관에 대해서도 인지 재구조화를 실시하였다.

- 수면 도중 깼을 때 15분 내로 잠들지 않으면 침대에서 벗어나 내일의 일을 계획하거나 다른 일을 하는 것보다 이완할 수 있는 활동을 할 것을 권유하였다.

- 치료가 지속될수록 외상 사건에 대해 생각하는 빈도가 줄었지만, 사건을 떠올리게 되는 밤이면 깨어 있는 시간이 길었고, 수면의 질 역시 현저히 낮았다. 내담자는 외상 사건이 불면증에 중요한 역할을 한다는 사실을 깨달았고 PTSD 노출 치료에 대한 교육 자료를 읽기 시작했다. 치료 말미에는 이 치료의 필요성에 대해 공감하고 동의하게 되었다.
- 내담자는 CBTI의 성공적인 치료 이후 PTSD 노출 치료를 시작하였다.

직업 평가에서 사용할 수 있는 수면/꿈 일지

이름 :

수면 & 꿈 기록지

날짜	오후 낮 12	1	2	3	4	5	6	7	8	9	10	11	저녁 자정 12	1	2	3	4	5	6	7	8	9	10	11	오전 아침 12	1	2	3	4	5	6	7	8	9	10	11	수면의질	꿈의횟수	악몽횟수	악몽고통
월																																								
화																																								
수																																								
목																																								
금																																								
토																																								
일																																								
월																																								
화																																								
수																																								
목																																								
금																																								
토																																								
일																																								

수면 시간을 모눈종이에 표시하기 위해 아래의 기호를 사용하세요.

↓ = 잠자리에 든 시간
↑ = 침대에서 나온 시간
↕ = 실제로 잔 시간
^ = 악몽이 발생한 시간

- 매일 밤의 수면의 질을 0(아주 나쁨)에서 10(아주 좋음) 척도를 사용해서 평가하세요.
- 꿈의 횟수를 숫자로 기록하세요.
- 악몽의 횟수를 숫자로 기록하세요.
- 악몽으로 인한 고통을 0(고통 없음)에서 10(극심한 고통) 척도를 사용해서 평가하세요.

제 7 장

•

밤낮이 바뀐
불면증

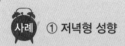 ① 저녁형 성향

"일찍 잠들지 못하니 도저히 일어날 수가 없어요."

주 호소   35세 미혼 남성인 구 씨는 잠들기 어려운 증상 때문에 병원에 내원하였다. 그는 고등학교 때부터 항상 2:00am이 넘어야 잠을 청할 수 있었다. 보통 3:00am 이후에나 잠이 들었기 때문에 오전에 겨우 일어나 학교에 갔지만 오전 수업 시간에는 늘 졸았다. 스트레스 때문이라고 생각했고, 대학에 입학하면 나아질 것이라고 생각했지만 대학에 들어가서 수업 시간 선택이 자유로워지자 잠드는 시간이 더 늦어졌다. 졸업 후에는 IT 관련 직장을 구했으나 9:00am까지 출근하는 것이 어려워 직장생활을 유지할 수가 없어 그만두었다. 현재는 IT 관련 개인사업을 하고 출근은 12:00pm이 넘어서 한다. 출퇴근 시간을 본인이 조정할 수는 있지만, 다른 직원들이나 협력업체들과 오전 회의를 함께 할 수가 없어서 여간 불편한 것이 아니다. 회의를 위해 수면제를 먹고 일찍 출근하더라도 회의 시간에 졸려서 내용에 집중하는 데 어려움이 있다.

구 씨는 삼 형제 중 첫째이며, 혼자 산다. 아버지와 다른 동생들도 늦게 자고 늦게 일어나는 편이지만 본인이 가장 심하다고 한다. 잠들기 어려운 불면증으로 생각하고 오전에 중요한 회의가 있을 때는 스틸녹스(Stilnox)를 먹고 잠자리에 들어가지만 약을 먹어도 잠이 잘 드는 것은 아니다.

현재 수면 습관

- 취침 시간 : 4:00am
- 불 끄는 시간 : 4:00am
- 잠들기까지의 시간 : 4:00am에 잠자리에 들어가면 약 20분 후에 잠이 든다. 그러나 오전 회의가 있는 날에는 12:00am에 잠자리에 들어가지만 2시간 이상 잠을 청할 수 없다. 몇 차례 시도해 보다가 어려움을 느껴 이제는 오전 회의가 있을 때는 1:00am에 스틸녹스(Stilnox)를 먹고 잠을 청하지만 1시간 이상 지나야 잠이 든다.
- 입면 후 각성 시간 : 잠이 들면 아침까지는 잘 잔다.

- 기상 시간 : 10:30am
- 침대에서 나오는 시간 : 11:00am
- 총수면시간 : 6시간
- 수면 효율성 : 85.7%(4:00am에 잠자리에 들어갔을 때에만)
- 수면제 복용 여부 : 오전 회의 있을 때만 스틸녹스(Stilnox) 1정
- 일주기 유형 : 저녁형

치료 목표 "8:00am쯤 일어나서 남들처럼 출근하고 싶어요."

불면증 과거력 없음

정신과 병력 없음

약물력 졸피뎀(Zolpidem) 10mg

신체 질환 과거력 없음

진단

(DSM-5 기준)
- F51.01(307.42) 불면장애, 지속성, 기타 수면장애 동반
- G47.21(307.45) 일주기리듬 수면-각성장애, 지연된 수면위상형

(ICSD-3 기준)
- 만성 불면장애, 정신생리성 불면장애
- 일주기리듬 수면-각성장애, 지연성 수면-각성위상장애

치료 계획
- 시간 치료(chronotherapy) : 현재 기상 시간에서 원하는 기상 시간으로 매주 시간을 조정하여 수면 스케줄 처방하기
- 광 치료 : 기상 시 광 치료
- 버퍼 존
- 사회적 시차(social jet lag)에 대한 교육

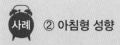

사례 ② 아침형 성향

"다른 식구들이 일어나는 아침에 함께 일어나고 싶어요."

주 호 소 70세 강 씨는 기혼 여성으로 새벽에 너무 일찍 깨는 증상 때문에 병원에 내원하였다. 젊을 때에도 다른 사람들보다는 일찍 자는 편이라 10:30pm쯤에는 잠이 들어 5:00am경에 일어났었다. 나이가 들면서 점점 잠자는 시간이 빨라지더니 요즘은 저녁을 먹고 난 후 TV를 보고 있으면 졸음이 몰려온다. 버티다가 9:00pm에 잠이 들지만 2:00am이면 깨고 다시 잠이 오지 않는다. 다른 가족들과 함께 생활하는데 나 혼자 돌아다닐 수도 없어 다시 잠을 청하지만 뒤척거리기만 할 뿐 잠이 들지 않는다. 매일 이렇게 새벽에 깨니 오전에 일어나면 밤에 한숨도 안 잔 것처럼 무거운 느낌이 든다. TV 앞에서 졸다가 잠자리에 들어가면 다시 잠을 청하지 못하는 날도 있다.

슬하에 4남매를 두었고, 현재는 남편과 큰아들 내외, 초등학생과 유치원생 손주 2명과 함께 산다. 맞벌이인 큰아들 부부를 위해 남편과 함께 손주들을 돌보고 있으며, 남편은 9:30pm쯤 같이 잠들면 피곤한지 5:30am까지 잘 잔다.

현재 수면 습관
- 취침 시간 : 9:00pm
- 불 끄는 시간 : 9:30pm. 남편이 9:00pm부터 TV를 30분 정도 더 보다가 불을 끈다.
- 잠들기까지의 시간 : 5분 이내
- 입면 후 각성 시간 : 2:30am쯤 잠에서 깨어 화장실에 다녀오고 나면 다시 잠이 오지 않는다. 다른 가족들이 자고 있기 때문에 아침까지 누워만 있다.
- 기상 시간 : 5:30am
- 침대에서 나오는 시간 : 5:30am
- 총수면시간 : 약 5시간
- 수면 효율성 : 59%
- 수면제 복용 여부 : 먹지 않음

- 일주기 유형 : 아침형(진행성 수면위상 증후군)

치료 목표 "5:00am까지 잠을 잘 수 있으면 좋겠어요."

불면증 과거력 없음

정신과 병력 없음

약물력 없음

신체 질환 과거력 없음

진단

(DSM-5 기준)

- F51.01(307.42) 불면장애, 지속성, 기타 수면장애 동반
- G47.22(307.45) 일주기리듬 수면–각성장애, 진행된 수면위상형

(ICSD-3 기준)

- 만성 불면장애, 정신생리성 불면장애
- 일주기리듬 수면–각성장애, 진행성 수면–각성위상장애

치료 계획

- 광 치료 : 늦은 오후/이른 저녁에 광 치료
- 수면 제한
- 초저녁에 수면 욕구를 감소시키지 않기 위해 각성할 수 있는 활동을 논의

일주기 장애란?

일주기 장애란 개인의 생체리듬이 본인이 원하는 수면 시간과 불일치할 때 흔히 발생하는 수면장애이다. 일주기 장애는 발생 원인에 따라 크게 내부 원인과 외부 원인으로 분류할 수 있다(오른쪽 글상자 참조). 수면장애 클리닉에 찾아오는 대부분의 일주기 장애 환자들은 지연성 수면위상 증후군(Delayed Sleep Phase Syndrome) 혹은 진행성 수면위상 증후군(Advanced Sleep Phase Syndrome) 환자들이다.

지연성 수면위상 증후군 환자들은 극단적인 저녁형 생체리듬을 가지고 있으며, 사회적으로 용인되는 일반적인 시간에 취침하거나 각성하는 것을 어려워한다. 특히 늦은 새벽 시간까지 잠이 오지 않고, 새벽 시간대에 집중이 잘된다고 보고하며, 취침 시간이 늦고 아침 일찍 일어나기 힘들어한다. 이런 환자들은 시간적 제약 없이 한 번 잠이 들면 불면증 환자처럼 수면이 분절된 모습은 보이지 않고, 총수면시간은 일반 사람과 비슷하지만, 불면증을 동반하는 경우가 많다. 왜냐하면 학교나 직장 생활을 하기 위해 본인의 생체리듬보다 일찍 잠자리에 들고, 일찍 일어나야 한다는 압박감으로 인해 침대에서 각성 상태로 오래 누워 있기 때문이다. 이런 환자들은 일상적인 사회 생활이나 직장 생활을 하기 힘들어 수면장애 클리닉에 자주 찾아오며, 일반적으로 수면장애 클리닉에 찾아오는 불면증 환자의 30%는 지연성 수면위상 증후군을 동반하는 경우가 많다.

진행성 수면위상 증후군 환자들은 극단적인 아침형 생체리듬을 가지고 있으며, 일반적으로 늦은 오후나 초저녁에 졸림을 참지 못하고 잠들고, 이른 시간에 일어나 다시 잠을 자지 못하는 증상을 보인다. 진행성 수면위상 증후군 환자는 지연성 수면위상 증후군 환자에 비해 수면장애 클리닉에 찾아오는 비율은 적다.

진행성 혹은 지연성 수면위상 증후군 환자들 모두 광 치료와 CBTI를 병행하면 원하는 시간에 잘 수 있고, 치료가 가능하다.

일주기 장애의 하위 분류

내부 원인으로 인한 일주기 장애(endogenous)
- 지연성 수면위상 증후군(Delayed Sleep Phase Syndrome, DSPS)
- 진행성 수면위상 증후군(Advanced Sleep Phase Syndrome, ASPS)
- 자유 진행형 장애(Free-Running Disorder)
- 불규칙적 수면-각성 리듬 장애(Irregular Sleep-Wake Rhythm Disorder)

외부 원인으로 인한 일주기 장애(exogenous)
- 교대근무형 일주기 장애(Shift Work Disorder)
- 비행 시차형 일주기 장애(Jet Lag Disorder)

일주기 장애의 원인

일주기 장애, 그중에서도 지연성/진행성 수면위상 증후군이 생기는 원인에 대해 아직 명확하게 밝혀진 바는 없지만, 크게 행동적인 원인과 생물학적인 원인으로 구분할 수 있다. 행동적인 원인으로 10대 청소년들이나 예술가처럼 창의적인 일을 해야 하는 사람들은 선택적으로 잠을 늦게 자고 늦게 일어날 수 있다. 그 이외에도 10대 청소년들은 발달학적으로 어느 정도 저녁형 성향을 갖고 있다가, 20대 중반이 넘어가면서 이런 성향이 사라지거나 본인의 원래 일주기 유형을 찾아간다.

생물학적인 원인에 대해서는 진행성 수면위상 증후군보다 지연성 수면위상 증후군이 더 많이 연구되었다. 지연성 수면위상 증후군의 생물학적 원인으로 지금까지 세 가지 원인이 밝혀졌는데, 첫째, 모든 사람은 취침 시간 2~3시간 이전에 멜라토닌이 분비되며, 자연스럽게 취침 시간에 졸립게 된다. 그렇지만 저녁형 성향이 강한 사람들은 밝은 빛에 대해 중간형, 아침형 성향이 있는 사람들보다 훨씬 예민하기 때문에, 밤 시간 동안 밝은 빛으로 인한 멜라토닌 억압이 지나치게 예민하게 일어날 수 있다. 즉 멜라토닌이 분비되어야 할 시간에 분비되지 않는 것이다.

둘째, 모든 사람의 생체리듬은 사회가 돌아가는 것처럼 정확히 24시간에 맞춰져 있지 않다. 빛에 대한 아무런 단서가 없는 곳에서 일반 사람이 생활하게 되면, 인간의 생체리듬은 평균적으로 24.18시간으로, 우리가 알고 있는 24시간보다 약간 길다. 그렇지만 우리의 생체리듬은 정기적으로 24시간이 되도록 매일 재설정이 된다. 재설정을 도와주는 단서들을 우리는 자이트게버(zeitgeber)라고 하며, 주로 빛, 규칙적인 취침 및 식사 시간, 매일 출근을 해야 하는 사회적 신호와 같은 단서들을 통해 재설정이 된다. 저녁형 성향이 강한 사람들은 생체리듬이 24시간보다 훨씬 길다는 연구 결과들이 있고, 극단적인 경우에는 24시간보다 25시간에 가까운 생체리듬을 갖고 있다고 한다. 그렇기 때문에 아무런 사회적 제약 없이 생활을 하다 보면 매일 조금씩 늦게 일어나는 경향을 나타낸다. 많은 지연성 수면위상 증후군 환자들은 방학이나 휴가 기간에는 매일 조금씩 늦게 일어나는 경향이 있다고 보고한다. 그 이외에도 저녁형 성향이 강한 사람들은 빛을 통한 24시간의 재조정에 대해 중간형, 아침형 성향인 사람들보다 더 둔감하다는 연구도 있다.

셋째, 유전적 요인이 있다. 많은 사람들은 아침형 인간은 부지런하고, 저녁형 인간은 게으르다는 고정관념을 갖고 있다. "아침형 인간의 비밀", "아침형 인간의 지혜"와 같은 서적들이 있는 것을 보면, 많은 사람들은 아침형 인간에 대해서 긍정적인 인식을 갖고 있고, 저녁형 인간에 대해서는 부정적인 인식을 갖고 있는 듯하다. 그렇지만 이런 고정관념은 일부 잘못된 인식이다. 연구에 의하면 일주기 유형은 유전적 요인으로, 타고나는 경우가 많다(최근까지 밝혀진 저녁형 유전자로는 hPer3, Arylalkylamine N-acetyltransferase, HLA, Clock 유전자가 있다).

일주기 장애의 평가 및 진단

일주기 장애의 평가 및 진단을 위해서 미국수면학회(American Academy of Sleep Medicine)는 필수 항목과 선택 항목, 두 가지 지침을 권장한다. 필수 항목은 수면 일지와 액티그래피를 활용해 정보를 수집하는 것이다. 선택 항목은 아침형–저녁형 질문지(Morningness-Eveningness Questionnaire, MEQ 혹은 Munich Chronotype Questionnaire, MCTQ), 생체리듬 지표의 수집 및 수면다원검사가 있다. 아침형–저녁형 질문지(MEQ)(부록 5 참조)에서 70점 이상이면 진행성 수면위상 증후군을 의심해 볼 수 있고, 30점 이하면 지연성 수면위상 증후군을 의심해 볼 수 있다. 생체리듬 지표에는 멜라토닌을 채취하는 방법이 있는데, 취침 시간 전에 여러 차례 혈액이나 타액을 통해 멜라토닌을 채취한다. 그 이외에도 수면다원검사는 일상에 제약이 있는 날(주로 주중)과 일상에 제약이 없는 날(주로 주말) 두 번 검사하는 것을 권장한다.

일주기 장애를 평가할 때 초기 면담에서 위 검사들을 보조할 수 있는 여러 질문이 있다. 지연성 수면위상 증후군 환자들에게는 아래 질문을 하는 것이 유용하다.

Q 주중과 주말에 잠자는 스케줄이 바뀝니까?

A 많은 지연성 수면위상 증후군 환자들은 주중과 주말의 수면 습관이 다르다. 일상에 제약(학교의 아침 수업 시간이나 직장 출근 시간)이 있는 주중에는 밤늦게 자고 일찍 일어나야 하기 때문에 총수면시간이 짧고, 주말에는 이러한 제약이 없기 때문에 주말에 몰아서 잠을 자는 수면 습관을 흔하게 보인다. 또한 주중에는 짧은

수면 시간 때문에 더 피곤해하며 일찍 잠자리에 들려고 노력하지만 수면 잠복기가 긴 형태를 보일 수도 있다. 이 외에도 총수면시간이 짧은 다음 날에는 높아진 수면 욕구 때문에 더 일찍 잠자리에 들고 잠을 더 많이 자는, 불규칙적인 수면 형태도 흔하게 보인다.

Q 만약 일/학교 때문에 일어나지 않아도 된다면 몇 시에 잠자리에 들고 몇 시에 일어나시겠습니까?

A 위에서 언급한 것과 같이 지연성 수면위상 증후군 환자들의 수면 습관은 불규칙적이다. 사회 스케줄(학교, 직장)에 본인의 수면 습관을 맞추다 보면, 환자의 자연스러운 생체리듬을 파악하기 힘들 수도 있다. 따라서 이러한 질문을 통해 환자의 타고난 생체리듬을 파악할 수 있다. 만약 대답하기 힘들어한다면, 대체 질문으로는 "휴가를 가거나 방학 동안 선호하는 취침/기상 시간은 언제입니까?"라고 물어볼 수 있다.

Q 일찍 잠자리에 들면 잠들기 어려우십니까?(1시간 이상)

A 지연성 수면위상 증후군 환자들은 학교 생활이나 사회 생활을 하기 위해 일찍 일어나야 하기 때문에 억지로라도 일찍 자려고 노력한다. 그렇지만 본인의 자연스러운 생체리듬과 어긋나기 때문에 잠자리에 누워도 잠이 오지 않는 경우가 많다. 각성이 가장 최고조에 달하는 시간에 잠자리에 들어 억지로 자려고 노력하다 보면 오히려 더 스트레스받고, 수면 잠복기도 길어진다.

Q 밤중에 무엇(일, 독서, TV)을 시작하면 쉽게 그만두지 못하십니까?

A 아침형, 중간형 생체리듬을 가진 사람들과는 달리, 저녁형 성향이 강한 사람들은 밤중에 집중이 가장 잘된다고 보고한다. 아무리 재미있는 책이나 드라마라도, 아침형, 중간형 생체리듬을 가진 사람들은 밤에 졸립기 때문에 중간에 텔레비전을 끄거나 책을 내려놓기 쉽다. 그렇지만 저녁형 성향이 강한 사람들은 한 번 읽은 책은 끝까지 놓지 못하거나, 한 번 보기 시작한 드라마나 영화는 끝까지 보고 자야 하는 행동을 보이는 경우가 많다.

Q 수면 관성을 경험하십니까?

A 수면 관성(sleep inertia)이란 아침에 기상해서 완전히 각성할 때까지의 과도기적인 단계를 의미한다. 저녁형 성향이 강하지 않은 일반 사람들은 수면 관성이 30분

내지 1시간 정도 된다. 그렇지만 본인의 생체리듬과 사회 생활 때문에 어쩔 수 없이 지켜야 하는 수면 습관이 어긋난 지연성 수면위상 증후군 환자들은 수면 관성을 훨씬 오래 경험한다. 심한 지연성 수면위상 증후군 환자들 중에는 오전 시간에는 수면 관성을 경험하여 머리가 멍한 상태에 있다가, 보통 오후가 되어서야 머리가 맑아진다고 보고하는 사람도 많다. 수면 관성을 경험하면 아침에 처음 일어날 때 무척 피곤하고, 이 시간이 지속되면, 어젯밤에 잠을 잘 자지 못했다고 판단하여 잠을 잘 자야 한다는 압박이 심해진다. 이처럼 잠에 예민해질 수 있기 때문에 저녁형 성향이 강하다면 수면 교육 중에 수면 관성에 대한 교육도 필요하다.

Ⓠ 가족도 저녁형이십니까?

Ⓐ 위에서도 언급했듯이, 지연성 수면위상 증후군 환자들은 유전적으로 저녁형 성향을 타고났을 가능성이 있다. 그렇기 때문에 가족 중에 혹시 저녁형 성향이 강한 사람이 있는지 질문하는 것도 하나의 단서가 될 수 있다.

반면에 진행성 수면위상 증후군 환자들에게는 아래 질문을 하는 것이 유용하다.

Ⓠ 만약 일/학교 때문에 일어나야 하지 않는다면 몇 시에 잠자리에 들고 몇 시에 일어나시겠습니까?

Ⓐ 위에서 언급했듯이, 진행성 수면위상 증후군 환자들은 늦은 오후나 초저녁에 졸림을 참지 못하며, 이른 새벽에 일어나 다시 잠을 자지 못하는 형태를 보인다. 이런 사람들은 사회적 제약이 없으면 늦은 오후나 초저녁에 자고, 새벽에 일어나는 것을 선호할 것이다.

Ⓠ 오후나 초저녁에 깨어 있기 힘드십니까?

Ⓐ 늦은 오후나 초저녁에 깨어 있기 힘들어, 원하지 않게 '낮잠'을 자는 행동은 진행성 수면위상 증후군의 강력한 단서가 될 수 있다.

Ⓠ 일어나려고 했던 시간보다 훨씬 일찍 일어나서 다시 잠들기 힘드십니까?

Ⓐ 진행성 수면위상 증후군 환자들은 아침까지 잠을 자고 싶지만, 이른 새벽에 일어나 다시 잠들기 힘들어한다.

Ⓠ 우울증 혹은 조울증을 진단받은 적이 있습니까? 현재 스트레스를 많이 받는 일이

있습니까?

Ⓐ 일어나려고 했던 시간보다 일찍 일어나 잠들기 힘든 현상이 있다고 해서 꼭 진행성 수면위상 증후군이 있는 것은 아니다. 우울증 혹은 조울증 환자들 같은 경우에도 조기 증상을 경험할 수 있다. 그렇기 때문에 이런 증상을 호소하는 경우에는 감별 진단을 하는 것이 중요하다. 항상 이런 수면 습관을 보였는지, 불면증 증상이 있기 이전에 수면 습관은 어땠는지, 최근에 스트레스 사건이 있지는 않았는지, 여러 질문을 통해 감별 진단을 해야 한다.

일주기 장애 환자를 위한 CBTI를 할 때 유의할 점

미국수면학회에서 권장하는 일주기 장애 환자를 위한 치료

〈필수 치료〉
- 광 치료
- 적절한 시간에 멜라토닌 복용

〈선택적 치료 옵션〉
- 시간 요법
- 수면제 복용

광 치료

광 치료(Light Therapy)는 우리가 실내에서 사용하는 형광등과 같은 불빛보다 훨씬 강한 빛의 강도를 요구한다(아래 표 7.1 참조). 실내 형광등을 쬐거나, 실내에서 야외

표 7.1 ● 여러 가지 빛의 강도

빛의 종류	빛의 강도
길거리 가로등	10~20럭스
형광등	300~500럭스
할로겐 램프	750럭스
일출 1시간 전의 빛	1,000럭스
흐린 날, 야외	5,000럭스
맑은 날, 야외	10,000럭스
밝은 햇볕	> 20,000럭스

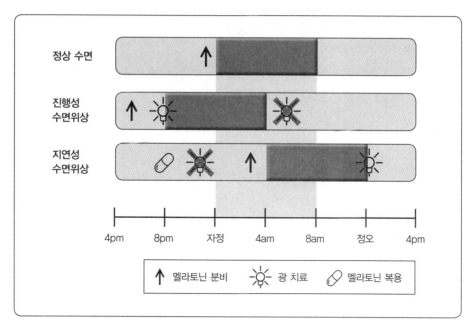

그림 7.1 ● 진행성 및 지연성 수면위상 증후군의 멜라토닌 분비 및 광 치료 권장사항

햇볕을 쬐는 것만으로는 빛의 강도가 충분하지 않을 수 있다. 인위적인 광 치료 기기 (라이트박스)를 사용해도 되며, 가장 효과적인 방법은 기상 후에 야외에서 자연광을 쬐는 것이다. 광 치료는 전날 밤 멜라토닌 분비가 시작되고 8~9시간 후에 하는 것이 가장 적절하다는 연구가 있다. 멜라토닌 분비는 흔히 우리가 자연스럽게 졸린 시간 (흔히 취침 시간)보다 2~3시간 전에 분비된다. 그러나 멜라토닌이 분비되는 정확한 시간은 알기 어렵기 때문에, 매일 기상 후 15분 이내로 30~45분 동안 광 치료를 받을 것을 권장하고 있다.

광 치료를 병행할 때에는 몇 가지 유의할 점이 있다. 광 치료는 안과 질환이 있는 환자들에게는 사용해서는 안 되며, 만성 두통 환자의 3분의 1은 광 치료를 통해 만성 두통이 심해진다고 보고하기 때문에 유의해야 한다. 이 외에도 조울증 환자에게 광 치료를 하면 극히 소수의 환자들에서는 조증을 유발할 수 있다.

진행성 수면위상 증후군의 광 치료는 저녁에 이루어져야 하고, 지연성 수면위상 증후군의 광 치료는 기상 이후에 하는 것이 좋다(그림 7.1 참조). 기본적으로 45분 이상 광 치료를 실시하는 것이 좋고, 야외에서 햇볕을 쬐는 것이 가장 효과적이긴 하지만 그러지 못하는 경우에는 광 치료 기기(라이트박스)를 사용하는 것이 좋다. 많은 아침형 성향의 사람들은 아침 운동을 선호하는데, 이것은 오히려 불면증을 악화시킬 수 있기 때문에 피하는 것이 좋다. 반면 지연성 수면위상 증후군 환자들은 기상 직후 15분 이내로 광 치료를 받는 것이 가장 효과적이다.

인지 요법

일주기 장애가 공존하는 불면증 환자들은 흔히 "나는 오늘 잠을 잘 못 잘 것이고, 내일 낮에도 엄청 피곤해서 제대로 기능을 못 할 것이다."라는 파국적인 생각을 한다. 이런 경우에는 인지적 재구조화가 필요한데, 치료자는 두 단계를 통해 인지적 재구조화를 할 수 있다. 첫 번째 단계로는, 이런 예측이 틀린 경우를 생각해 보는 것이다. 대다수의 불면증 환자들은 잠을 잘 자지 못해도 다음 날 기능을 잘할 수 있다. 두 번째 단계로는, 환자가 낮 동안 기능을 잘하지는 못했지만 수면과 무관했던 경우를 떠올려 보는 것이다. 그렇게 함으로써 잠을 자는 것과 다음 날 낮 동안의 기능이 일대일 관계가 아니라는 점을 강조하여 인지적 재구조화를 할 수 있고, 잠을 잘 자야 한다는 압박에서도 벗어날 수 있다.

수면 외에 피곤함에 영향을 미치는 요인

- 현재 복용하는 약물의 부작용
- 지겨움
- 탈수 증상
- 카페인 리바운드
- 침대에서 시간을 너무 많이 보냄
- 우울함, 불안함, 장기적인 스트레스
- 나쁜 식습관
- 통증
- 과도한 운동

- 비만
- 심장병
- 눈의 피로
- 변비
- 빈혈
- 염증
- 질병(예 : 갑상선 기능저하증, 당뇨)
- 식사 후 노곤함

출처 : Carney & Manber, 2009.

일주기 장애 유형별 치료

진행성 수면위상 증후군 환자들은 수면 클리닉을 찾아오는 경우가 많지 않아 비약물적 치료에 대한 연구가 많지 않다. 기본적으로 진행성 수면위상 증후군 환자들은 초저녁에 졸리기 때문에, 저녁을 먹고 졸면서 수면 욕구가 감소되어 실제로 취침 시간이 되면 감소된 수면 욕구로 인해 잠들기 어려울 수 있고, 이러한 패턴이 지속되면 조건화된 각성으로 인해 불면증으로 이어질 수 있다. 따라서 치료자는 환자와 초저녁에 졸지 않고 깨어 있을 수 있는 활동을 탐색하는 것이 중요하다. 예를 들어, 소파에 편하게 앉아 드라마를 보며 조는 습관이 있다면, 딱딱하고 등받이가 없는 나무 의자에 앉아 드라마를 시청하거나, 집안일(설거지, 빨래 개기)을 하거나 운동을 하여 조는 것을 방지하는 것이 중요하다. 이러한 치료는 밤에 광 치료와 병행하면 더 효과적이다. 진행성 수면위상 증후군 환자들은 특히 늦은 오후 시간에 낮잠을 잘 수 있는데, 어두운 곳에서 5시간 이상 낮잠을 자면 수면이 더 앞당겨질 수 있기 때문에 낮잠을 자는 것을 조심해야 한다.

지연성 수면위상 증후군의 치료는 진행성 수면위상 증후군에 비해 비교적 더 많은 연구가 있다. 지연성 수면위상 증후군 환자들에게는 일반적으로 (1) 수면 관성에 대한 수면 교육, (2) 주중/주말 수면 스케줄 규칙적으로 지키기, (3) 광 치료, (4) 시간 요법, (5) 취침 시간에 버퍼 존 2시간 이상으로 구성된다.

(1) **수면 관성에 대한 수면 교육** : 위에서도 언급했듯이, 지연성 수면위상 증후군 환자들은 수면 관성을 다른 사람들보다 더 오래 경험하기 때문에, 아침에 기상을 했을 때 피곤할 수 있다. 이것은 전날 밤에 잠을 못 잤다는 것을 의미하지는 않지만, 환자가 아침에 경험하는 피로감을 바탕으로 전날 밤의 수면을 평가한다면 쉽게 잠을 자는 것에 대해 불안해지고 예민해질 수 있다. 그렇기 때문에 수면 관성에 대한 교육이 중요하다.

(2) **주중/주말 수면 스케줄을 규칙적으로 지키기** : 지연성 수면위상 증후군 환자들은 주중과 주말의 수면 스케줄이 다른 경우가 흔하다. 특히 주중에는 학교나 직장 생활로 인해 심한 수면 박탈을 경험하다가 주말에 몰아서 자는 형태가 많다. 이런 환자들에게는 '사회적 시차'라는 개념을 소개하는 것이 좋다. 사회적 시차란, 본인이 타고난 24시간의 생체리듬과 직장이나 학교로 인해 사회적으로 요구되는 일정이 어긋날 때, 주중/주말 수면 스케줄의 차이로 인해 인위적으로 시차를 경험

하는 것을 의미한다. 환자들에게는 "매주 태국(혹은 다른 시차가 나는 나라)을 왕복하며 생활을 하는 것과 동일하다"고 표현을 할 수 있다. 그렇기 때문에 주중/주말 수면 스케줄을 규칙적으로 맞추는 것을 강조한다.

(3) **광 치료** : 기상하고 15분 이내로, 45분 동안 광 치료를 받는다.

(4) **시간 요법(chronotherapy)** : 치료 시 시간 요법과 광 치료를 병행하는 것이 중요하다. 환자의 현재 수면 스케줄과 원하는 수면 스케줄을 파악한 뒤, 매주 15분 혹은 30분씩 원하는 수면 스케줄 방향으로 조금씩 기상 시간을 앞당긴다.

(5) **취침 시간에 버퍼 존 2시간 이상** : 지연성 수면위상 증후군 환자들은 밤이 되면 생체리듬이 더욱 각성되어 있기 때문에 수면 개시의 어려움을 경험할 수 있다. 그렇기 때문에 취침 2시간 전부터 마음을 편하게 이완할 수 있는 활동을 하는 것이 중요하다. 집중이 잘된다고 일을 하거나 손에서 놓기 힘든 재미있는 책을 읽거나 드라마를 보는 것을 되도록 삼가는 것이 좋다.

강한 저녁형 성향이 있는 우울증 환자를 치료할 때 유의할 점

지연되거나 불규칙적인 수면 스케줄은 우울증으로 인해 더 악화될 수 있다. 이것은 감정 기복과 관련이 있는데, 저녁형 성향이 있는 사람들은 아침에 기분이 안 좋고, 밤이 되면 기분이 좋아지는 경우가 많다. 그렇기 때문에 저녁형 성향이 강한 사람들은 취침 시간을 지연하는 경향이 있다. 또한 아침에는 기분이 좋지 않기 때문에 기상 시간 또한 지연하고, 아침에 활동하는 것에 대한 동기 수준이 낮다. 이런 악순환이 불면증을 악화시킨다는 것을 교육하는 것이 중요하다.

치료자는 이런 환자를 치료할 경우, 버퍼 존을 더 일찍 시작하고, 취침 시간을 미루는 것을 수정하고, 아침 시간에 꼭 가야 하는 약속(예를 들어, 친구와의 브런치 약속, 친구와 아침 운동, 수업 듣기 등)을 만들어 정해진 기상 시간에 일어날 수 있게 도와주는 것이 중요하다. 또한 지연성 수면위상 증후군, 우울증과 불면증을 모두 갖고 있는 환자라면 광 치료를 통해 생체리듬의 조정 및 기분 향상의 효과를 얻을 수 있기 때문에 적극 권장한다.

📝 사례에 대한 치료자 노트

① 저녁형 성향

- **시간 치료** : 내담자는 현재 4:00~11:00am까지 자고 있지만, 원하는 기상 시간은 8:00am이다. 생체리듬을 갑작스럽게 변경하면 수면 교란이 일어날 수 있기 때문에 이것을 하루아침에 하기는 어렵다. 따라서 내담자는 2주에 한 번씩 상담을 진행하기로 했다. 매주 30분씩(매 회기 1시간씩) 수면 스케줄을 앞당겨, 원하는 기상 시간인 8:00am이 될 때까지 수면 스케줄을 조정했다.

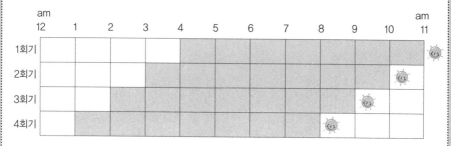

- **광 치료** : 수면 스케줄을 앞당기기 위해, 매주 기상 시간을 30분씩 앞당기면서 아침에 적어도 기상 시간 15분 이내로 광 치료 혹은 햇볕을 45분 동안 쬘 것을 권장하였다.

- **버퍼 존** : 저녁형 성향이 강한 사람들은 다른 일주기 유형에 비해 버퍼 존을 오래 해야 한다. 매일 잠자리에 들기 전에 2시간 동안 이완할 수 있는 활동을 하도록 지시하였다.

- **주중/주말 수면 및 기상 시간 규칙적으로 지키기** : 저녁형 성향이 강한 내담자들은 보통 주중엔 짧게 자고, 주말에 몰아서 자는 사회적 시차가 큰 경우가 많다. 그렇기 때문에 사회적 시차에 대한 교육을 하고, 매주 주중과 주말 기상 시간을 변동시키는 것은 마치 매주 미국을 왕복하는 것과 같은 효과가 있다는 것을 상기시켰다. 내담자의 경우, 늦잠을 자는 것이 수면 빚을 보충할 수 있다고 생각하는 신념이 강해 어느 정도 저항이 있었고, 행동 실험을 통해 주간 피로도를 측정하여, 매일 같은 시간에 기상하는 것이 오히려 피로 회복에 더 도움이 된다는 것을 보여 줄 수 있었다.

② 아침형 성향

- **광 치료** : 사례의 내담자는 아침형 인간으로, 초저녁 졸림증을 감소시키고 늦은 오후/이른 저녁에 광 치료를 해서 취침 시간을 지연하였다. 수면 시간을 지연하면서 초저녁 졸음을 방지하기 위해 각성할 수 있는 활동을 권장하였다. 특히 내담자는 아침형 인간이라 아침 운동을 선호하였는데, 아침 운동이 아닌 초저녁 혹은 저녁에 운동하는 것을 권장하였으며, 초저녁의 졸음으로 인해 각성할 수 있는 활동(예 : TV 보면서 딱딱한 의자에 앉아 있기 등)을 회기 내에서 나누었다. 초저녁에 조는 것으로 수면 욕구를 감소시키지 않기 위해서라는 교육도 함께 진행되었다.

- **수면 시간 조절** : 내담자의 경우 초저녁에 졸리기 때문에 잠자리에 일찍 들었다. 현재 총수면시간이 5시간이라는 것을 감안하여, 11:00pm~5:00am의 취침 및 수면 시간을 처방하였다. 9:00~11:00pm 사이에 졸릴 수 있다는 것을 감안하여, 초저녁에 졸지 않게 각성 활동에 대한 강조도 여러 차례 하였다.

- **자극 조절** : 내담자의 경우 2:00am에 일어나 더 이상 잠을 자지 못하였지만 2:00~5:00am 사이에 침대에서 뒤척거리며 침대에서 나오지 않았다. 시계를 보는 것도 문제였다. 2:00~5:00am 사이의 시간을 "세상에서 가장 지루하고 외로운 시간"이라고 표현했다. 시계를 보지 않고, 일어나서 30분 이상 깨어 있으면 침대 밖으로 나와 긍정적이고 편안한 활동을 할 수 있도록 권장하였다. 치료를 받기 이전에 간혹 3:00am까지 뒤척이다가 일어나서 하루를 시작하는 일도 종종 있었는데, 처방한 5:00am까지는 무조건 자극 조절 요법을 실천하고, 5:00am 이후에 하루를 시작할 수 있도록 알려 주었다.

- 내담자는 결국 5회기 이내로 치료를 종결할 수 있었다. 초저녁에 졸지 않는 것이 수면 욕구를 유지하는 데 크게 기여했으며, 빠른 시간 내에 원하는 시간인 5:00am에 기상할 수 있게 되었다.

제 8 장

•

수면제를
끊지 못하는
불면증

사례 *"약을 조금이라도 줄이면 잠이 안 와서 양이 더 늘어요."*

주 호 소 김 씨는 50세 기혼 여성으로, 잠들기 어려움 때문에 병원에 내원하였다. 그녀는 20여 년 전에 가까운 지인과 다툼이 있고 난 후 불면증이 발생하였고 그때 가족의 권유로 정신과에서 수면제를 먹기 시작했다. 처음에는 신경안정제인 바리움(Valium) 1mg을 복용하고 잠을 잘 잤기 때문에 잠이 오지 않는다 싶으면 수면제를 복용하였다. 한 달 정도 간헐적으로 수면제를 복용하였다가 수면에 문제가 없어 중단하였다. 몇 달 뒤에 집안 문제로 남편과 다툰 후 수면장애가 재발하여 수면제를 다시 복용하였지만 잠이 오지 않았다. 바리움(Valium)을 2mg으로 올렸고 어느 정도 잠을 잘 수 있었다. 그러나 스트레스받는 일이 생기면 다시 잠들기 어려워졌고 그때마다 수면제 용량을 늘리게 되었다. 이제는 매일 밤마다 9mg씩 먹고 있는데 약 때문에 머리도 멍하고 약을 먹어도 잠을 잘 자는 것 같지도 않아 약을 줄이고자 병원을 찾았다. 어떤 날은 수면제를 먹는 것이 불안하여 먹지 않고 잠을 청해 보았지만, 몇 시간 잠을 이루지 못하고 뒤척인 뒤, 결국에는 수면제를 복용하고 잠을 잘 수 있었다. 의사를 만나서 바리움(Valium)을 1mg 줄여서 8mg만 먹기로 했다. 8mg을 먹고 잠자리에 들었는데 밤새 뜬눈으로 지새웠고, 다음 날에는 다시 9mg으로 올렸지만 여전히 잠을 잘 수 없어서 1mg을 더 올려서 10mg을 먹어야 겨우 잠을 잘 수가 있게 되었다. 내담자는 남편과 직장에 다니고 있는 23세 딸과 함께 살고 있다. 그녀는 가족이 크게 스트레스를 주는 것은 아니라고 했다. 남편과 딸을 보내고 나면 오전에 신문과 책을 보며 주로 집안일을 하면서 시간을 보낸다. 주변 사람들과는 잘 어울리지 않고 혼자 책 보는 것을 더 선호한다.

현재 수면 습관
- 취침 시간 : 10:30pm
- 불 끄는 시간 : 잠자리에는 8:00pm경부터 들어가서 TV를 시청한다. 9:00pm부터 불을 끄고 누워 있지만 잠이 들지 않아 10:30pm경 수면제를 먹는다. 함께 자는 남편은 불을 끈 상태에서도 좀 더 늦게까지 TV를 보다가 잠이 든다.
- 잠들기까지의 시간 : 수면제를 먹어도 1~4시간 소요

- 입면 후 각성 시간 : 잠들면 깨지 않음
- 기상 시간 : 7:00am
- 침대에서 나오는 시간 : 7:00am
- 총수면시간 : 1~7시간으로 편차가 심함
- 수면 효율성 : 11.8~82.4%
- 수면제 복용 여부 : 바리움(Valium) 10mg, 트라조돈(Trazodone) 50mg, 로라제팜(Lorazepam) 1mg을 매일 밤마다 복용
- 일주기 유형 : 중간형

치료 목표 "수면제를 먹지 않고도 잠을 잘 수 있으면 좋겠어요."

불면증 과거력 수면장애 때문에 정신과에서 처방받은 수면제 복용 중

정신과 병력 없음

약물력 없음

신체 질환 과거력 없음

진단
(SM-5 기준)
- F51.01(307.42) 불면장애, 재발성
- R/O 13.10(305.40) 진정제, 수면제 또는 항불안제 사용장애

(ICSD-3 기준)
- 만성 불면장애, 정신생리성 불면장애

치료 계획
- 수면 위생 : 침대에서 수면과 부부관계 이외에는 다른 활동 하지 않기
- 수면 압축 : 초반에 12:30pm~7:00am으로 침대에서 보내는 시간을 줄이기
- 이완 요법
- 수면제를 매주 25%씩 체계적으로 감량하기
- 마음챙김 명상

불면증의 약물 치료

불면증의 치료는 약물 치료와 비약물적인 치료로 나눌 수 있는데, 이 책에서 소개하는 비약물적인 치료는 약물 치료에 비해 상대적으로 덜 알려져 있기 때문에 대부분의 불면증 환자들은 약물 치료를 받게 된다. 특히 불면증의 비약물적인 치료는 약물 치료에 비해 시간과 비용이 더 들기 때문에 수면제를 선택하는 환자들이 많다. 물론 불면증을 치료하기 위해 단기간 동안 수면제를 복용하는 것은 효과적이지만, 수면제 복용에 대한 미국수면학회의 권장사항은 2~4주로 제한하는 것이다. 그렇지만 이런 처방에 대한 권장사항이 존재함에도 불구하고, 불면증 환자들의 65%는 1년 이상 수면제를 복용하며, 그중 30%는 5년 이상 수면제를 장기 복용한다. 특히 이런 양상은 CBTI에 대한 정보가 없는 노령 인구에서 많이 나타나는데, 연구에 의하면 65세 이상 노인들은 젊은 인구보다 수면제 복용 비율이 2배 더 높다고 보고되었다. 수면제의 장기 복용은 아래와 같이 여러 가지 부작용이 있을 수 있다.

수면제를 오래 복용하여 생길 수 있는 부작용

- 인지 기능 저하
- 수면 구조의 변화, 특히 3단계 서파 수면의 감소와 각성과 관련된 베타 뇌파의 증가

- 수면제에 대한 의존 및 내성 증가
- 노령 인구에서 낙상 사고 및 골반 골절
- 교통 사고 증가
- 사망

수면제의 부작용 때문이 아니더라도 수면제를 줄여야 하는 이유는 무엇일까? 불면증 환자들은 벤조디아제핀 계열의 수면제를 복용하는 경우가 많은데, 이런 종류의 수면제는 끊기 매우 어렵고, 의존성이 높다. 또한 사례에서 본 것과 같이 잠시 중단하는 것에 성공하더라도 불면증의 재발로 인해 다시 복용하게 될 확률이 매우 높다. 다시 복용을 하게 되는 이유는 생리적·심리적 요인으로 나눌 수 있는데, 생리적인 요인으로는 약에 대한 의존성 때문에 금단 현상이 나타날 수 있고, 심리적인 요인으로는 수면제를 먹지 않으면 잠을 자지 못할 것 같은 예기 불안과 '리바운드 불면증' 때문이다. 리바운드 불면증이란 수면제를 먹지 않으면 수면제를 먹기 이전에 경험했던 불면증 증상보다 더 악화된 증상들이 나타날 수 있는 현상을 의미한다. 이런 심리

적인 요인들이 복합적으로 작용하기 때문에 심리적인 요인을 적절하게 해소하지 않은 상태에서 무작정 수면제를 줄이거나 끊으려는 시도를 하면, 향후 수면제를 다시 복용할 확률이 높아지게 된다. 수면제를 복용하는 불면증 환자들 중에서도 수면제를 장기 복용하는 것에 대해 불안해하는 환자들이 상당히 많다. 그렇기 때문에 불면증 클리닉을 찾아와서 CBTI를 원하는 환자들 중 많은 분들은 수면제를 끊고 싶어서 찾아온다. 이렇게 찾아오는 환자들에게 무작정 수면제는 나쁜 것이며, 끊어야 한다고 훈계하는 것은 별로 도움이 되지 않는다. CBTI에서 배우는 여러 가지 치료 기법들이 하나의 '도구'로 사용될 수 있듯이, 수면제도 환자가 잠을 자기 위해 활용할 수 있는 하나의 '도구'라는 관점으로 환자에게 설명하는 것이 좋다. 또한 새로운 도구를 갖추지 않은 상태에서 예전에 사용하던 도구를 버리는 것은 불면증 치료의 성공 확률을 줄이기 때문에 기존의 도구(수면제)를 버리기 전에 새로운 도구(인지행동치료 기법)를 배울 것을 권장하는 것이 중요하다. 이것은 치료에 대한 동기도 높여 줄 수 있다.

수면제에 대한 소개

불면증에 대한 약물 치료는 100년 이상 주요 치료 방법으로 선호되어 왔다. 불면증의 약물 치료는 수면과 각성에 관여하는 신경전달물질 체계에 영향을 미친다. 신경전달물질 중 각성을 촉진하는 신경전달물질은 노르에피네프린(norepinephrine), 세로토닌(serotonin), 아세틸콜린(acetylcholine), 히스타민(histamine), 하이포크레틴/오렉신(hypocretin/orexin)이 있으며, 수면을 촉진하는 억제성 신경전달물질에는 아데노신(adenosine), 가바(gamma-aminobutyric acid, GABA), 갈라닌(galanin), 멜라토닌(melatonin)이 있다. 불면증을 치료하기 위한 약물은 각성을 촉진하는 시스템을 억제하거나, 수면을 촉진하는 체계를 활성화시킨다. 가장 많이 사용되는 약물은 벤조디아제핀 수용기 길항제(benzodiazepine-receptor agonists), 멜라토닌 수용기 작용제, 항우울제, 항경련제, 항정신증 약물, 항히스타민제, 오렉신 수용기 길항제, 세로토닌 역작용제가 있다. 많이 처방되는 수면제는 벤조디아제핀 수용기 길항제인 졸피뎀(Zolpidem)이다. 불면증의 약물 치료를 위해 국내에서 유통되어 처방되는 약은 〈표 8.1〉에 정리되어 있다.

표 8.1 ● 불면증 치료를 위해 사용되는 약물

성분	약품명	반감기	함량(mg)	성인 권장 복용량(mg)	노인 권장 복용량(mg)
졸피뎀타르트르산염 (Zolpidem Tartrate)	스틸녹스CR정(Stilnox CR Tab.)		6.25, 12.5	12.5	6.25
	졸피드정(Zolpid Tab.)		5, 10	10	5~10
	도미졸정(Domizol Tab.)				
	스틸녹스정(Stilnox Tab.)				
	스틸렉스정(Stilrex Tab.)				
	자니로정(Zaniro Tab.)				
	졸템속붕정(Zoldem Orally Disintegrating Tab.)				
	졸피람정(Zolpiram Tab.)				
	졸피신정(Zolpicin Tab.)	2~2.6	10	10	5~10
	졸피움정(Zolpium Tab.)				
	파마주석산졸피뎀정(Pharma Zolpidem Tartrate Tab.)				
	산도스졸피뎀정(Sandoz Zolpidem Tab.)				
	서울제약 주석산졸피뎀정(Zolpidem Tartrate)				
	졸피룩스정				
	졸피아트정(Zolpiart Tab.)				
	종근당 주석산졸피뎀정(Zolpidem Tartrate)				
	코닉스정(Konics Tab.)				
플루니트라제팜(Flunitrazepam)	라제팜정(Razepam Tab.)	20~30	1	0.5~2	0.5
	루나팜정(Lunapam Tab.)				
트리아졸람(Triazolam)	트리람정(Triram Tab.)	1.7~5	0.25	0.125~0.25	0.125~0.25
	졸민정(Zolmin Tab.)		0.125, 0.25		
	할시온정(Halcion Tab.)				

(계속)

성분	약품명	반감기	함량(mg)	성인 권장 복용량(mg)	노인 권장 복용량(mg)
플루라제팜염산염(Flurazepam Hydrochloride)	달마돔정(Dalmadorm Tab.)	40~114	15	15~30	—
독세핀염산염(Doxepin Hydrochloride)	고나스정(Gonas Tab.)	6~8	3, 6	6	3~6
	사일레노정(Silenor Tab.)				
쿠아제팜(Quazepam)	도랄정(Doral Tab.)	—	15, 20	20~30	—
멜라토닌(Melatonin)	서카딘서방정(Circadin PR Tab.)	3.5~4	2	2	—
	자비론정(Zaviron Tab.)				
	스리프로정				
	자마실정				
	제로민플러스정				
	도미디나산				
	포린피아정(Forinpia Tab.)				
	스리판정(Sleepan Tab.)				
	잘덴정(Zalden Tab.)				
독실아민(Doxylamine)	슐라폰정(Schulaphone Tab.)	10	25	25	—
	슬리민정				
	자미솔정(Jamisol Tab.)				
	독시론정(Doxilon Tab.)				
	자믹정(Zamic Tab.)				
	아론정(Aron Tab.)				
	스메르정(Smer Tab.)				
	유니솜정(Unisom Tab.)				
	아졸정(Azol Tab.)				

한국식품의약품안전처(http://www.mfds.go.kr) 기준

불면증 환자의 흔한 수면제 복용 양상

수면제를 장기 복용해서 수면제에 의존하는 불면증 환자들 중에는 수면제를 잘못 복용하는 환자들이 많다. 예를 들어, 수면제를 불규칙하게 먹다가 괜찮아지면 수면제에 의존하는 것에 대한 두려움 때문에 마음대로 수면제를 끊거나, 수면제 없이 잠을 청해 보지만, 몇 시간 뒤척인 이후 수면제를 먹거나, 잠이 오지 않으면 수면제가 잘 안 드는 것 같다는 생각이 들어 의사가 처방한 양보다 복용량을 늘리는 경우이다. 이러한 행동들은 "나는 수면제 없이는 잠을 못 잔다."라는 생각을 강화하기 때문에, 오히려 수면제에 대한 의존성을 증가시킨다. 많은 불면증 환자들은 수면제, 그중 특히 벤조디아제핀을 복용하는 경우 끊기 어려워하며, 잠시 중단하더라도 다시 복용하는 경우가 많다.

많은 불면증 환자들은 다음과 같은 악순환을 경험한다(그림 8.1 참조). 불면증에 걸리면 수면제를 복용하고, 계속된 수면제 복용으로 인해 약에 대한 내성이 생기면 수면제를 증량한다. 증량한 약에 대해 또 적응하게 되면 수면제를 다시 증량하거나 다른 수면제로 교체한다. 이러한 과정을 경험하며 수면제의 장기 복용 및 증량에 대한 두려움이 생기게 된다. 그러면 어느 날 갑자기 수면제를 중단하기로 마음먹고 수

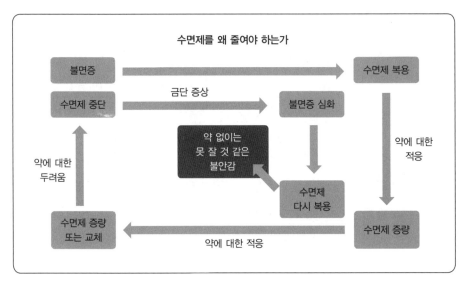

그림 8.1 ● 불면증 환자들의 수면제 복용 양상(Chung & Youn, 2016)

면제를 복용하지 않고 잠을 청해 보지만, 이미 생긴 생리적인 의존성으로 인해 금단 현상을 경험하고, 금단 현상은 불면증을 더 심각하게 받아들이게 한다. 그런 과정에서 다시 수면제를 복용하게 되고, 이런 상황들이 반복되면서 약 없이는 잠을 자지 못할 것이라는 신념이 강화된다.

CBTI를 통해 수면제를 끊는 가장 효과적인 방법

미국의사협회에서는 수면제를 중단할 때, 한 번에 갑자기 중단하거나 필요할 때 복용하는(의학에서는 이것을 prn use라고 하는데, pro re nata의 약자로, '상황이 필요한 대로'라는 뜻이다) 것보다는 서서히 약을 조금씩 줄여 나가는 것을 권장한다. 내담자가 스스로 수면제 중단을 하기 어려우니, 서서히 약물을 줄이면서 매주 회기를 진행하며, 지지를 해 주는 것이 중요하다. 그 어떤 개입에 앞서, 의사가 아니라면 수면제 감량을 진행하기 전에 꼭 수면제를 처방한 의사와 상담을 한 뒤, 수면제를 줄이는 것에 대한 문제가 없다는 전문가의 동의를 얻은 후에 진행해야 한다. 간혹 약물치료를 하는 것이 더 좋은 불면증 환자군이 있을 수 있기 때문이다. 또한 먹는 약물에 따라 갑자기 줄이면 정신증과 같은 부작용이 생길 수 있기 때문에, 꼭 의사의 지시하에 약물을 줄이는 프로그램을 진행해야 한다.

수면제를 끊고 싶어 하는 불면증 환자들은 수면제를 서서히 줄여 가면서, 수면제에 대한 심리적인 의존을 적절하게 해소할 수 있는 CBTI 요법과 병행하는 것이 좋다. 우선, 약을 서서히 줄이는 계획을 세우는 것이 중요하다. 불면증 클리닉에서 많이 사용하는 방법은, 오른쪽 예시와 같이 수면제를 25%씩, 2~4주 간격을 두고 줄이는 것이다.

수면제를 줄이는 과정에서 꼭 지켜야 하는 규칙이 있다는 것을 환자와 시작 전부터 합의해야 한다. 가장 중요한 규칙은 수면제의 양을 한 번 줄이고 나면, 잠을 조금 못 잔다고 증량해서는 절대 안 된다는 것이다. 수면제에 대한 생리적인 의존성 때문에, 처음에 수면제를 조금씩 줄이면 며칠은 잠을 못 잘 수도 있다는 점을 교육시켜야 한다. 며칠 잠을 못 자더라도, 결국 몸에서는 더 적은 양의 수면제에 적응할 것이라는 점을 강조해야 한다.

치료를 진행하면서 전쟁에 비유를 하면 환자를 납득시키기 더 쉽다. 전쟁은 여러 개의 전투로 이루어져 있는데, 전투는 지더라도 최종 목표는 전쟁에서 이기는 것이 다. 며칠 잠을 못 자는 것은 전투를 지는 것과 같지만, 계속 하다 보면 수면제를 중단할 수 있는 '전쟁'에서 이기는 것이기 때문에 인내심이 필요하다는 비유를 들어 준다. 수면제를 줄여서 하루나 이틀 잠을 잘 자지 못했다고 불안해하지 않는 것이 중요하며, 장기적으로는 더 좋아질 것이라는 긍정적인 생각을 하는 것이 중요하다. 그럼 이 '전투'는 어떻게 이길 것인가? 상담 내에서도 힘든 순간을 어떻게 극복하는 것이 좋은 지에 대한 논의를 하는 것이 좋다. 특히 상담 중에 "당신은 왜 잠을 잘 자는 것이 중요한가?"라는 질문을 많이 하게 된다. 불면증 환자들은 '살기 위해 잠을 자는 삶'이 아닌 '잠을 자기 위해 사는 삶'이 되어 버린 경우가 많고, 하루 중 잠을 잘 자기 위해 고민하는 사람들이 많다. 본인에게 중요한 가치(예 : 잠을 잘 자기 위한 것은 가족과 소중한 시간을 더 즐기기 위한 것, 내가 원하는 일을 할 수 있는 건강한 몸을 가지는 것 등)에 대한 충분한 논의가 이루어지면, 잠을 잘 자지 못하는 것에 대한 불안을 해소할 수 있다. 주객이 전도된 삶이 아니라, 본인에게 정말 중요한 일을 위해 잠은 수단일 뿐이라는 생각을 할 때 힘든 순간을 조금 더 잘 이겨 낼 수 있다.

수면 제한

수면제를 줄이는 동시에 CBTI 기법을 병행하는 것이 중요한데, 치료 항목 중에서도 특히 수면 제한을 꼭 사용해야 한다. 수면 제한을 통해 인위적으로 수면 박탈을 어느 정도 유발하여, 수면제를 줄이는 것을 어느 정도 극복하는 것이 중요하다. 매주 수면 일지를 작성하여, 높은 수면 효율성을 유지할 수 있도록 침대에서 보내는 시간을 줄이는 것이 중요하다. 여기에 자극 조절 요법도 병행하여, 침대에서 오랜 시간 깨어 있는 상태로 있는 것을 피해야 한다.

이완 요법

수면 제한과 함께, 이완 요법을 충분히 강조하는 것이 중요하다. 수면제에 의존하는 환자에게는 수면제를 줄여 나가는 과정이 불안 수준을 증가시킬 수밖에 없다. 수면제를 줄였는데 잠을 잘 잘 수 있을까에 대한 예기 불안을 상담 시간 내에 이완 요법으로 충분히 다뤄 주는 것이 중요하다. 특히 버퍼 존을 상담 시간에 충분히 논의해, 자기 전에 충분히 이완을 하고 잠자리에 들 수 있도록 도와주는 것이 중요하다.

마음챙김 명상의 활용

수면제를 줄이는 환자뿐만 아니라 불면증을 경험하고 있는 환자라면 마음챙김 명상 기법을 사용하고, 마음챙김의 기본 태도를 실천하는 것이 불면증 치료에 큰 도움이 될 수 있다는 최근 연구들이 있다. Jon Kabat-Zinn이 불교 명상을 바탕으로 만든 마음챙김 명상 치료는 현재에 주의를 기울이며 비판단하는 자세로 현재에 접근하는 메타인지적이고 경험적인 심리 치료이며, 최근 연구들을 통해 많은 근거기반이 확립되었다. 많은 사람들은 마음챙김 명상에 대해 "현재에 머무르며, 있는 그대로 수용하는 것, 왜냐하면 그것은 이미 와 있기 때문이다"라고 표현을 한다. CBTI에서 마음챙김 명상 치료를 약식으로 하거나, 기본 태도를 소개하면서 수면과의 관련성을 환자와 논의해 볼 수 있다. 다음은 마음챙김 명상의 7가지 기본 자세이다.

(1) 비판단(Non-judging) : 우리는 본인의 내부 혹은 외부에서 일어나는 모든 일에 대해 판단을 하고, 반응을 하는 경향이 있다. 모든 것이 좋거나 나쁘다고 분류하면서 우리는 매일, 하루에도 수십 번씩 판단한다. 비판단의 자세는 본인의 경험에 대한 판단에서 벗어나는 것이다. 불면증 환자들 또한 본인의 수면을 판단하는 나쁜 습관을 가진다. 아침에 일어나면, 내가 잠을 잘 잤는지 못 잤는지 집착할 수

도 있고, 밤중에 깨면 각성 상태를 부정적인 경험으로 판단할 수도 있다. 수면제도 마찬가지이다. 많은 환자들은 본인이 불면증이 있다거나 수면제를 먹는 것에 대해 죄책감을 느끼고, 부정적인 것이라고 생각하는데, 이것은 바람직하지 않다. 그렇지만 이렇게 잠을 좋다, 나쁘다로 분류하는 것은 잠에 대해 더 집착을 하게 만들고, 수면을 방해하는 결과로 이어진다.

(2) 인내심(Patience) : Jon Kabat-Zinn은 인내심을 번데기에서 탈출하려고 하는 나비에 표현하였다. 성급하게 나비가 되려고 하는 번데기를 일찍 탈출하게 도와준다고 해서 더 빨리 나비가 되는 것이 아니기 때문에 모든 것은 때가 되면 이루어질 것이라는 인내심이 필요하다. 비슷한 예로, 임신을 해 본 사람이라면, 만삭의 몸으로 마지막 달이 얼마나 고통스러운지 알 것이다. 그렇지만 성급하게 내가 원한다고 해서 아이를 출산할 수는 없다. 임신, 출산과 비슷하게, 수면도 생물학적인 과정이다. 그렇기 때문에 우리는 그 어떤 노력을 해서 잠을 더 빨리 오게 하려고 하면, 오히려 역효과가 나타나 잠이 더 빨리 달아날 것이다. 작가 공지영의 책 『네가 어떤 삶을 살든 나는 너를 응원할 것이다』를 보면, 다음과 같은 부분이 나온다. "가야 할 것은 결국 가고 말 것이라는 이 평범한 진리를 깨닫게 되기까지, 그 모든 것이 혹시 다 내 손에 달려 있어 내가 어떻게 하느냐에 따라 무언가가 달라질까 하고, 가야 할 것이 가는 시간을 결국 늦추어 놓고 말았던 그 시간까지, 참으로 많은 것을 지불했다. 가야 할 것은 분명 가야 하지만, 또 다른 한편 와야 할 것들도 분명히 온다." 물론 작가가 수면을 생각하며 쓴 글은 아니겠지만, 마음챙김 명상의 인내심을 적절히 표현해 준다. 수면 또한 노력한다고 더 빨리 오는 것이 아니기 때문에, "잠이 올 때가 되면, 올 것이다."라는 마음으로 인내심이 필요하다.

(3) 초심(Beginner's Mind) : 우리는 무엇을 처음 하게 되면, 많은 집중력을 기울이게 된다. 예를 들어, 처음 자전거를 탄 날, 처음 운전을 한 날, 혹은 연인과 처음 손 잡은 날을 생각해 보자. 그렇지만 우리는 시간이 지남에 따라 행동이 익숙해지면, 주의를 점점 잃게 되고, 자동적으로 그 일을 하게 된다. 이것을 '오토 파일럿(autopilot)'이라고도 하는데, 우리는 일상적인 생활을 할 때, 예를 들어 샤워를 하거나 설거지를 할 때 각 행동에 대해 주의를 기울이기보다는, 다른 생각을 하면서

자동적으로 그 행동을 하게 되는 경우가 많다. 우리는 범상한 것을 당연한 것으로 여기게 되는 것이다. 초심의 태도는, 마치 내가 그 행동을 처음 하듯이, 집중을 해서 주의력을 기울이는 것이다. 다른 생각을 하지 않고, 그 경험을 처음 하는 것처럼 행동하는 것이다. 수면에 적용을 해 보면, 많은 불면증 환자들은 본인의 침대가 잠을 잘 못 자는 곳이라고 생각하고, 잠을 지속적으로 못 자다 보면, "오늘 밤도 또 못 자겠지"와 같은 패배적이고 예언적인 생각뿐만 아니라 하루 종일 일상생활을 하면서 잠에 대해서 걱정을 하게 된다. 초심의 태도를 통해 매일 밤을 새로운 밤이라는 생각으로 수면을 대하고, 일상생활을 할 때에도 초심의 태도를 활용해 잠에 대한 걱정을 하지 않도록 한다.

(4) **신뢰(Trust)** : 우리의 몸은 회복력이 빠르다. 그렇지만 불면증에 걸린 환자들 중 대다수는 본인이 결국에는 잠을 잘 수 있을 것에 대한 믿음이 없기 때문에, 수면제도 복용하고, 의사도 찾아가고, 새로운 건강기능식품이 나오면 거기에 혹한다. 그 이외에도 많은 불면증 환자들은 시계에 집착한다. 잠잘 시간이 다가오면, 자야 한다는 강박관념 때문에 불안해지고, 밤중에 일어나서 시계를 보고 오래 자지 못했다는 것에 대해서 더 불안해한다. 신뢰라는 마음챙김 명상 자세를 실천함으로써, 시계를 보고 언제 잠을 잘지 결정하는 것이 아니라, 내 내면에서 언제 잠을 자라고 하는지 관찰하는 것도 중요하다. 결국 많은 환자들은 잠을 못 자는 것에 대해서 너무 스트레스를 받아, '졸림'이라는 느낌을 더 이상 경험하지 못하게 된다. 많은 불면증 환자들에게 물어보면, 언제 마지막으로 졸림을 느꼈는지 기억하지 못하는 환자들이 많다. 그렇기 때문에 우리 몸에서 자연스럽게 잘 시간이라고 이야기하는 졸림을 관찰하고 신뢰해 보자. 자기 자신이나 자신의 느낌에 대해 깊은 믿음을 키워 나가는 것이 다른 사람의 지시, 외부 물건(시계)이나 약물(수면제)에 의지하는 것보다 훨씬 더 옳고 맞을 수 있다.

(5) **애쓰지 않음(Non-striving)** : 애쓰지 않음은 마음챙김 자세 중에서 불면증 환자들에게 가장 강조하는 자세 중 하나이다. 실제로 만난 불면증 환자들의 대부분은 부지런하다. 가만히 있는 것이 오히려 어색하다는 말을 하는 불면증 환자들이 많다. 우리의 일상생활은 물론 목표지향적이다. 우리가 하는 일상적 행위는 거의 모든 경우, 무엇을 얻거나 어디로 가는 등 어떤 목적을 향해서 행동한다. 그렇기 때문

에 많은 불면증 환자들은 불면증 증상이 생기면 잠을 자려고 노력한다. 물론 인생에서 노력하면 해결되는 문제들이 많지만, 안타깝게도 수면은 노력할수록 잠이 더 달아나게 된다. 수면제를 먹음으로써 잠을 자려고 더 노력하는 것보다는 버퍼존과 같이 목적 없이 나를 이완해 줄 수 있는 행동을 자기 전에 하는 것을 실천해 보자. 애쓰지 않음 자세를 통해, "무엇이 되려고 애쓰지 않는다", "당신이 당신다워진다", "더 적게 행위하고 더 많이 존재하라"를 기억하며, 자려고 애쓰지 않는 것이 중요하다. 애쓰지 않음은 수면제를 복용하지 않는 환자들을 위해 강조해도 도움이 많이 되는데, 수면에 대한 노력을 초기 면담에 측정하여, 높은 점수의 환자들을 대상으로 강조하는 것을 추천한다(부록 5에서 "글라스고 수면노력 척도" 참조).

(6) **수용**(Acceptance) : 수용이라는 마음챙김 자세는 있는 그대로 받아들이는 것이다. 물론 부정적인 경험일수록 받아들이는 것이 더 힘들 수 있다. 그렇지만 불면증 증상과 같은 부정적인 경험도, 부정하거나 저항할수록 우리는 거기에 더 많은 에너지를 소모하게 되고, 실제로 필요한 '변화'를 위한 에너지는 줄어들게 된다. 결국, 수용을 하지 않는다는 것은 긍정적으로 변하려는 힘을 가로막는 것이다. 회기 중에 인지 재구조화와 같은 치료 요법을 통해 〈표 8.2〉와 같은 부정적이고 왜곡된 생각들을 '수용'과 관련된 생각으로 바꿀 수 있게 상담자가 도움을 주는 것을 추천한다.

표 8.2 ● 수면에 방해되는 생각과 대체 생각

수면에 방해되는 생각	수용적 대체 생각
"더 이상 못 참겠어"	"깨어 있는 것도 괜찮아. 이 시간도 지나갈 거야. 예전에도 잘 지나갔어"
"잠을 자기 위해 어떻게든 무엇이든 해야겠어"	"내 몸은 뛰어난 회복의 기능이 있기 때문에 노력하지 않아도 이뤄질 거야"
"내일 아무 일도 못 할 거야"	"힘들겠지만 피곤해도 난 일을 할 수 있어"
"지금 최악이야. 수면제 한 알 더 먹을 거야"	"밤중에 깨어 있어도 마음의 평안함을 찾을 거야"
"다시는 예전처럼 못 잘 것 같아"	"이런 피곤한 상태도 지나갈 거야. 내가 이렇게 극단적으로 생각을 하는 것은 지금 너무 속상해서 그런 거야"

(7) **놓아주기**(Letting Go) : 우리는 부정적인 경험을 하게 되면, 그와 관련된 생각과 감정, 경험을 없애고 싶어 한다. 우리는 밤마다 이런 집착을 놓아주는 연습을 해야지만 잘 수 있다. 침대에 누워, 불을 끄고, 조용한 곳에서 우리의 몸과 마음을 놓아주어야 잠을 잘 수 있다. 놓아주지 않으면 잠을 자기 어려운데, 많은 불면증 환자들은 잠자리에 누운 이후 온갖 생각들로 인해 머리가 복잡하여 잠을 잘 수 없다고 호소한다. 놓아주기라는 마음챙김 자세로 인해 우리는 여러 집착과 부정적인 생각, 감정으로부터 잠시나마 멀어져서 잠을 잘 수 있다.

불면증을 위한 마음챙김 기반 치료(MBTI)에 대한 간략한 소개

최근 들어 마음챙김 명상 치료가 대중화되면서, CBTI에 마음챙김 명상의 치료 기법을 추가하여 불면증을 치료하는 치료 기법들이 활성화되고 있다. 이러한 **불면증을 위한 마음챙김 기반 치료**(Mindfulness-Based Therapy for Insomnia, MBTI)는 기본적으로 집단 형식으로 진행되는 경우가 많으며, 각 회기 동안 한 개의 정적 명상(예를 들어, 바디 스캔, 호흡 요법, 좌식 명상)과 한 개의 동작 명상(요가, 마음챙김 걷기, 기공)을 같이 하며, 불면증의 행동 요법을 병행한다. 명상 이후에는 토론 및 질문 시간을 통해 불면증의 행동 요법을 응용하는 것에 대한 어려운 점을 토론 및 질문하는 시간을 가진다. CBTI 요법 중에는 단독으로도 효과가 있는 수면 제한 및 자극 조절 요법을 강조하며 진행이 된다. 매주 과제로는 주 6일 동안 매일 30분 동안 명상 연습 및 수면 제한과 자극 조절을 실천한다(표 8.3 참조).

표 8.3 ● MBTI 예시 : 회기별 주제와 주요 내용

회기	주제	주요 내용
1	프로그램에 대한 소개와 개요	• 프로그램에 대한 설명과 환자의 기대 • 불면증에 대한 마음챙김 모형의 개념 소개 • 환자가 처음으로 공식적인 마음챙김 실시
2	오토파일럿에서 나오기	• 공식적인 명상과 탐색 시작 • 불면증에 대해 명상의 적합성 논의 • 수면 위생 지침에 대한 논의
3	졸림과 각성에 대해 초점 두기	• 공식적인 명상과 탐색 시작 • 졸림, 피곤함, 각성에 대한 논의 • 수면 제한에 대한 설명
4	야간의 불면증 다루기	• 공식적인 명상과 탐색 시작 • 수면 제한과 프로그램 적응에 대한 논의 • 자극 조절에 대한 설명
5	불면증의 영역	• 공식적인 명상과 탐색 시작 • 불면증의 영역(주간 증상과 야간 증상 모두)을 소개하고 이 모형에 대한 논의
6	수용과 내려놓음	• 공식적인 명상과 탐색 시작 • 불면증의 영역에서 생각과 감정에 대한 수용과 내려놓음의 관계 설명
7	적과의 동침 : 수면과의 관계 재탐색	• 공식적인 명상과 탐색 시작 • 환자의 수면과의 관계 논의(좋은 밤과 나쁜 밤에 대한 반응) • 일상생활에서 실시하는 비공식적인 명상에 대한 논의
8	섭식, 호흡, 그리고 수면 마음챙김 : 많은 재앙 수용하기	• 공식적인 명상과 탐색 시작 • 이후에 나타날 수 있는 불면증 삽화에 대한 활동 계획 세우기 • 프로그램 이후, 마음챙김 명상을 지속할 수 있는 방법 논의

출처 : Ong, J., Sholtes, D. (2010). A mindfulness-based approach to the treatment of insomnia. Journal of clinical psychology. 66(1), 1175－1184.

내담자의 경우, 수면제를 올바르게 끊지 못하는 전형적인 불면증 환자의 양상을 보여 주고 있다. 또한 일반 졸피뎀(Zolpidem)과 같은 수면제가 아닌 바리움(Valium)과 같은 약은 의사의 조언 없이 혼자서 끊으면 위험할 수 있다. 수면 효율성 및 총수면시간의 편차가 크고, 수면제의 증량에 대한 두려움 때문에 주치의와 의논하지 않고 스스로 수면제를 중단하고 깨어 있는 상태에서 침대에서 오랜 시간 동안 누워, 각성 상태와 침대의 연관성이 조건화되어 만성 불면증으로 이어진 사례이다.

불면증 클리닉에 찾아오는 많은 내담자들은 이와 비슷한 양상을 보인다. 극단적인 경우에는 권장된 수면제 용량을 복용하고도 잠이 오지 않으면 마음대로 증량하는 내담자들도 많다. 이런 경우 수면제의 부작용 및 다음 날의 행오버(hangover) 효과 때문에 위험하기도 하고, 수면제를 복용하고 한 행동이 기억나지 않는 부작용도 있을 수 있다.

사례의 내담자의 경우에는 매일 다른 용량의 수면제 복용으로 인해 매일매일 수면의 편차가 큰 것을 줄이기 위한 것이 상담의 일차적인 목표였다. 치료자는 의료진이 아니었기 때문에, 내담자 주치의의 감독하에 수면제를 매일 똑같은 양을 복용하도록 하였다. 동시에 수면 효율성을 높이기 위해 수면 제한을 시행했어야 했지만, 내담자의 잠을 자지 못하는 것에 대한 높은 불안감 때문에 수면 제한에 대한 대안책으로 수면 압축을 하고, 치료를 진행하면서 점차적으로 침대에 누워 있는 시간을 줄여 나갔다.

수면 압축과 동시에 실시한 치료는 수면 위생에 대한 교육 및 자극 조절이었다. 내담자는 수면 위생이 매우 좋지 않았다. 잠자는 공간과 활동하는 공간이 잘 분리되어 있지 않고, 침실에 텔레비전이 있어 침대에 누워 텔레비전을 시청하는 습관이 있었다. 이 습관을 바꾸는 것에 대해 어느 정도 저항이 존재했다. 불면증이 있는 내담자 중 치료 지침에 대한 저항이 있는 경우는 흔하다. 그럴 때마다 무조건 시키기만 하는 것은 도움이 되지 않고, 어느 정도 동기강화상담 기법

(motivational interviewing techniques)을 활용하는 것도 도움이 된다.

우선적으로, 왜 불면증 증상이 좋아져야 하는지 그 이유에 대해서 충분히 이야기할 시간을 준다. 그 이후, 본인이 습관을 고치는 것에 대한 장단점을 탐색하고 비교하게 하는 것도 하나의 방법이다. 내담자의 경우에는 이런 과정을 통해 텔레비전을 누워서 시청하는 것은 일시적인 즐거움을 줄 수 있지만, 불면증을 치료하는 것은 장기적으로 좋다는 결론에 스스로 도달했다. 결국 수면 압축으로 정해진 취침 시간(12:30am) 전에는 침실에 들어가지 않고 침대에서도 수면 외에는 다른 활동을 하지 않게 되었다.

사례의 내담자는 주치의와 임상심리학자의 치료하에 3개월에 걸쳐 수면제를 점차 줄여 나갔고 결국 중단하였다. 감량을 한 주에는 수면의 질 저하 및 잠을 자지 못하는 불면증 증상을 호소하기도 하였다. 그러나 치료에서의 지지를 통해 한 번 감량한 수면제는 절대 다시 증량하지 않는다는 원칙에 대해 약속했기 때문에, 시간이 지나면서 점차 감량한 수면제 용량에 적응을 한다는 것을 알고 만족하였다. 또한 운동을 규칙적으로 하고 외부 활동을 의도적으로 많이 하여, 수면에 대한 걱정을 적게 하려고 노력한 것도 도움이 되었다. 치료 종결 회기에는 예전의 수면 패턴인 11:00pm~7:00am을 지키고 있었으며, 꾸준히 수면 효율성 85% 이상의 수면을 유지할 수 있게 되었다.

제 9 장

•

양극성장애와
불면증

사례 *"생활이 너무 불규칙해요."*

주 호소 오 씨는 28세 남성으로, 평생 잠들기 어렵다고 호소하며 어머니와 함께 병원에 내원하였다. 오 씨의 어머니가 말하기로는 어렸을 때에도 5살 전에는 밤새 통 잠을 잔 적이 없고, 크면서도 자주 잠을 잘 자지 못 했다고 보고하였다. 그는 6학년 때 ADHD 진단을 받았지만, 약에 대한 알레르기 반응 때문에 약물 치료는 하지 않고 있다. 그는 강한 저녁형 성향을 가지고 있어, 일을 하는 날은 12:00~8:00am까지 자지만 낮에는 현저하게 피곤하고, 밤이 되면 집중이 잘된다고 한다. 기본적으로 4:30pm부터 에너지가 계속 상승하며, 그 이전에는 무척 피곤하고 집중하기 어렵다고 호소하였다. 일하지 않는 날에는 7:00am~3:00pm 사이에 잠을 자며, 그렇게 자는 것을 선호한다고 보고하였다. 일을 하기 전에는 일상생활이 굉장히 불규칙적이었다. 그는 예전에 잠을 잘 자기 위해 수면제[졸피뎀(Zolpidem)]를 복용했지만, 술과 함께 권장된 용량보다 더 많은 양을 남용하는 충동적인 행동을 했다고 보고하였다. 한때는 하룻밤에 80mg까지 복용했지만, 현재 그는 여러 문제 때문에 더 이상 수면제를 먹고 있지 않다. 그는 특히 감정 기복 때문에 경조증 삽화 중에는 잠을 자지 못하고, 과거에 진통제와 같은 진정제를 남용한 적도 있었다고 보고했다.

현재 수면 습관
- 취침 시간 : 주중에는 12:00am, 주말에는 7:00am
- 불 끄는 시간 : 같음
- 잠들기까지의 시간 : 기복이 심함, 잠을 못 자고 밤샌 적도 여러 번 있음
- 입면 후 각성 시간 : 기복이 심함, 주말 스케줄대로 자면 잘 자는 편임
- 기상 시간 : 주중에는 8:00am, 주말에는 3:00pm
- 침대에서 나오는 시간 : 위와 같음
- 총수면시간 : 기복이 심하지만, 주말에는 꾸준히 8시간 정도 자는 편임
- 수면 효율성 : 기복이 심하고 예측 불가능함
- 수면제 복용 여부 : 중독에 대한 두려움 때문에 현재는 복용하지 않음
- 일주기 유형 : 강한 저녁형 성향

치료 목표 "밤에 자고 낮에 일어나는 평범한 수면 스케줄을 갖고 싶어요."

불면증 과거력 평생 불면증에 시달림

정신과 병력 제II형 양극성장애, 주의력결핍 과잉행동장애(ADHD)

약물력 레메론(Remeron)

신체 질환 과거력 없음

진단

(DSM-5 기준)

- F51.01(307.42) 불면장애, 지속성, 비수면장애 정신질환 동반이환 동반
- F31.81(296.89) 제II형 양극성장애
- R/O ADHD

(ICSD-3 기준)

- 만성 불면장애, 제II형 양극성장애로 인한 불면장애

치료 계획

- 광 치료 : 강한 저녁형 성향을 보이기 때문에 기상 후 광 치료를 받을 것을 권장함
- 자극 조절 : 평소에 졸리지 않더라도 침대에 들어가는 습관이 있어, 졸릴 때에만 침대에 들어가기
- 대인관계 사회적 리듬 치료
- 밤에 멜라토닌(Melatonin) 1mg 복용
- 과거 약물 남용에 대한 우려로 인해 수면제는 복용하지 말 것을 권장

양극성장애와 수면

✓ 수면은 조증을 유발하기도 하며, 조증의 전구 증상(prodromal symptom)으로 나타날 수 있다.

✓ 양극성장애 환자 중 70%는 우울증 및 조증 삽화가 아닌 삽화 간 시기에도 불면증

을 호소한다.

✓ 양극성장애 환자의 수면은 불규칙적이다.

✓ 양극성장애는 일주기 리듬과 관련이 있다.

정서와 수면은 서로 밀접하게 영향을 미친다. 기분이 좋을 때에는 잠을 적게 자도 크게 영향을 미치지 않는 것처럼 느껴지겠지만, 기분이 우울할 때에는 잠을 아무리 많이 자도 피곤함이 가시지 않는 것처럼 느껴질 수 있다. 그러나 양극성장애 환자에게는 이러한 기분이 지나치게 극단적으로 나타나 정상적인 생활에 어려움을 주기도 한다. '양극성장애(bipolar disorder)'는 우울한 기분 상태와 고양된 기분 상태가 교차되어 나타난다는 의미를 가진다. 양극성장애의 전반적인 증상을 살펴보면 〈그림 9.1〉과 같다.

양극성장애는 조증 삽화와 우울증 삽화가 반복해서 나타나는 장애이며, 조증과 우

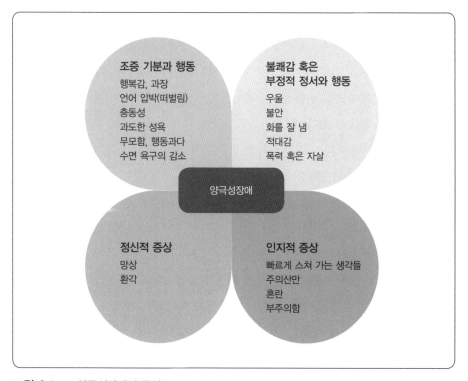

그림 9.1 ● 양극성장애의 증상

울증 삽화가 없는, 삽화 사이의 시기(inter-episode period)가 있다. 양극성장애 1형과 2형은 각각 인구의 1%와 0.5%에 해당되어 유병률이 높지는 않지만, 전 세계적으로 일상생활에 장애를 주는 10대 중증 질환 중 하나이다. 많은 양극성장애 환자들은 조증, 우울증 삽화, 그리고 삽화 사이의 시기에서도 수면 문제가 있다고 보고한다.

양극성장애가 수면에 미치는 영향

수면장애는 양극성장애에서 흔하게 나타나는 증상 중 하나이며, 조증, 우울증 및 혼재성 삽화에서도 DSM-5에서 진단 기준으로 명시되어 있다. 양극성장애 환자들은 어떤 삽화를 경험하고 있는지에 따라 호소하는 수면 문제가 다를 수 있다. 역학 연구에 의하면 우울 삽화 중에는 거의 100%의 환자들이 불면증을 호소하며, 55~70%는 삽화 사이의 시기에도 불면증 증상이 있다고 호소한다. 삽화 사이의 시기에 나타나는 수면장애는 양극성장애를 재발시키고 심화시키는 원인이 될 수 있다. 조증 삽화와 우울 삽화 사이(inter-episode)에 있는 양극성장애 환자 중 70%가 임상적으로 수면 문제를 가지고 있으며, 55%는 불면증의 진단 기준을 충족시켰다.

간혹 우울 삽화 및 삽화 사이의 시기에는 과다 수면을 호소하는 환자도 있다. 반면 조증 삽화 혹은 혼재성 삽화 중에는 대체적으로 수면 욕구가 감소하여 수면 시간이 감소하는 양상을 보일 수 있다. 그러나 양극성장애 환자의 불면증과 수면의 질 저하는 단순한 조증 증상이 아니라 조증 삽화의 전구 증상 혹은 자살 시도의 예측 요인으로 나타날 수 있으며, 수면 문제가 조증 삽화를 유발하기도 한다.

양극성장애에서 우울한 시기(우울 삽화) 동안에는 과다 수면을 경험하게 되는데, 이때 환자들은 지나치게 긴 시간 동안 잠을 자거나 저녁 잠이 아닌 낮잠을 자주 자게 된다. 반면, 조증 삽화 기간 동안에는 매우 각성된 상태이기 때문에 충분한 수면을 취하지 않아도 다음 날 피곤함을 느끼지 않는 양상을 보인다. 특히 양극성장애 환자 중 4분의 3 정도는 수면 문제가 조증 삽화의 신호가 된다는 점에서, 수면 문제가 양극성장애의 주요한 진단 기준이 된다는 것을 알 수 있다.

그 이외에도 양극성장애 환자들은 일주기 장애를 호소하는 비율도 높고, 불규칙적인 수면 패턴을 보인다(그림 9.2 참조). 양극성장애 스펙트럼에 있는 모든 장애를 살

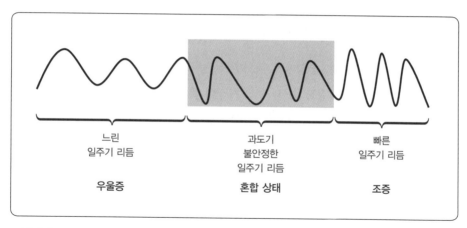

그림 9.2 ● 일주기 리듬과 양극성장애

펴보면 달리 명시되지 않은 양극성장애, 양극성 1형과 2형 장애 모두 수면이 불규칙적이다. 한 연구에서는 양극성장애 환자가 일반 사람들에 비해 일주일간 총수면시간이 약 2.78시간 차이가 난다고 보고하였는데, 이것은 매주 호주를 비행하는 것과 비슷한 효과가 있다. 인간의 생체리듬은 자주 변화하는 수면 스케줄에 빨리 적응할 수 없기 때문에 수면의 불규칙성은 특히 해롭고, 특히 양극성장애 환자에게 불규칙한 수면 패턴은 새로운 조증 혹은 우울 삽화를 유발하는 위험을 증가시키는 경향이 있다.

양극성장애 환자들은 일반적으로 기분 상태뿐 아니라 '체내 시계(body clock)'와 수면-각성 주기를 포함한 일주기 리듬 역시 불규칙하다. 건강한 사람은 수면-각성 주기가 일정하게 유지되면서 정상적인 일상생활의 영위가 가능한데, 양극성장애 환자의 경우 수면-각성 주기의 변화와 24시간 주기 리듬의 붕괴를 겪는 것으로 나타난다. 이것은 수면-각성 주기의 변화와 24시간 주기 리듬의 붕괴가 조증 및 경조증 삽화의 유발 요인으로 작용한다는 것을 의미한다. 특히 수면-각성 주기의 변화는 조증, 혼재성 혹은 경조증 삽화의 원인이 되거나 이를 악화시킨다. 따라서 임상 장면에서 양극성장애 환자가 보고하는 수면 시간과 수면의 질을 확인하고 그에 대한 치료적 개입을 하는 것이 양극성장애의 재발 예방에 중요한 역할을 한다.

양극성장애와 정서 조절

양극성장애 환자들에서 수면장애는 정서 조절 능력을 약화시킨다. 수면장애는 재발의 전구 증상으로 나타나기도 하고, 수면 시간이 짧은 환자들은 수면 시간이 긴 환자들에 비해 조증, 우울증, 불안 증상을 더 많이 호소하며, 삶의 만족도가 더 낮고 기능 장애도 더 많이 나타난다. 실험실에서 인위적으로 수면 박탈을 하게 되면 경조증 혹은 조증 삽화를 유발할 수 있다는 연구가 있으며, 수면은 정서 조절에 중요한 역할을 한다는 여러 연구들이 있다. 또한 뇌 기제에서도 정서 조절을 하는 뇌 부위와 수면-각성을 조절하는 뇌 부위가 상호 간 영향을 주는 것도 볼 수 있다. 이처럼 불면증 증상은 양극성장애의 삽화 유발과 정서적 불안정성, 그리고 재발을 유발할 수 있는 기제라고 볼 수 있다.

양극성장애 환자를 위한 CBTI를 할 때 유의할 점

양극성장애 환자는 수면 문제를 약물 치료로 해결하는 경우가 많다. 그렇지만 양극성장애 때문에 꼭 약물 치료를 해야 하는 환자들이 수면제를 복용하는 데는 여러 위험 요소가 있을 수 있다. 우선, 여러 약물을 먹다 보면 약물 간 상호작용이 일어날 수도 있고, 사례처럼 수면제를 충동적으로 과다복용하게 될 수도 있다. 그 이외에도 자살에 대한 우려가 높은 환자군이기 때문에 수면제가 자살 수단의 하나가 될 수 있는 위험이 있다. 그렇기 때문에 불면증의 비약물적 접근은 여러 가지로 도움이 될 수 있다. 우선, 비약물적 치료는 부작용도 적고 다른 약물과의 상호작용에 대해 걱정하지 않아도 된다. 또한 수면제 효과가 좋지만, 치료에 대한 지속성, 낮 동안의 숙취 현상 및 의존성을 생각할 때에는 비약물적 접근이 장기적으로 유익할 수 있다. 마지막으로, 양극성장애 환자와 물질 사용 장애와의 높은 공병률을 고려할 때, 특정 수면제는 의존성이 있기 때문에 남용될 수 있는 우려가 있어 비약물적인 치료가 더 좋은 치료 옵션이 될 수 있다.

수면과 일주기 장애에 대한 교육

양극성장애는 일주기 리듬과 깊은 관련성이 있기 때문에 교육이 필요하다. 일주기 리듬의 정의, 일주기 리듬에 영향을 주는 요인(빛, 기상 시간, 식사 시간 등), 그리고 일주기 리듬과 사회적 리듬을 유지하는 것의 중요성에 대한 교육이 필요하다. 특히 수면 관성에 대한 교육(제7장 참조)을 하고, 일어나서 피곤하게 느끼는 증상을 정상화하는 작업도 이루어진다. 불면증 증상과 낮 동안의 기분과의 연관성에 대한 교육, 수면의 정서 조절 기능에 대한 교육도 이루어진다.

대인관계 사회적 리듬 치료(IPSRT) 사용하기

대인관계 사회적 리듬 치료(Interpersonal and Social Rhythm Therapy, IPSRT) 혹은 사회적 리듬 치료(Social Rhythm Therapy, SRT)는 양극성장애 환자들을 위해 개발된 심리치료이다. IPSRT는 양극성장애의 증상이 일주기 리듬과 수면-각성 주기에 문제가 생길 때 악화되거나 유발될 수 있고, 이러한 수면 양상이 사회적 요인과 관련이 있다는 생물심리사회적 모형을 기반으로 한다. 또한 약물 치료와 함께 실시될 때 양극성장애에 대해 치료 효과가 있는 것으로 검증되었을 뿐만 아니라 약물 치료가 가지지 못한 이점이 있는 것으로 밝혀졌다.

사회는 24시간을 기준으로 돌아가지만, 우리의 생체리듬은 24시간보다 조금 더 길다고 알려져 있다. 그렇기 때문에 일주기 리듬 연구자들은 일주기 리듬을 24시간에 맞춰 설정하는 외부적 환경 요인(자이트게버)의 중요성을 제기한다. 자이트게버는 아침에 식사하는 것, 매일 같은 시간에 일어나는 것과 같이 다양하지만, 그중 가장 강력한 자이트게버는 빛의 영향을 받는 신체적인 자이트게버이다. 현대인들은 자연적인 일몰과 일출에 의한 빛의 노출뿐 아니라 24시간 동안 어디에서든지 빛에 노출될 수 있다. 따라서 근무 시간, 식사 시간, 특정 TV 프로그램 방영 시간과 같은 사회적 요인들이 일주기 리듬에 중요한 영향을 미치게 된다. 이러한 사회적 요인에 급격한 변화가 있을 때 일주기 리듬이 영향을 받고, 그 결과 일시적인 신체적·인지적 변화를 경험하게 한다. 대부분의 사람들은 새로운 일상에 익숙해지면서 이러한 증상이 금방 사라지지만, 기분장애에 취약한 사람들은 이러한 변화에 적응하는 데 시간이 더 오래 걸리고, 그로 인해 우울 삽화 혹은 조증 삽화 상태로 발전될 수 있다. 이를 사회적 자이트게버라고 하며, 이러한 기제를 그림으로 살펴보면 〈그림 9.3〉과 같다.

이처럼 기분장애에 취약성을 지닌 사람들은 사회적 자이트게버의 변화로 인

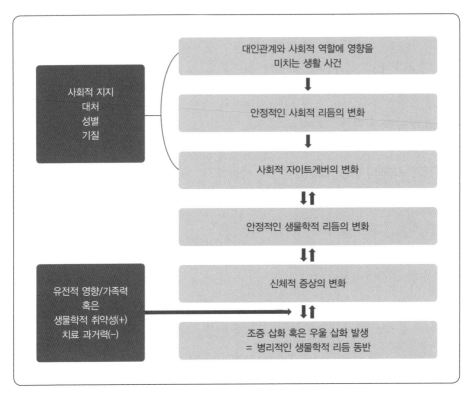

그림 9.3 ● 사회적 자이트게버 이론 도식(Frank, Maggi, Miniati, & Benvenuti, 2009)

해 기분 삽화(affective episode)가 나타날 수 있기 때문에 사회적 리듬을 안정화 (stabilization)시키는 것이 양극성장애의 치료 및 예방에 중요하다. 다시 말하면, 양극성장애를 가진 사람들은 하루만 밤을 새도, 하루만 식사를 걸러도 사회적 리듬이 불안정해져서 조증 삽화가 촉발될 수 있기 때문에 규칙적인 생활을 하는 것이 중요하다.

IPSRT의 목적 IPSRT의 치료 목표는 환자의 사회적 리듬과 일상생활을 규칙적으로 조정하여 대인관계 및 사회적 역할에 대한 만족도를 향상시키는 것이다. 치료의 기본적인 구성 요인은 크게 두 가지로, 1) 정서적 증상 관리와 2) 대인관계 개선이다. 이러한 다면적 접근을 통해 환자의 현재 기분과 기능을 향상시키고, 만약 다시 우울 혹은 조증 삽화가 발생할 때 적절하게 대처할 수 있는 기술을 교육한다. 대부분의 양극성장애 환자의 경우 급성기에 치료를 받게 되는데, 급성기에 실시되는 IPSRT의 경우 정서적 증상의 개선과 현재 발생한 정서 삽화와 밀접한 관련이 있는 대인관계 문제를 해결하는 것을 중점으로 한다. 예방을 위한 유지 치료에서는 정상적 정서 상태 유지와 환자의 대인관계, 사회적 역할 기능에서의 위기 예방 및 개선을 목적으로 한다.

- **IPSRT의 치료 단계** : IPSRT의 치료 과정은 초기 단계(initial phase), 중간 단계(intermediate phase), 예방 단계(preventative phase), 종결 단계(termination phase)의 4단계로 이루어져 있다. 대인관계 사회적 리듬 치료의 과정을 간단하게 요약하여 158쪽 글상자에 제시하였으며, 각 단계를 구체적으로 살펴보면 다음과 같다.

  ▶ **초기 단계(initial phase)** : IPSRT의 첫 번째 단계인 초기 단계에서 치료자는 1) 의학적 과거력 확인, 2) 중요한 대인관계 목록 작성, 3) 대인관계 문제 영역 확인, 4) 양극성장애의 특성에 대한 교육, 5) 사회적 리듬 측정(Social Rhythm Metrics, SRM) 질문지를 실시한다(표 9.1 참조). 초기 단계에서 한 회기는 매주 45분 동안 이루어지는데, 보통 3~5회기로 실시되지만, 현재 증상의 심각도와 환자의 특성에 따라 몇 주에서 몇 달까지 다양한 과정으로 진행된다.

  먼저 치료자는 정신과적 과거력을 포함하여 전반적인 의학적 과거력과 환자의 증상이 나타나기 직전의 일상생활과 대인관계에서의 변화나 갈등을 탐색함으로써 기분 삽화를 야기한 구체적인 사건들을 확인하고 치료의 근거를 수립한다.

  그 후 치료자는 대인관계 목록(interpersonal inventory)을 통해 환자의 삶에서 중요한 타인이 누구인지 파악하고 그 관계의 질을 평가한다. 현재의 기분 삽화와 관련이 있는 과거 혹은 현재의 중요한 모든 대인관계를 검토하여 대인관계 목록을 작성하고, 환자가 대인관계에서 만족하는 부분과 만족하지 못하는 부분을 체계적으로 설명할 수 있도록 돕는다. 이를 통해 관계의 질을 평가하고, 내담자의 기분 삽화와 관련된 대인관계의 문제를 확인할 수 있다. 이때 치료자는 대인관계의 문제가 기분 삽화의 결과로 인해 발생한 것일 수도 있고, 대인관계의 문제로 인해 기분 삽화가 발생할 수도 있다는 점을 이해하는 것이 중요하다.

  환자가 진단을 받은 이후, 치료자는 환자 및 환자의 가족에게 양극성장애의 특징에 대한 교육을 실시한다. 교육은 주로 양극성장애와 관련된 증상, 처방된

표 9.1 ● 사회적 리듬 측정(SRM)II 5문항 단축형(SRM II-5)(E. Frank, 2007)

지시사항 : 1. 일상에서 다음의 활동을 할 때 선호하는 이상적인 시간을 작성하시오.
2. 실제로 각 활동을 실시한 시간을 기록하시오.
3. 활동에 참여하는 사람들을 기록하시오.
(0 = 혼자서, 1 = 사람들이 단순히 함께 있음, 2 = 사람들이 활동에 활발하게 참여함, 3 = 서로 활발하게 상호작용함)

날짜 : _____

활동	목표 시간	일요일		월요일		화요일		수요일		목요일		금요일		토요일	
		시간	사람	시간	사람	시간	사람	시간	사람	시간	사람	시간	사람	시간	사람
1. 침대에서 나오기															
2. 다른 사람과의 첫 만남(혹은 통화)															
3. 업무/학업/자원봉사/가족 돌보기															
4. 저녁식사															
5. 잠자기															

기분 평가(-5에서 +5까지)
-5 = 매우 우울함
+5 = 매우 행복함

약물, 약물의 부작용과 관련된 내용으로 이루어진다. 이것은 환자가 사회적 역할과 일주기 리듬의 붕괴가 환자의 기분 삽화를 어떻게 유발하는지 이해할 수 있도록 돕는다.

마지막으로, 치료자는 SRM 질문지를 작성하도록 하여 환자의 사회적 삶의 규칙성을 평가한다. SRM은 본래 17문항이지만, 〈표 9.1〉에서는 5문항으로 이루어진 단축형을 제시하였다(Ellen Frank, Maggi, Miniati, & Benvenuti, 2009). SRM은 환자가 매일 일상생활을 기록하고, 각 활동을 혼자서 했는지 혹은 다른 사람과 함께했는지, 얼마나 활발한 상호작용을 했는지에 대해서도 기록하게 한다. 또한 매일 자신의 기분을 −5(매우 우울함)에서 +5점(매우 행복함)까지 평가하게 한다. 마지막으로, 치료자와 환자는 논의를 통해 대인관계 문제 영역 다섯 가지(예 : 누군가의 죽음으로 인한 슬픔, 역할 전환, 역할 갈등, 대인관계 결핍, 건강한 자아의 상실에 대한 슬픔) 중 한 가지를 주요 문제로 선택한다. 각 영역별 특성을 살펴보면 다음과 같다.

누군가의 죽음으로 인한 슬픔(grief)은 환자의 삶에서 중요한 타인의 죽음에 대한 애도가 불충분할 때 미해결된 감정으로 인해 나타나는 증상들을 말한다. 이러한 증상은 정상적인 애도 과정보다 더 지속 기간이 길고 정서의 강도가 강한 특성을 보인다.

역할 전환(role transition)은 주요 생활에서의 역할에 변화가 있는 상황에서 어려움을 경험하거나 증상이 나타났을 때 고려할 수 있다. 양극성장애 환자들은 새로운 직장에 취업하거나 해고되었을 때, 대학 입학 및 졸업, 은퇴, 결혼, 이혼 혹은 임신과 출산과 같이 스트레스 요인이 될 수 있는 생활의 변화에 민감하다. 또한 양극성장애의 특성들로 인해 환자의 삶에서 중요한 대인관계의 변화를 일으킬 수도 있다. 따라서 치료자는 특히 이러한 문제에 민감해야 하고, 삽화 발생 이전과 이후의 중요한 대인관계에 대해 탐색해야 한다.

역할 갈등(role dispute)은 IPSRT에서 가장 빈번하게 선택하게 되는 문제 영역으로 가장 최근의 기분 삽화의 발생이 가까운 타인과의 관계와 관련이 있을 때 선택한다. 양극성장애의 증상과 환자의 취약한 성격적 특성으로 인해 대인관계에 갈등이 발생할 수 있다. 또한 대인관계 갈등이 발생하는 것이 환자에게 과도

한 자극이 되어 양극성장애의 증상을 유발하거나 악화시킬 수도 있다.

양극성장애가 이른 나이에 발병하거나, 만성적으로 지속된 환자, 삽화의 주기가 빠른 양극성장애 환자들은 대인관계 결핍(interpersonal deficits)을 문제 영역으로 선택할 필요가 있다. 대인관계 결핍 영역에서는 사회적 위축 혹은 극단적인 정서 변화가 다양한 관계에서 실패를 경험하게 만들 것이라고 가정하며, 이로 인한 환자의 제한적인 대인관계와 반복적인 갈등의 패턴에 중요성을 둔다.

건강한 자아(healthy self)의 상실에 대한 슬픔은 양극성장애 환자가 양극성장애 발병으로 인해 손상받은 대인관계 역할, 능력, 잠재력에 슬픔을 느낄 때 선택할 수 있다. 양극성장애의 기분 삽화는 파국적 특성을 보이기 때문에 대다수의 환자들은 자신의 삶이 장애의 발병 이전과 이후 두 부분으로 나뉜다고 본다는 점에서 양극성장애 환자를 위해 특별히 개발된 영역이다.

▶ **중간 단계(intermediate phase)** : IPSRT의 중간 단계에서는 환자가 정서적 증상을 관리하고, 일상생활의 리듬을 안정적으로 만들며, 초기 단계에서 선택한 대인관계 문제 영역을 해결할 수 있는 전략을 개발하도록 돕는다. 특히 치료 초기 단계에서 확인하게 되는 대인관계의 문제 영역에 따라 중간 단계에서 문제 영역에 맞는 전략을 개발하게 된다. 치료 중간 단계는 매주 한 차례씩 수개월 동안 진행한다. IPSRT에서 일상의 리듬을 안정적으로 만들기 위한 방법은 다음에 자세히 제시하였다.

IPSRT에서는 일상의 리듬의 불규칙성을 개선할 수 있는 활동을 관리하기 위해 행동적 접근을 사용한다. 치료자와 환자는 자유롭게 작성한 3~4주 동안의 SRM 기록을 살펴보고, 불안정한 일주기 리듬 또는 사회적 리듬이 있는지 확인한다. 예를 들면, 환자가 하루는 오후 10시에 침대로 가는데, 그다음 날에는 새벽 2시, 그다음 날에는 자정에 침대로 가는지, 주중과 주말의 규칙성 차이가 심한지 등을 확인할 수 있다. 이 단계에서 치료자는 환자의 사회적 리듬의 불안정성이 치료되지 않은 양극성장애나 양극성장애의 전구 증상에 대처하기 위한 역기능적인 전략으로 인한 것인지 혹은 환자가 선택한 생활 방식 때문인지 파악해야 한다. 일상 리듬의 불안정성이 양극성장애의 증상과 관련이 있는 것으로 나타난다면 치료자는 환자가 자신의 일상 리듬을 안정화시키는 것이 증상 감소에 도움이 된다는 것을 이해시킬 필요가 있다. 그러나 리듬의 불안정성이 환자가 선택한 생활 방식으로 인한 것이라면 이러한 불안정한 리듬이 증상 회복을 방해할 수 있음을 설명하고, 리듬을 안정화할 수 있는 전략들에 대해 논의할 필요가 있다(예 : 과도한 자극 최소화하기, 사회적 상호작용의 빈도와 강도 모니터링하기).

▶ **예방 단계**(preventative phase) : 예방 단계에서 치료 빈도는 한 달에 한 번으로 점차 감소하게 된다. 이 단계는 IPSRT에서 가장 중요한 단계 중 하나로서 내담자가 이전 치료 단계에서 배운 기법들을 자신감을 가지고 사용할 수 있도록 하여 기분 삽화를 예방하고 현재 기능을 강화하는 것을 돕는다. 예방 단계에서 치료자는 환자가 규칙적인 사회 리듬을 유지하고, 새롭게 나타나는 대인관계 문제를 지속적으로 관리할 수 있도록 한다.

▶ **종결 단계**(termination phase) : 치료의 종결 단계에는 치료의 성공적인 측면에 대한 이야기뿐만 아니라 환자의 잠재적인 취약성, 치료 종결 후에 발생할 수 있는 대인관계의 어려움과 증상을 어떻게 관리할 수 있을지에 대한 전략들을 확인하는 작업도 포함된다. 치료 빈도가 점차 감소하여 4~6개월에 걸쳐 한 달에 한 번 정도로 점차적으로 치료 종결이 이루어진다. 양극성장애는 만성적이기 때문에 환자들은 치료를 종결하는 데 흔히 두려움을 가질 수 있다. 따라서 내담자 스스로 치료에서 습득한 새로운 적응적인 전략을 사용할 수 있도록 도와야 하며, 만성적 특성에 따라 치료 빈도를 조정할 수 있다.

대인관계 사회적 리듬 치료(IPSRT)의 과정(Ellen Frank et al., 2009)

A. 초기 단계(몇 주에서 몇 달까지 매주 회기 실시)

1) 의학적 과거력
- 정신 질환, 의학적 질병의 과거력 탐색
- 대인관계와 사회적 리듬 변화의 관계와 증상 발생 시기 탐색
- 추후의 정서 불안정성을 예방하고 삽화 발생을 지연시키기 위해 심리사회적 기법과 약물 기법을 사용하고, 정서에 영향을 미치는 다른 중요한 리듬 변화(월경 주기, 계절 변화) 확인

2) 대인관계 목록 작성
- 현재 삽화에 초점을 두고 과거부터 지금까지 환자의 삶에서 중요한 관계 탐색

3) 환자의 주요 대인관계 문제 영역 확인
- 누군가의 죽음으로 인한 슬픔(grief)
- 역할 전환(role transitions)
- 역할 갈등(role disputes)
- 대인관계 결핍(interpersonal deficit)
- 건강한 자아의 상실에 대한 슬픔(loss of 'healthy self')

4) 심리교육

5) 사회적 리듬 측정(SRM)

B. 중간 단계(몇 달에 걸쳐 매주 회기 실시)

1) 정서적 증상을 관리하기 위한 전략 개발

2) 일상 리듬 안정화
- 불안정한 리듬을 탐색하기 위한 SRM 검토
- 특정한 사회 리듬 행동 수정을 목표로 잡기
- 불규칙한 리듬의 원인 알아차리기
- 안정성과 즉흥성 간의 이상적인 균형 발견하기
- 규칙적인 일상생활에서의 변화 관리

3) 선택한 대인관계 문제 영역 해결

C. 예방 단계(매년 혹은 2년에 걸쳐 매달 회기 실시)

1) 치료 효과 공고화하기

2) 일상생활에서 IPSRT 기법을 사용하는 능력에 대한 자신감 증진

D. 종결 단계(4~6개월 동안 매달 회기 실시)

1) 치료 동안 배운 내용 복습

2) 환자 스스로 새로운 기술을 실행할 수 있는 능력에 대한 격려

✎ 사례에 대한 치료자 노트

- **단축된 대인관계 사회적 리듬 치료** : 오 씨는 수면 클리닉을 내원했기 때문에, 양극성장애와 관련된 치료는 전문화된 상담기관에 의뢰하고, 회기 내에서는 수면 문제에 집중하였다. 내담자는 생활이 무척 불규칙적이었다. 주중과 주말의 수면 스케줄은 기상 시간이 7시간이나 차이가 났다. 수면 이외의 것들도 불규칙적일 수밖에 없었다. 식사 및 약물 복용 시간도 불규칙적이었고, 자주 바뀌는 수면 스케줄로 인해 정서도 불안정적이었다. 우선, 내담자는 불규칙적인 수면이 정서 조절에 미치는 영향에 대한 수면 교육을 받았고, 그 이후에는 수면 일지를 통해 수면을 모니터링함과 동시에 식사 시간, 약물 복용 시간 등 규칙적으로 해야 하는 모든 활동을 일지에 작성하였다. 수면뿐만 아니라 다른 것들도 일정한 리듬을 찾을 수 있게 도와주기 위한 것이었다. 수면 스케줄은 12:00pm~8:00am 스케줄을 주중, 주말 똑같이 지킬 것을 권장하였다. 2회기 때 점검을 했을 때에는 수면 효율성이 80%를 넘지 못해 수면 제한을 통해 1:00~8:00am으로 수면 제한을 했다.

- **불규칙적인 수면 스케줄의 원인 분석** : 이 내담자의 경우, 주말에 어떤 활동을 해서 7:00am에 자는 것인가에 대한 분석에 어려움이 있었다. 내담자가 저녁형 성향이 강하기도 했지만, 주말에는 인터넷 게임을 하느라 아침에 잠든다고 보고했다. 내담자는 인터넷 게임을 통해 다른 사람들과 교류를 하면서 대인관계에 대한 만족을 얻고 있다는 것도 알 수 있었다. 주말에 인터넷 게임을 하는 것이 내담자에게 어떤 의미가 있고, 어떤 부분이 강화를 하는 것인지 파악하는 것이 치료 준수에 중요한 점이었다. 상담 중 내담자는 평소에 외로움을 느끼고, 대인관계가 미숙했기 때문에 인터넷 게임이 대인관계에 대한 욕구를 어느 정도 충족시켜 주었다는 것을 알 수 있었다. 상담 내에서 인터넷 게임을 대체하여 대인관계를 충족할 수 있는 여러 가지 방법에 대한 것을 여러 회기에 걸쳐서 논의하였다.

- **광 치료** : 내담자는 강한 저녁형 성향을 보이기 때문에 기상 후 광 치료를 받을

것을 권장하였다. 또한 멜라토닌 1mg을 취침 시간 2~3시간 전에 복용할 것을 권장하였다. 양극성장애 내담자 같은 경우에는 광 치료가 조증 삽화를 유발할 우려도 있기 때문에 수면에 급작스러운 변화가 관찰되면 바로 내원하라고 지시하였고, 항상 같이 내원한 보호자인 어머니에게도 관찰해 달라고 부탁하였다.

- **자극 조절** : 평소에 졸리지 않더라도 침대에 들어가는 습관이 있어, 졸릴 때에만 침대에 들어갈 것을 권장하였다.
- 약물 남용 과거력이 있기 때문에 수면제는 복용하지 말 것을 권장하였다.

제 10 장

●

갱년기와 불면증

사례 "잠자리에 누워 있으면 너무 덥고 땀이 나서 잠들 수가 없어요."

주 호소 51세 여성 기 씨는 잠들기가 어려워 병원에 방문하였다. 작년부터 생리가 불규칙해지면서 4개월 전부터는 생리가 없어졌다. 폐경이 시작될 무렵부터 몸에 땀이 많아지고 얼굴이 화끈거리는 증상이 나타나기 시작했는데 잠자리에 들어가면 더 심해진다고 보고했다. 어떤 날은 너무 덥고 화끈거리면 일어나서 찬물로 샤워를 해 보지만 그때만 일시적으로 효과가 있을 뿐 다시 화끈거린다. 때로는 더워서 속옷만 입고 자야 할 정도이다. 불안하고 가슴이 두근거리는 증상도 있다. 처음에는 정신과에서 신경안정제를 복용했지만 두근거리는 증상이 조절되지 않아서 주변의 권유로 산부인과 갱년기 클리닉에서 호르몬 치료를 받고 있다. 잠을 잘 자지 못해서 재미있는 일도 없고 성격도 예민해지고 더 짜증을 잘 내는 것 같다.

현재 수면 습관

- 취침 시간 : 11:00pm이긴 하지만 항상 그때 잠자리에 들어가는 것은 아니고 자야겠다는 생각에 잠자리에 들어간다.
- 불 끄는 시간 : 11:00pm
- 잠들기까지의 시간 : 1시간 이상
- 입면 후 각성 시간 : 정확히 모르지만 1시간 정도 깨어 있다. 새벽에 일어나서 화장실에 다녀온 후 다시 잠자리에 들지만 바로 잠들지 않고 한참 있다 잠이 드는데 몇 차례 더 깬다. 가끔 홍조 증상이나 일과성 열감(hot flash) 때문에 자다가 밤에 깨서 다시 잠들지 못하는 경우도 있다.
- 기상 시간 : 7:00am
- 침대에서 나오는 시간 : 7:00~9:00am
- 총수면시간 : 5~6시간
- 수면 효율성 : 45~70%
- 수면제 복용 여부 : 주 1~2회 정도 졸피뎀(Zolpidem) 10mg을 복용한다. 약을 먹으면 밤에 잘 자는 것 같은데, 약을 먹지 않고 자면 아침에 피곤하다. 그러나 다른 약도 먹기 때문에 최대한 수면제 복용을 자제하고 있다.

- 일주기 유형 : 중간형

치료 목표 "수면제를 끊고 잠을 더 잘 자고 싶어요."

불면증 과거력 없음

정신과 병력 없음

약물력 혈압약, 고지혈증약 오전에 1회 복용, 호르몬 치료

신체 질환 과거력 40대가 되면서 점차 체중 증가. 작년부터 고혈압, 고지혈증으로 약물 치료 시작

진단
(DSM-5 기준)
- F51.01(307.42) 불면장애, 지속성

(ICSD-3 기준)
- 만성 불면증, 정신생리성 불면장애

치료 계획
- 자극 조절
- 수면 제한 : 12:30~7:00am
- 이완 요법

갱년기 여성의 수면

✓ 폐경 전후의 갱년기 여성은 불면증에 걸릴 확률이 높고, 수면제를 복용할 확률도 높다.

✓ 갱년기 여성의 35~60%는 불면증 증상 중 주로 수면 유지의 어려움을 호소한다.

✓ 많은 갱년기 여성은 잠을 못 자는 것을 노화, 수면장애, 스트레스, 우울증, 그리고 여성 호르몬의 변화 때문이라고 생각한다.

✓ 갱년기 여성의 51%는 야간 안면홍조를 보고하며, 이 중 대부분은 안면홍조 증상

이 수면을 방해한다고 보고한다.

✓ 폐경은 폐쇄성 수면무호흡증의 위험 요소이며, 폐쇄성 수면무호흡증 때문에도 불면증을 경험할 수 있다.

여성이 남성보다 잠을 더 못 잔다는 것은 널리 알려진 사실이다. 여성은 평균 수면 시간도 더 짧고, 불면증에 걸릴 확률도 더 높고, 주간 졸림증 확률도 더 높다. 그 이유는 여성들만 경험하는 여러 생물사회학적인 요인에서 찾아볼 수 있다. 성호르몬의 변화로 인해 신체적·심리적인 변화가 동반되는 사춘기는 남성과 여성 모두 겪게 되지만, 초경, 월경, 폐경은 여성에게만 일어나는 현상으로 갱년기의 변화 역시 여성에게서 더욱 두드러진다고 할 수 있다. 갱년기 동안 발생하게 되는 여러 가지 증상이 여성의 삶의 질을 현저하게 떨어뜨리고 일상의 기능 수행에도 지장을 주기 때문에

갱년기

갱년기란 무엇인가?
- 난소에서 생성되는 호르몬이 감소되어 월경이 영구히 정지되는 현상이다.

갱년기는 언제 일어나는가?
- 평균적으로 51세 이후에 일어난다.

갱년기 증상에는 어떤 것이 있는가?
- 안면홍조
- 일과성 열감
- 불면증
- 인지 기능 저하
- 정서적 우울 및 불안

갱년기의 단계
- 폐경이행기 : 폐경기와 연결되는 시기로, 개인에 따라 다를 수 있지만 수개월에서 수년 간 지속되고, 난소의 기능이 점차 떨어지면서 생리가 불규칙적으로 변한다.
- 폐경기 : 더 이상 생리를 하지 않고, 다양한 폐경 증상을 동반한다.
- 갱년기 : 폐경 증상을 동반하는 폐경이행기와 폐경 후의 기간을 의미하는 보다 광범위한 기간으로, 보통 폐경 후 1년 정도 지속되지만 개인에 따라 지속 기간이 달라진다.

이 시기에 나타나는 여러 가지 증상에 대한 적절한 관리는 필수적이다.

나이가 들면서 난소와 난포가 노화하여 기능이 떨어지게 되면 배란 및 여성 호르몬의 생산이 더 이상 이루어지지 않는데, 이로 인해 나타나는 현상이 바로 **폐경**(menopause)으로, 대개 1년간 생리가 없을 때 진단한다. 이와 같은 변화로 인해 여러 가지 변화가 수반되는데 보통 40대 중·후반에서 시작되어 점진적으로 진행되면서, 생리가 완전히 없어지는 폐경이 나타난 이후 1년까지를 **폐경이행기**(menopause transition)라고 한다. **갱년기**(climacteric)란 폐경 바로 전후를 의미하는 **폐경주변기**(peri-enopause)보다 광범위한 기간으로 보통 폐경이 일어나기 전의 수년과 폐경 후 폐경 증상을 동반하는 1년의 기간을 의미한다. 이 시기에 여성 호르몬 결핍으로 인해 안면홍조, 전신 발열감, 생리 불순, 성기능 저하, 피로감, 불안감, 우울과 같은 기분 변화, 기억력 장애와 같은 인지 기능의 저하, 수면 장해 같은 여러 증상이 동반된다(표 10.1 참조).

표 10.1 ● 폐경 증상 자가진단표

증상	상대점수(a)	본인 증상의 경중도(b)	환산점수(a×b)
안면홍조	4		
감각 이상	2		
불면증	2		
신경과민	2		
우울증	2		
현기증	1		
피로감	1		
관절통, 근육통	1		
두통	1		
빈맥(빠른 맥박)	1		
벌레가 기어가는 듯한 느낌	1		
폐경기 총점(환산점수 총합계)			

출처 : 대한폐경학회(www.koreanmenopause.or.kr)

※ 본인 증상의 경중도 : 증상이 없으면 0점, 경증이면 1점, 중등도면 2점, 중증이면 3점

※ 점수를 계산해 봤을 때, 15∼25점은 경증, 25∼35점은 중등도, 35점 이상은 심한 증상으로 볼 수 있으며, 경증부터 치료를 시작하는 것이 좋다.

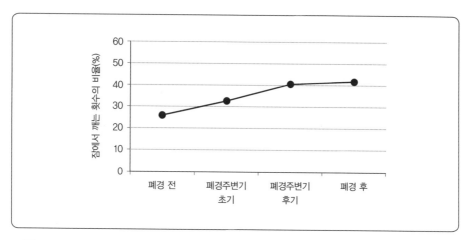

그림 10.1 ● 폐경 단계별 수면 유지의 어려움 비교(Kravitz et al., 2008)

　이전에는 갱년기는 일생의 한 과정으로서 이때 발생하는 증상들 역시 참고 견디면 될 것이라고 여겼고, 실제로 많은 여성에서는 마지막 생리 이후 1년 안에 이런 증상이 감소되지만, 어떤 여성들은 4~5년, 심하게는 30년 이상 갱년기 증상을 호소하기도 한다.

　갱년기 증상을 겪는 환자가 불면증을 호소하는 경우는 흔하다. 실제로 갱년기 환자가 보고하는 증상 중 빈도가 높은 증상 중 하나가 바로 불면증이다. 한 연구에 따르면, 갱년기 여성 중 28~64%가 불면증을 호소한다고 한다. 갱년기 여성이 호소하는 불면증의 경우 수면 유지 어려움을 겪는 유형이 가장 흔하고(그림 10.1 참조), 수면 개시 어려움 유형 역시 나타난다. 또한 갱년기 여성은 갱년기 단계를 겪기 이전의 여성과 비교했을 때 수면 효율성이 낮고, 수면 잠복기가 더 긴 특징을 보인다. 이런 불면증 증상을 경험하는 가장 큰 이유는 갱년기 증상인 안면홍조와 일과성 열감과 같은 증상과 침대의 연합이 학습되면서 조건화된 각성이 생기기 때문이다.

갱년기 증상, 불면증, 호르몬 치료

폐경이 시작되면 에스트로겐과 프로게스테론과 같은 여성 호르몬의 분비가 감소하게 된다. 이것은 혈관 운동을 불안정하게 만들고, 전신 발열감, 예민함, 우울한 기분,

피로감, 불면증과 같은 폐경 증상을 야기하게 된다. 생리적으로 전신 발열감은 에스트로겐이 낮을 때 중추신경계와 말초신경계의 온도가 높아지면서 나타나는 증상이다. 이러한 전신 발열감은 수면 유지를 방해하고, 수면의 질을 저하시키면서 불면증의 원인이 될 수 있다. 증가된 에스트로겐은 노르에피네프린과 같은 호르몬이나 세로토닌, 아세틸콜린과 같은 신경전달물질의 대사작용을 통해서 REM 수면 주기 역시 증가시키면서 수면에 영향을 미친다. 또한 프로게스테론은 벤조디아제핀 수용체를 자극하여 수면을 가능하게 하는 GABA라는 신경전달물질을 방출하게 한다. 이런 두 가지 호르몬의 감소는 갱년기 여성의 수면에 영향을 주게 된다.

호르몬과 수면 간의 관계를 고려했을 때, 호르몬 대체 요법(Hormone Replacement Therapy, HRT)은 특히 전신 발열감과 불면증을 호소하는 갱년기 여성에게 효과적인 치료법으로 사용될 수 있다. 하지만 그 효과성에 대한 연구 결과가 일관적이지 않고 수면의 질을 향상시키는 효과가 없다는 연구 결과 역시 많이 존재하며, 효과가 있다고 하더라도 심장질환이나 유방암의 위험을 증가시키는 부작용이 있을 수 있으므로 조심스럽게 처방되어야 한다.

갱년기 여성의 불면증 치료에서 유의할 점

- **폐쇄성 수면무호흡증에 대한 수면다원검사** : 여성은 갱년기가 지나면 폐쇄성 수면무호흡증에 걸릴 수 있는 확률이 증가한다. 수면의 질이 저하되고 불면증 증상이 나타나는 것은 수면무호흡증뿐만 아니라 체중 증가나 여러 호르몬의 변화 때문일 수 있다. 그렇기 때문에 수면의 어려움이 무엇에 의한 것인지 정확히 알기 위해 수면다원검사를 실시해 볼 필요가 있다.
- **수면 위생 및 수면 교육** : 수면 위생만으로는 단독적으로 효과적인 치료가 될 수 없지만, 일과성 열감이나 안면홍조와 같이 체온이 밤에 높아져 수면을 방해하는 경우에는 환경적인 요인을 신경 쓸 필요가 있다. 일과성 열감으로 인한 불쾌한 느낌을 감소시킬 수 있는 얇은 잠옷 입기, 얇은 이불 덮고 자기, 침실의 쾌적한 온도 유지하기, 침대 근처에 선풍기를 틀거나 시원한 음료 두기, 갱년기 증상을 악화시키는 낮 동안의 카페인 섭취·음주·흡연·취침 시간과 가까운 시

간에 운동을 제한하기 등의 수면 위생을 실시할 수 있다. 그 이외에도 심리 교육(psychoeducation)을 통해 갱년기와 관련된 증상과 전반적인 여성들의 경험에 대한 정보를 제공하면서 갱년기 증상에 대한 파국적인 생각을 하지 않게 하는 것도 중요하다.

- 인지 요법 : 갱년기는 많은 여성이 "나는 더 이상 여성이 아니다"라는 생각을 하게 하면서 우울해질 수 있는 시기이다. 이때 갱년기에 대한 부정적이고 파국적인 생각을 할 수 있는데, 이런 생각들을 검토하면서 인지 재구조화를 할 수 있다. 또한 밤중에 더워서 깨서 다시 잠들지 못하는 갱년기 증상을 경험하게 되면 "나는 다시 예전처럼 잠을 잘 수 없을 것이다."라는 절망적인 생각이 들 수 있다. 이때 가장 중요한 것은 일과성 열감 경험에 대해 부정적인 생각과 감정을 가지지 않는 것이다. 덥지만 부정적인 생각을 가지지 않거나 현재 일어나고 있는 일로 여기며 수용하

표 10.2 ● 갱년기 여성을 위한 CBTI 회기 예시

회기	갱년기 여성을 위한 CBTI
1	• 갱년기 중 수면 변화에 대한 교육 • CBTI 소개 • 취침 시간/기상 시간 처방 및 수면 제한
2	• 지난주 수면 점검 • 자극 조절
3	• 지난주 수면 점검 • 나이에 따른 수면 변화에 대한 교육
4	• 지난주 수면 점검 • 인지 요법 : 수면에 대한 역기능적인 생각과 태도 수정하기
5	• 지난주 수면 점검 • 건설적으로 걱정하기 • 수면 위생
6	• 지난주 수면 점검 • 재발 방지
치료 구성	• 수면 교육 • 매주 수면 모니터링 • 취침 시간/기상 시간 정하기 및 목표 세우기 • 행동 과제 및 문제 해결

출처 : McCurry et al., 2016

고, 지나갈 것이라는 생각을 하는 여성의 경우에는 일과성 열감에 대한 스트레스를 훨씬 적게 보고하였다.

- 이완 요법 : 안면홍조나 일과성 열감과 같은 갱년기 증상은 모두 교감신경계가 활성화되는 증상이기 때문에 각성을 증가시키고, 수면을 방해한다. 따라서 부교감신경계의 활성화를 증가시킬 수 있는 각종 이완 요법, 호흡 요법, 정기적인 운동은 일과성 열감을 완화할 수 있다. 그 이외에도 통제된 호흡법(예 : 4-7-8 호흡법)은 스트레스 완화뿐만 아니라 일과성 열감을 감소시켜 불면증을 완화하는 데 도움을 준다는 연구도 있다.

- **갱년기 증상의 모니터링** : 여러 연구에서 일과성 열감 및 안면홍조 증상을 모니터링하는 것이 갱년기 증상, 정서와 수면을 개선시킬 수 있다고 보고되었다.

- 자극 조절 : 갱년기 증상을 파국화하여 갱년기 증상이 수면 문제의 원인이라고 귀인하는 것은 침대에서의 각성을 증가시킬 수 있다. 갱년기 증상을 피하기는 힘들수 있지만, 이런 증상들을 침대에서 경험하게 되면 잠자는 것이 더욱 괴로운 경험이 될 수 있다. 그렇기 때문에 갑자기 갱년기 증상을 침대에서 경험하게 되면 침대밖으로 나와 이완 요법을 실천하는 것이 장기적으로 만성 불면증에 걸리지 않게 도움을 줄 수 있는 방법이다.

📝 사례에 대한 치료자 노트

- 수면다원검사를 통해 내담자가 폐쇄성 수면무호흡증이 없음을 확인
- 갱년기 증상과 수면 일지를 통해 서로 어떤 관계가 있는지 확인
- 자극 조절 : 내담자의 경우 여러 가지 갱년기 증상을 침대에서 경험하며, 침대와 갱년기 증상으로 인한 불쾌함이 조건화됐다는 것을 볼 수 있었다. 침대는 편하게 휴식하는 곳이 아니라, 갱년기 증상을 경험하는 곳으로 인식되면서 오히려 침대에 들어가면 더 덥고 짜증나는 현상을 볼 수 있었다. 또한 내담자는 너무 더우면 침대에서 나와서 찬물로 샤워를 하는 행동을 했는데, 이것은 오히려 각성을 강화시키는 행동으로 적응적이지 못했다. 우선 첫 단계에서는 갱

년기 증상(갑자기 더워지거나 심장이 두근거리는 현상)을 경험하게 되면 침대 밖으로 나오라고 지시를 하였다. 갱년기 증상을 통제할 수는 없지만, 침대에서 갱년기 증상을 경험하는 것은 통제할 수 있다. 침대 밖에서 편하게 휴식할 수 있는 곳을 마련하라고 회기 내에서 지시하였으며, 갱년기 증상을 경험하고 있다고 느낄 때 그 휴식처에 가서 갱년기 증상이 지나갈 때까지 휴식을 취하라고 지시했다. 다시 잠을 청할 수 있을 때에는 침대로 돌아오라고 지시하였다.

- **수면 제한**: 내담자는 수면 잠복기가 1시간 넘게 걸렸으며, 입면 후 각성 시간도 있었다. 잠자리에 12:30am에 들어 7:00am에 기상하도록 잠자리에 누워 있는 시간을 제한하였다. 대신, 12:30am 이전의 시간에는 버퍼 존(제4장 참조)을 시행하여 편하게 이완할 수 있는 활동으로 구성하도록 했다. 내담자의 경우 불교 명상 음악을 듣는 것을 즐긴다고 보고하였다.

- **이완 요법**: 많은 갱년기 증상은 교감신경계를 자극하기 때문에 부교감신경계를 활성화할 수 있는 이완 요법이 불면증 증상뿐만 아니라 갱년기 증상에도 긍정적인 영향을 미친다. 복식호흡, 심상법, 그리고 점진적 근육 이완법과 같은 여러 이완 요법을 회기 중에 연습하고, 일상생활에서도 여러 번, 특히 갱년기 증상을 경험할 때마다 시행하라고 권장하였다. 이완 요법을 하면서 특히 갱년기 증상에 대한 저항심, 거부감, 통제하고자 하는 욕구를 내려놓아야 한다는 마음가짐에 대해서도 회기 내에서 다루었다. 더 많이 저항하고 통제하려고 할수록 교감신경계가 더 활성화되어 오히려 역효과가 난다는 점을 교육시켰다.

- **자기관리에 대한 교육**: 갱년기란 여성이 많은 변화를 맞이하는 시기이다. 내담자의 경우에도 최근 아들 둘을 모두 대학교를 보내며, 아들의 뒷바라지로 거의 대부분의 시간을 보내는 것에서 큰 변화를 맞이한 것이다. 이런 변화들을 경험하면서 어떤 걱정을 하는지에 대한 대화도 회기 내에서 많이 이루어졌다. 이런 걱정을 침대에서 하지 않게 하기 위해서 '계획된 걱정의 시간'(제4장 참조)을 통해 건설적으로 걱정하는 방법을 시행했으며, 특히 지금까지 가족만을 위해 희생한 이전 생활에서 앞으로는 긍정적으로 본인을 위한 생활로 어떻게 자기관리하고 전환할 것인지에 대한 상담도 이루어졌다.

폐경기 수면 일지

ID : 　　　　　　　　　　　　　주차 : 　　　　　　　　　　　　　날짜 :

다음 날 아침, 기록 날짜, 시간과 함께 수면 일지를 작성해 주세요. 만약 기록하는 것을 잊어버리셨다면, 해당되는 칸은 공백으로 두시고 다음 날 다음 칸에 계속해서 작성해 주세요. 작성하는 시간들이 정확한지에 대해 너무 고민하지 마시고, 가장 비슷한 시간으로 작성해 주시면 됩니다.

	일어나자마자 작성해 주세요.						
작성하시는 아침에 해당되는 날짜(mm/dd/yy)	/	/	/	/	/	/	/
어제 낮잠을 몇 번 주무셨습니까?('쪽잠' 포함)							
어제 낮잠을 총 몇 분 주무셨습니까? [모든 낮잠의 총시간(분)]	(분)	(분)	(분)	(분)	(분)	(분)	(분)
어젯밤 침대에 들어간 시간은?	am / pm	am / pm	am / pm	am / pm	am / pm	am / pm	am / pm
잠을 자기 위해 불을 끈 시간은?	am / pm	am / pm	am / pm	am / pm	am / pm	am / pm	am / pm
잠에 들기까지 걸린 시간은 총 몇 분입니까?	(분)	(분)	(분)	(분)	(분)	(분)	(분)
일어나려고 계획했던 시간은? 만약 계획한 시간이 없다면, "없음"이라고 작성해 주세요. 만약 허용할 수 있는 가장 시간 범위가 있다면 범위를 작성해 주세요.	am / pm	am / pm	am / pm	am / pm	am / pm	am / pm	am / pm
실제로 일어난 시간은?	am / pm	am / pm	am / pm	am / pm	am / pm	am / pm	am / pm

침대에서 벗어난 시간은?	am pm (시간)	am pm (시간)	am pm (시간)	am pm (시간)	am pm (시간)	am pm (시간)	am pm (시간)
지난밤 실제로 수면을 취한 시간은?							
지난밤 수면의 질은, 1 = 매우 좋지 않았다, 10 = 매우 좋았다							
열감 혹은 식은땀 때문에 깸							
a) 횟수							
b) 총 몇 분	(분)	(분)	(분)	(분)	(분)	(분)	(분)
열감 혹은 식은땀과 관계없는 이유로 깸							
a) 횟수							
b) 총 몇 분	(분)	(분)	(분)	(분)	(분)	(분)	(분)

밤 동안 나타난 특별한 점에 대해 작성해 주세요. 밤에 깨어 있게 하는 특별한 스트레스(예 : 발생한 스트레스 사건, 다음 날 스트레스가 되는 상황에 대한 예측) 혹은 잠에 영향을 미친다고 생각되는 원인(예 : 전화 소리, 이상한 소리)을 작성해 주세요(필요한 경우, 뒷장에 작성해 주세요).

날짜 :

내용 :

출처 : Courtesy of Sara Nowakowski and Rachel Manber

제11장

•

만성 통증과
불면증

사례 **"다시 삶을 되찾고 싶어요."**

주 호소 김 씨는 46세 여성으로, 수면 개시와 유지의 어려움을 호소하며 내원하였다. 그녀는 어렸을 때부터 건강상의 문제를 경험해 왔다. 18살에 당뇨병 진단을 받았으며, 35살에는 신부전증으로 인해 신장 및 췌장 이식을 받았다. 그이외에도 고혈압, 심장병, 당뇨병성 망막증으로 인한 시력 저하와 같은 복합적인 건강상의 문제로 인해 현재 심각한 통증을 호소했다. 건강상의 문제가 있음에도 불구하고 최근까지 직장을 다녔으나, 건강 문제로 직장을 그만두면서 우울증 증상도 심해지고, 통증으로 인해 활동이 많이 줄었다고 보고하였다.

현재 수면 습관
- 취침 시간 : 10:00pm~12:00am
- 불 끄는 시간 : 10:30pm~2:00am
- 잠들기까지의 시간 : 30분 내지 5시간
- 입면 후 각성 시간 : 3~4회 깨고, 한 번 깰 때마다 15분 내지 2시간 동안 깨어 있음
- 기상 시간 : 1:00~2:00pm
- 침대에서 나오는 시간 : 대부분의 날에는 침대에서 나오지 않는다.
- 총수면시간 : 10~12시간 예상
- 수면 효율성 : 침대에 오래 누워 있어 계산하기 어려우나, 20~30%로 추정
- 수면제 복용 여부 : 졸피뎀(Zolpidem) CR 12.5mg
- 일주기 유형 : 저녁형

치료 목표 "자고 일어나면 개운해서 제가 하고 싶은 일들을 하고 싶어요."

불면증 과거력 당뇨병에 처음 진단(18살) 이후로 수면 문제가 지속되었으나, 최근에 직장 그만두면서 심해짐

정신과 병력 18살 이후 여러 번의 주요 우울증 삽화 경험

약물력 렉사프로(Lexapro), 졸피뎀(Zolpidem) 외 17개 약물(건강 문제로 복용, 본인이 공개를 원하지 않음)

신체 질환 과거력 신부전증으로 인한 신장 및 췌장 이식, 당뇨병, 피부암, 망막증, 심장병, 하지불안 증후군, 심장부전, 폐쇄성 수면무호흡증, 고혈압 등

진단

(DSM-5 기준)

- F51.01(307.42) 불면장애, 지속성

(ICSD-3 기준)

- 만성 불면장애, 당뇨병으로 인한 불면장애

치료 계획

- 기상 시간을 규칙적으로 정하기(11:00am)
- 자극 조절 : 통증이 있더라도 하루 종일 누워 있지 않고 침실 밖에 휴식 공간 만들기
- 이완 요법
- 광 치료

만성 통증의 이해

✓ 만성 통증 환자는 불면증의 유발 및 지속 요인이 모두 통증이기 때문에 치료가 더욱 어렵다.

✓ 불면증 증상은 통각 과민증을 유발하며, 진통제의 효과를 방해할 수 있다.

✓ 불면증으로 인한 수면 박탈은 통증을 악화시키고, 통증은 또 불면증 증상을 심화시켜 악순환이 지속된다.

만성 통증을 효과적으로 다루기 위해서는 만성 통증이 무엇인지 정확히 이해하는 것이 중요하다. 만성 통증이 무엇인지 이해하면서 환자는 통증을 더 잘 통제할 수 있게 되고, 치료법이 없고 통증의 고통에서 벗어날 수 없다는 만성 통증의 함정이 불러일으키는 무력감에서 조금이나마 벗어날 수 있다.

통증은 크게 두 가지 종류, 급성 통증과 만성 통증으로 나눌 수 있다(표 11.1 참조).

표 11.1 ● 급성 통증과 만성 통증 비교

급성 통증	만성 통증
보호 기능	생물학적 보호 기능 없음
증상의 일종	그 자체로 질병 상태
자연치유됨	질병을 치료한 이후에도 통증이 3개월 이상 지속
가벼운 정서 장애 유발 가능	불면, 우울, 불안 등 심각한 정서 장애 유발

급성 통증은 우리의 신체를 보호하는 기능을 하는 일종의 경계경보 체계의 결과다. 예를 들어, 뜨거운 난로에 손을 무심코 갖다 대었을 때 느끼는 급성 통증은 화상 위험을 피할 수 있도록 자동적으로 손을 떼게 만들면서 우리 신체를 위험으로부터 보호한다. 나아가 급성 통증을 느낄 때의 불안이나 두려움과 같은 정서 변화는 적응적인 것으로서 환자가 안정을 취할 수 있도록 만들어 주는 역할을 한다.

그 반면, 만성 통증은 급성 통증과 다른 특징을 갖고 있다. 만성 통증은 우리의 신체를 보호하는 방어 기제가 아니며, 치료와 통증의 조절이 매우 어렵고, 예측이 불가능하며 그 자체로 질병 상태이다. 특히 만성 통증은 불면증, 우울, 불안과 같은 심각한 정신 장애를 유발할 수 있기 때문에 더욱 중요하다. 만성 통증의 가장 큰 특징은 오랜 기간 지속되면서 환자를 예측 불가능한 양상으로 괴롭힌다는 점인데, 그런 면에서는 신체 조직의 손상으로 비교적 쉽게 설명할 수 있는 급성 통증에 비해 만성 통증은 신체적인 측면뿐만 아니라 정서적 · 인지적 차원도 고려해야 한다.

만성 통증에 대해 이해를 해야 하는 것은, 통증은 신체적 고통만 동반하지 않는 다차원적인 현상이라는 것이다. 즉 통증은 신체적인 요인 이외에도 심리적 · 행동적 · 인지적인 요인과 같은 다양한 요인을 동반한다(그림 11.1 참조). 예를 들어, 많은 만성 통증 환자들은 항상 통증을 경험한다고 생각하지만, 통증 일지를 작성하게 되면 통증의 정도가 기복이 있다는 것을 발견할 것이고, 이런 통증의 강도는 많은 경우에는 기분 상태에 따라 달라진다는 것을 발견할 것이다. 기분이 좋으면 통증을 덜 느끼고, 그 이외에도 긍정적인 생각을 하거나 주의를 돌리는 활동을 할 때에는 잠시 만성 통증에 대해 잊게 될 수도 있다.

이와 같이 만성 통증 환자들은 날씨 변화와 같은 환경 변화에 대한 예민함, "내가

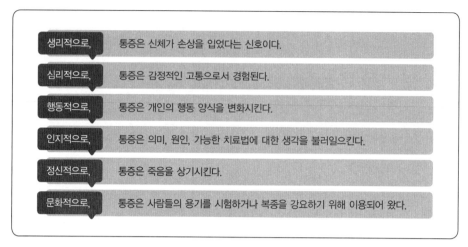

생리적으로,	통증은 신체가 손상을 입었다는 신호이다.
심리적으로,	통증은 감정적인 고통으로서 경험된다.
행동적으로,	통증은 개인의 행동 양식을 변화시킨다.
인지적으로,	통증은 의미, 원인, 가능한 치료법에 대한 생각을 불러일으킨다.
정신적으로,	통증은 죽음을 상기시킨다.
문화적으로,	통증은 사람들의 용기를 시험하거나 복종을 강요하기 위해 이용되어 왔다.

그림 11.1 ● 통증의 다양한 의미

통증을 느낀다면, 내가 틀림없이 잘못된 행동을 했을 거야"와 같은 예측하기, 혹은 "왜 하필 나야?"와 같은 의미 찾기, "고통이 없으면 얻는 것도 없다"와 같은 문화적 믿음과 같은 여러 요인으로 인해 만성 통증의 정도가 달라질 수 있다. 만성 통증을 설명할 수 없음에도 불구하고, 환자들은 자신을 괴롭히는 통증이라는 문제를 해결하기 위해서 여러 방면에서 애쓰게 된다.

만성 통증을 조절하고 통제하기 위해서는 무엇이 만성 통증이고, 무엇이 만성 통증이 아닌지를 이해하는 것이 중요하다. 만성 통증 환자들이 헤어 나올 수 없는 심각한 정서적 문제로 빠지는 것은 바로 만성 통증에 대해 '모른다'는 것이기 때문이다. 만성 통증을 이해하는 것이 통증을 잘 관리하고 통제하는 것을 돕게 해 준다. 통증을 가장 잘 이해하기 위해서 전문가들은 통증 일지를 작성하는 것을 권고한다(작성을 위한 안내는 오른쪽 글상자 참조). 여기에 만약 불면증을 경험하고 있다면 수면 일지와 함께 작성하여, 매일매일의 수면 양상과 통증 사이에 어떤 관계가 있는지를 스스로 파악하는 것이 중요하다.

만성 통증 환자와 불면증

통증과 수면은 서로 영향을 미치기 때문에 정확한 원인이 무엇이고 결과가 무엇인지

적어도 3개월 이상 작성하면서 통증 일지를 통해 자신의 통증 패턴을 파악하고, 더 잘 통제할 수 있으며, 새로운 증상과 새로운 치료법의 효과를 추적할 수 있습니다.

- 하루에 세 번씩 일정한 간격으로 통증 일지에 고통의 수준을 기록하세요(예 : 아침, 정오, 잠자리에 들기 전에).
- 기록할 때마다 날짜와 시간을 적으세요.
- "상황 설명" 항목에 고통을 느끼기 4~6시간 전에 어떤 활동을 했는지 적으세요(예 : TV 보기, 쇼핑하기, 컴퓨터 하느라 앉아 있기, 집 청소하기).
- 아래에 있는 '통증 등급 매기기 차트'를 참고해서 신체적으로 느끼는 통증 정도와 그것에 대한 정서적인 반응을 각각 평가하세요. 당신의 신체 감각과 정서적인 반응에 대해 각각 한 단어로 쓰세요.
- 당신이 고통을 경감시키기 위해 시도한 행동이나 복용한 약에 대해 기록하세요.
- 매일 신체적인 고통 정도와 정서적인 반응을 각각 합산하여 3으로 나누어 평균을 구하세요. 그렇게 하면 그날 하루의 신체적인 고통 등급과 정서적인 반응 등급이 나올 것입니다. 몇 주 혹은 몇 달 이상 동안 매일의 평균을 그래프로 만들면 통증의 패턴을 더 쉽게 알아차릴 수 있습니다.

통증 등급 매기기 차트

신체적인 고통과 정서적인 반응을 평가하기 위해 택한 숫자들의 증감 정도가 동일할 필요는 없습니다. 즉 당신은 높은 수준의 신체적인 고통을 느끼면서 그로 인해 동일한 수준의 감정적인 고통을 느낄 필요는 없다는 뜻입니다. 각 점수가 당신에게 의미하는 정도가 어떤지를 정하는 데 몇 주가 필요할 것입니다. 통증은 개인적인 경험으로 오직 자기 자신만이 그 통증의 정도를 평가할 수 있습니다.

등급	신체적인 고통과 활동	부정적 정서 반응
0	신체적인 고통이 전혀 없고, 활동적인 변화도 없는 상태	부정적인 정서 반응 없음
1~4	낮은 정도의 신체적인 고통과 활동에 최소한의 영향을 미침	최소한의 혹은 낮은 수준의 정서 반응(좌절감, 실망감)
5~6	신체를 긴장하게 만드는 중간 정도의 신체적 고통과 중간 정도의 활동 제한	중간 정도의 부정적인 정서 반응(불안, 슬픔, 짜증)
7~8	움직이기 어렵게 만드는 정도의 유의미한 신체적 고통과 감소된 활동	활동을 하는 것을 어렵게 만드는 유의미한 부정적 정서 반응(두려움, 분노, 우울)
9~10	움직이는 것을 불가능하게 만드는 정도의 심각한 신체적 고통과 아파서 누워 있을 정도의 최소한의 활동 가능	사고 장애를 일으키는 심각한 우울, 불안, 절망

(계속)

본인의 통증 수준을 시간대에 따라 점으로 표시하여, 점을 이어 선을 만들어 보세요. 점을 이으면 통증 수준이 언제, 그리고 어떤 이유로 변하는지를 확인할 수 있게 될 것입니다. 매일 새로운 일지를 작성하세요.

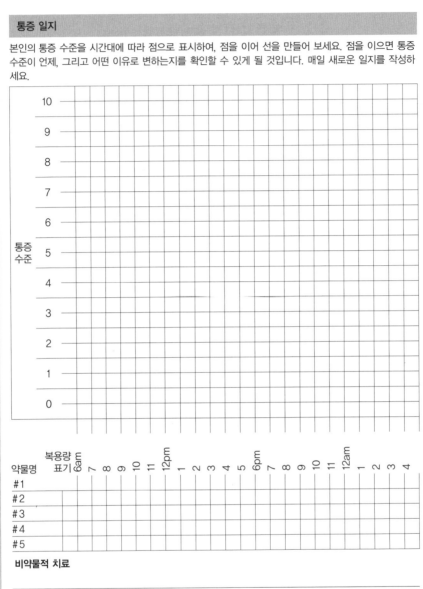

비약물적 치료

활동

의견 및 추가 정보
치료의 부작용을 경험하셨거나 통증을 해결하는 데 문제가 있으셨다면 무엇이든 기록해 주세요.

알기 어렵다. 만성 통증 환자들은 통증으로 인해 수면을 방해받고, 이런 패턴이 지속되면서 만성 불면증으로 이어지게 된다. 반대로 불면증은 통증 경험을 더욱 악화시킨다. 통증과 수면이 긴밀한 관련이 있는 것은 생물학적으로도 설명할 수 있다. 뇌간에 위치한 거대솔기핵(nucleus raphe magnus)이라는 곳은 내생 진통 체계(endogenous analgesic system)를 관여하는 곳이며, 수면이나 각성 중에 통증을 조절해 주는 역할을 한다. 수면 박탈이나 만성 통증 모두 이 뇌 부위와 공통적으로 관련이 있기 때문에 수면과 통증의 양방향적 관계를 일부 설명할 수 있다.

만성 통증 환자들을 대상으로 수면다원검사를 해 보면, 수면의 구조 변화가 있다는 것을 알 수 있다. 한 연구에서 만성 통증 환자인 섬유근육통(fibromyalgia) 환자를 대상으로 수면 구조를 보았을 때, 비REM 수면에 각성을 의미하는 알파 뇌파의 비율이 증가되어 있음을 볼 수 있었다. 비REM 수면에서의 알파파의 증가가 회복 기능을 방해하고, 결과적으로는 다음 날 통증에 대한 역치도 낮아졌다는 것을 발견했다.

잠을 잘 자지 못하면 통증에 대한 민감도가 높아진다는 것은 많은 연구를 통해 밝혀졌다. 인간을 대상으로 한 많은 연구를 살펴보면, 전반적으로 수면 박탈을 경험했을 때에는 건강한 사람도 다음 날 통각 과민적 변화(hyperalgesic)를 보였다. 이것은 잠을 잘 자지 못하면 만성 통증 환자들은 다음 날 통증을 더 예민하게 느낄 것이라는 것을 의미한다. 그뿐만 아니라, 만성 통증 환자들은 잠을 잘 자지 못하면 진통제

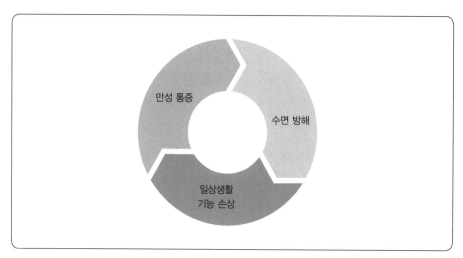

그림 11.2 ● 만성 통증과 수면 방해의 악순환

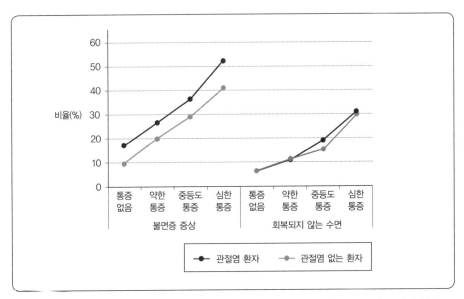

그림 11.3 ● 캐나다 성인을 대상으로 한 관절염 상태와 고통 정도에 따른 수면 문제의 심각도 차이(Power, Perruccio, & Badley, 2005).

를 먹더라도 그 약의 효과가 잘 작용하지 않을 수도 있다. 특히 수면 박탈로 인한 통각 과민적 변화로 인해 진통제 중 오피오이드적(opioidergic) 그리고 세로토닌 작동(serotoninergic)과 관련된 기제를 사용해 진통 효과를 보는 약물의 치료 효과를 방해할 수 있다.

통증의 정도가 심각해질수록 수면도 그만큼 영향을 받는다. 〈그림 11.3〉을 보면, 관절염을 앓고 있는 만성 통증 환자나 일반 만성 통증 환자 모두 불면증과 회복되지 않는 수면의 고통 정도가 증가할수록 수면 문제의 정도도 함께 심각해지는 것을 확인할 수 있다. 또한 만성 통증 환자 중 가장 많은 비율을 차지하는 관절염 환자는 일반 만성 통증 환자에 비해 수면 문제를 더 많이 호소했으며, 불면증도 더 심각한 것으로 나타났다. 고령화 사회가 진행될수록 관절염의 유병률은 더 증가할 것이며, 대부분 관절의 퇴화, 만성 통증과 기능 손상을 경험하는 관절염 환자의 60% 이상이 통증으로 인해 수면을 방해받는다고 한다.

만성 통증 환자를 위한 CBTI를 할 때 유의할 점

만성 통증 관리와 불면증 치료에 대한 복합 프로그램 실시

통증과 수면의 상호작용은 수면에 대한 개입이 통증을 완화하는 데 긍정적인 영향을 미칠 수 있다는 것을 시사한다. 특히 최근에는 기존에 만성 통증 환자에게 사용되었던 통증 관련 심리 치료 기법들을 CBTI 기법과 함께 병합하여 사용한 CBT-PI(Cognitive-Behavioral Therapy for Pain and Insomnia) 치료도 개발되었다(구체적인 내용은 워싱턴주립대에서 개발한 Lifestyles Trial 참고; Von Korff et al., 2012). 이 치료는 총 6회기로 구성되어 있으며, 만성 통증으로 인한 기능 손상과 수면장애의 생물행동적 모델(biobehavioral model)을 바탕으로 만들어진 것이다(그림 11.4). 특히 통증과 수면에 대한 복합적인 치료를 하면서, 통증의 완화뿐만 아니라 통증 역치의 감소, 활동의 증가 및 긍정적 정서와 인지 증가를 기대해 볼 수 있다.

CBT-PI는 통증을 위한 인지행동치료 혹은 CBTI 단독으로 실시한 것과 비교했을 때보다 치료 효과가 더 우세한 것으로 검증되었다. 복합 치료를 했을 경우, 수면 및

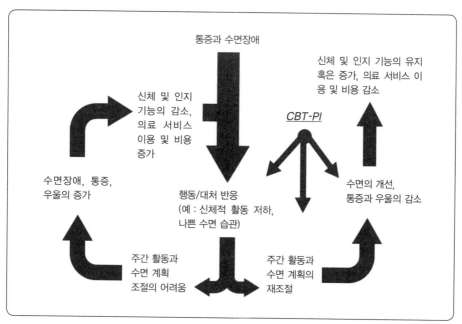

그림 11.4 ● CBT-PI의 효과에 대한 개념 모델 : CBT-PI의 기제(Von Korff et al., 2012)

표 11.2 ● 회기별 치료 프로그램

회기	치료 영역	내용
1	• 심리 교육	• 통증과 수면 관리를 동시에 해야 하는 이유에 대한 교육 • 수면 위생 • 수면 제한과 자극 조절
2	• 활동 패턴의 변화 • 주의 분산 기술 배우기	• 수면과 활동에 대한 목표 설정 • 이완 요법
3		• 수면과 긍정적 활동 계획 수립
4		• 활동 조절 • 수면 스케줄 검토 및 조정
5	• 자동 사고/대안적 치료	• 자동 사고와 문제 해결 : 수면과 활동에 대한 목표 검토
6	• 재발 방지	• 재발과 관리에 대한 계획 수립

수면으로 인한 장애, 우울과 피로 감소에 모두 효과적으로 나타났으며, 불면증 혹은 통증을 단독으로 치료했을 때보다 수면 문제에 있어서 더 큰 개선을 보였다.

불면증을 앓고 있는 만성 통증 환자의 불면증 감소와 보다 나은 수면의 질을 위해서는 매일 같은 시간에 잠자리에 들고, 일어나는 것이 중요하다. 만약 낮잠이 반드시 필요한 상황이라면, 30~45분 동안만 낮잠을 자도록 한다. 잠드는 데 어려움이 지속된다면, 이완 반응 기술(RR technique)이 특히 도움이 될 것이다.

구체적인 치료 프로그램은 〈표 11.2〉와 같다.

통증에 대한 모니터링

통증 정도를 수면 일지와 함께 정보를 수집하여 수면이 통증에 미치는 영향을 확인하는 것이 중요하다. 이것은 매주 통증 및 수면 일지를 작성하라고 지시하여 검토하면서 이루어질 수 있다. 특히 저항이 있는 환자에게는 CBTI 지침을 잘 따르지 않았을 때 오는 수면 부족이 다음 날 통증에 미치는 영향을 한눈에 볼 수 있을 때 저항을 줄일 수 있을 것이다.

이완 반응 기술

이완 반응은 스트레스에 대한 신체의 반응을 잠재우는 것이다. 스트레스에 대한 투쟁-도피 반응과 달리 이완 반응은 자동적으로 일어나지 않는다. 따라서 이완 반응을 증가시키기 위해서 특정 이완 반응 기술을 습득하는 것이 중요하다. 여러 가지 이완 반응 기술이 있지만 기본적으로 (1) 이완을 촉진할 수 있는 생각해 놓은 문구나 단어, 호흡, 행동에 마음을 집중하고, (2) 머리를 스치는 생각에 대해 수동적인 태도를 취하는 두 가지 단계로 이루어져 있다.

　여기에서는 잠드는 데 어려움을 느끼는 만성 통증 환자들이 실제로 해 볼 수 있는 이완 반응 기술 중 **자기 최면**(self-hypnosis) **기술**에 대해 소개할 것이다. 우선 눈을 감고, 숨을 내쉬면서 생각해 둔 단어나 문구에 집중하기 시작하는 기본적인 이완 반응 기술로 시작한다. 일단 마음이 이완되는 것을 느낀다면, 다음의 안내를 순서대로 따른다.

(1) 눈을 감고, 오른손이 기분 좋게 따뜻해지고 무거워지는 것을 상상한다. 손이 너무 무거워져서 움직이기 어려워지기 전까지, 숨을 내쉴 때마다 따뜻함과 무거움의 유쾌한 감각이 더 커질 것이다.

(2) 오른쪽 엄지손가락이 유쾌하게 둔해진 것을 느끼면 집게손가락, 가운뎃손가락, 약손가락, 새끼손가락으로 차례차례 둔해지도록 집중을 옮긴다. 둔한 감각이 오른손 전체에 퍼져 나가면, 손목에서 그것을 멈추도록 한다. 그렇게 함으로써 오른손에서만 유쾌하고 따뜻하고 무거우면서 둔한 감각이 있게 된다.

(3) 오른손에서 통증을 느끼는 부위로 둔감함이 옮겨 가거나, 오른손이 통증 부위로 이동하는 것을 상상한다. 통증을 느끼는 부위가 둔감함을 온전히 흡수하게 되면, 단어와 호흡에 다시 집중하도록 한다. 이 회기를 마칠 준비가 되었을 때, 오른손으로 다시 그 둔감함을 옮겨 온다.

(4) 오른손의 손등, 손바닥, 새끼손가락, 약손가락, 가운뎃손가락, 집게손가락, 엄지손가락으로 차례차례 정상적인 감각이 돌아오는 것을 느낄 것이다. 당신의 손은 여전히 따뜻하고 무겁게 느껴진다.

(5) 숨을 내쉴 때마다 점점 손이 가벼워진다. 왼손과 마찬가지로 다시 감각이 정상으로 돌아오는 것을 느낀다.

(6) 셋을 세고, 눈을 뜬다. 이 기술을 연습할수록 통증 영역에서 둔감함을 더 **빨리** 느낄 수 있을 것이며, 일시적으로나마 통증 경험을 변화시킬 수 있다.

✐ 사례에 대한 치료자 노트

- **기상 시간을 규칙적으로 정하기(11:00am)** : 만성 통증 환자들의 경우 수면 박탈을 경험하게 되면 통증이 심해질 수 있기 때문에 수면 제한을 하지 않는다. 이 내담자의 경우에도 만성 통증이 심했기 때문에 수면 제한을 하지 않았다. 기상 시간을 규칙적으로 정해서 생체리듬의 강화부터 시도하였고, 그 이후 본인의 희망 기상 시간인 10:00am을 맞추기 위해, 1주일에 15분씩 더 일찍 일어나는 계획을 세워, 치료가 끝날 때에는 10:00am에 기상하였다.

- **자극 조절** : 침대에 하루 종일 누워 있다 보면 수면과 침대와의 학습된 연합이 약해져 수면의 질도 낮아질 수밖에 없다. 통증이 있더라도 하루 종일 누워 있지 않고 침실 밖에 휴식 공간을 만들도록 지시하였다. 환자 같은 경우, 초기 면담 이후 마루에 텔레비전을 보며 휴식을 취할 수 있는 공간을 마련했다.

- **이완 요법** : 이 환자는 다양한 건강 문제가 있었기 때문에 자기 전에 해야 하는 일이 많았다. 밤에 약을 먹고, 본인의 체온과 혈압을 재는 등의 반복적으로 해야 하는 수면 의식들이 각성을 유발하여 수면 개시에 방해가 된다는 것을 회기 중에 알게 되었다. 그렇기 때문에 이런 수면 의식을 더 일찍 하기를 권장하였고, 자기 전에는 호흡 요법과 점진적 이완 요법과 같은 부교감신경계를 활성화시킬 수 있는 방법을 실천하게 했다. 이것을 실천하니, 수면 개시의 시간이 2회기 때 3시간이었는데, 3회기 때의 수면 일지에는 평균 15~20분이었다. 그 이외에도 본인의 에너지 수준이 훨씬 증가하여 즐거운 활동 및 외출이 가능해졌으며, 그로 인해 우울 증상도 호전되었다고 보고하였다.

- **광 치료** : 환자는 저녁형 성향이었기 때문에 11:00am에 기상하면 바로 밖으로 나가 햇볕을 쬐게 해서 생체리듬을 강화하였다.

제12장

•

암과 불면증

주 호소 황 씨는 35세 기혼 여성으로, 잠들기 어려움을 호소하며 내원하였다. 그녀는 6개월 전 건강검진에서 유방암 진단을 받고 종양 제거 수술 이후 항암 치료를 받고 있는 중이었다. 수술을 한 오른쪽 팔은 아직도 크게 움직이면 통증이 있으며, 속이 메스껍고 식욕도 없다고 보고하였다. 초기 치료를 받을 때에는 밤에 혼자 침실에 있으면 잠도 오지 않고 고립되고 외로운 느낌이 들어서 힘들었다고 호소하였다. 낮에 아무것도 하지 않는데도 잘 먹지 못해서인지 기운이 없어 거의 앉아 있거나 누워서 쉰다고 보고하였다. 또한 밤에 잠을 청하려고 누우면 수술한 쪽 팔이 약간 불편하고, 여러 가지 생각이 떠올라서 제대로 잠들기 어려웠다. 그녀는 남편과 함께 살며 자녀는 없으며, 유방암 진단을 받고 난 후 남편은 환자의 간병을 위해 많은 지지를 해 주고 있다고 하였다. 그녀는 암 진단을 받고 신체적으로는 힘들지만 남편의 진심에 감사하고 있었다.

현재 수면 습관

- 취침 시간 : (잠자리에 들어가는 시간) 8:00pm
- 불 끄는 시간 : 9:30pm
- 잠들기까지의 시간 : 2시간. 졸려서 잠자리에 들어간 적이 없음. 잠자리에 누우면 여러 가지 생각이 떠오르고 팔이 불편해서 가끔씩 뒤척거리다가 잠이 듦. 항암 치료를 시작하면서 일찍 자야 한다는 말을 듣고 일부러 예전에 비해 일찍 잠자리에 들어가려고 애씀
- 입면 후 각성 시간 : 2시간. 5:00am쯤 깨서 뒤척거리면서 잠을 제대로 못 잠. 본인은 그 시간 동안 전혀 잠을 못 잔다고 보고하였으나, 배우자가 보면 자는 것 같다고 함
- 기상 시간 : 7:00am
- 침대에서 나오는 시간 : 8:00am
- 총수면시간 : 5.5시간
- 수면 효율성 : 58%
- 수면제 복용 여부 : 졸피뎀(Zolpidem) 0.5T 2~3일에 한 번 정도 복용

- 일주기 유형 : 중간형
- 특이사항 : 전날 밤 잠을 잘 못 잔 경우, 다음 날 낮잠을 2시간 이상 잠

치료 목표 "조금이라도 편하게 잠이 들면 좋겠어요."

불면증 과거력 없음

정신과 병력 없음

약물력 주기적으로 방사선 치료 중

신체 질환 과거력 유방암

진단

(DSM-5 기준)

- F51.01(307.42) 불면장애, 지속성

(ICSD-3 기준)

- 만성 불면장애, 유방암으로 인한 불면장애

치료 계획

- 수면 제한 : 밤 12시 넘어 취침
- 자극 조절 : 휴식 공간 만들기
- 주간 활동량 늘리기 : 매일 가벼운 산보 등의 신체 활동
- 정해진 시간 외에는 가능한 침대(잠자리)에 눕지 않기

암 환자의 수면

✓ 암 환자들은 수면 잠복기 증가, 수면 유지의 어려움, 짧아진 야간 수면 시간과 총 수면시간, 수면 효율성 감소, 주간 졸림증 증가, 불규칙적인 일주기 리듬, 그리고 주관적인 수면의 질 저하를 호소한다.

✓ 이런 문제는 암으로 인한 생물학적 변화, 항암 치료, 방사능 치료, 암 진단에 대한 스트레스 등과 같은 생물학적 및 심리적 원인이 복합적으로 작용하여 발생한다.

✓ 암 환자는 피로감을 많이 느낀다. 기운이 없기 때문에 침대에 계속 누워 있고 싶어 해서 침대에 깨어 있는 채로 누워 있는 시간이 많다. 이런 행동들이 불면증에 취약하게 만들 수 있다.

수면장애는 암 환자 중 30~75%가 호소하는 증상으로서 암 환자들이 흔히 호소하는 증상 중 하나이다. 특히 이 중 25~50% 정도는 수면장애의 정도가 아주 심각한 것으로 보고되고 있다. 암 환자가 경험하는 수면장애는 암 자체로 인한 증상이기도 하고, 방사선 치료, 항암 치료, 수술 치료의 영향으로 인한 결과이기도 하다. 암 환자의 수면장애는 단순히 생리적인 변화에서만 기인한 것이 아니다. 암은 다른 질환과 달리 불치병으로 여겨지며 진단 이후부터 죽음이나 전이 및 재발에 대한 심리적 두려움과 치료 과정에 대한 스트레스로 인해 불면증을 경험할 수 있다. 치료 과정에서 겪는 심한 고통뿐만 아니라 예후에 대한 불안과 죽음에 대한 공포로 인해 어려움을 겪으면서 불면증이나 악몽과 같은 수면장애로 이어지게 되는 것이다.

암 치료 예후가 점차 좋아짐에 따라, 암과 더불어 살아가는 암 환자의 삶의 질에 대한 중요성도 커지고 있다. 암 환자는 치료 이후에도 흔히 수면 문제를 호소하며, 이러한 수면 문제는 암 환자의 일상의 기능을 저하시키고, 삶의 질 저하에 영향을 미친다. 암 환자는 치료 과정에서뿐만 아니라 암을 온전히 제거한 이후에도 수면장애를 경험하게 된다. 따라서 암 환자의 삶의 질을 개선시키기 위해서는 신체적 · 정신적 · 심리적 · 사회적 기능 상태에 부정적인 영향을 미치는 수면장애에 대한 개입이 필요하다.

이처럼 암과 수면 문제는 밀접한 관련이 있으며, 암 환자의 신체적 · 심리적 · 사회적 기능 상태를 저하시킨다. 또한 수면 문제는 치료 과정에도 부정적인 영향을 미치고, 치료 이후에도 지속되면서 암 환자의 삶의 질 저하 및 암의 진행과 재발에도 영향을 미친다. 수면은 휴식과 안정을 취할 수 있는 시간을 제공하여, 생리적 · 정신적 항상성의 유지를 돕고, 신체적 · 심리적 · 생리적 기능의 불균형을 회복시키는 데 매우 중요하다. 그렇기 때문에 일상적인 상태일 때보다 질병이나 스트레스 상황에서 수면의 필요성이 더욱 증가하게 된다.

암 환자의 수면 문제 설명 모형

암 환자의 수면 문제는 암의 종류, 암의 진행 단계, 암의 치료 방법, 암의 치료 기간, 심리적 변화, 사회적 지지체계 등과 같은 요인들로 인해 생리적·심리적·인지적·상황적 요인의 상호작용에 의해 영향을 받는다. 〈그림 12.1〉에 제시한 것처럼, 단순히 암에 걸려 잠을 못 자는 것이 아니라, 암의 생리적 요인, 암과 동반되는 심리적 요인(암 발생과 치료 과정에서의 스트레스, 죽음에 대한 불안 등), 그리고 인지적인 요인이 모두 상호작용하여 수면 문제에 영향을 미친다.

암 환자의 수면장애 유발 및 악화 요인

암 환자의 수면장애는 유전적·신체적·심리적 원인 및 치료 과정에서의 다양한 개입 등에 의해 유발 및 악화된다. 암 환자가 흔히 호소하는 대표적인 수면장애는 바로 불면증이다. Savard라는 연구자는 암 환자군에서 불면증을 유발 및 악화시키는 요인

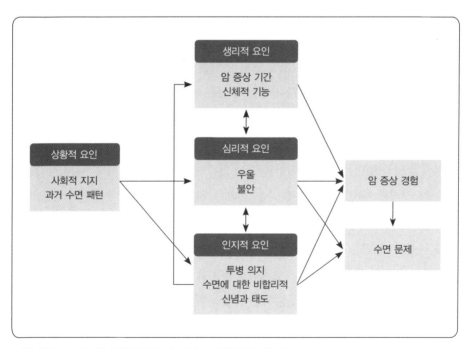

그림 12.1 ● 암 환자의 수면 문제 설명 모형(김희선 등, 2011)

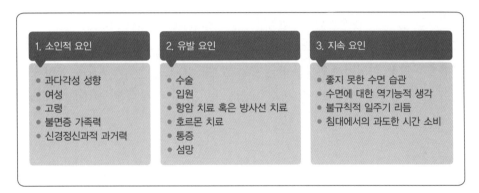

그림 12.2 ● 암 환자의 불면증 유발 및 악화 요인(Ban, W. H., & Lee, S. H., 2013)

을 3-P 이론에 근거하여 설명하고 있다.

첫 번째, 소인적 요인(predisposing factors)은 환자 각각이 불면증에 취약한 유전적 · 선천적 요인을 의미한다. 과다각성 성향, 여성인 경우, 고령의 나이, 불면증 가족력, 불면증 과거력, 신경정신과적 과거력이 있는 환자에게서 불면증이 유발되기 쉽다.

두 번째, 유발 요인(precipitating factors)은 소인적 요인을 가지고 있는 환자들이 암의 발견 및 진단, 치료 과정에서 다양한 증상과 치료 장면을 접하게 되면서 생기는 불면증을 유발하는 요인을 의미한다. 유발 요인의 예로는 종양 제거 수술, 입원, 항암 혹은 방사선 치료, 호르몬 치료, 통증 등이 있다.

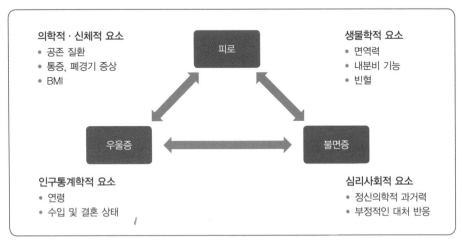

그림 12.3 ● 암 환자 및 생존자에게서 공통적으로 발견되는 요인(Bower, J. E., 2008)

마지막, 지속 요인(perpetuating factors)은 유발 요인을 통해 발생한 불면증이 수면 습관의 부정적인 변화와 수면에 대한 인지 왜곡으로 인해 유발 요인이 감소하더라도 불면증이 지속, 악화되게 만드는 요인이다. 암 환자의 지속 요인의 예로는 좋지 못한 수면 습관, 수면에 대한 잘못된 생각, 비정상적인 수면 주기 형성, 침대에서의 과도한 시간 소비 등이 있다.

암 환자의 수면장애

암 환자는 암 진단을 받는 순간에 스트레스를 가장 많이 받는다고 한다. 암 진단 이후 치료를 받고 암과 투쟁을 해야 하는 암 생존자는 피로감, 우울증과 불면증을 경험하기 쉽다. 이러한 일련의 증상들은 상호 영향을 주면서 여러 가지 제반 증상과 함께 나타난다. 실제로 암 환자의 우울증을 유발하는 주요 요인 중 하나가 바로 불면증이라고 밝혀졌으며, 암 환자에게 불면증은 우울증의 지표라고 할 수 있다.

암의 단계별 수면 문제

암 환자는 암의 진행 단계에 따라 증상의 심각성과 증상 관련 지장 목록 및 수준이 달라지게 된다. 이러한 차이로 인해 암의 진행 단계별로 겪는 수면 문제의 양상도 달라지게 된다. 예를 들어, 수면 문제를 주관적 수면의 질, 수면 잠복기, 수면 시간, 수면 효율성, 수면 방해, 수면제 사용, 주간 기능 장애라는 7가지 요소로 나누었을 때, 암의 각 단계별로 호소하는 문제가 다르다. 1기 암 환자의 경우 수면 방해가 가장 높았고, 수면제 사용이 가장 낮았으며, 3기에서는 수면 잠복기, 4기에서는 수면 방해가 가장 높게 나타났다. 이처럼 암의 진행 단계에 따라 수면 문제의 종류가 달라지는 이유는 나이, 영양 상태, 운동, 환경, 심리적 걱정거리, 증상, 환경, 스트레스의 차이 때문이라고 한다. 결과적으로 암 환자는 치료 기간 중 계속해서 다양한 종류의 수면 문제를 호소하기 때문에 치료 경과에 따라 다른 수면 변화 양상을 파악하는 것이 암 환자의 수면 문제 관리에 도움이 될 것이다.

암 환자의 수면-각성 주기의 차이

암 환자의 24시간 수면-각성 주기는 정상인의 수면-각성 주기와 차이가 있다. 암 환자는 각성 주기와 수면 주기 사이에 변화의 폭이 크지 않고, 각성 주기 동안 각성 상태는 활발하지 않은 반면에, 잠을 취해야 할 수면 주기에도 잠을 자지 못한다. 연구에 의하면 암 환자는 각성 주기 동안 정상군에 비해 3시간 이상 더 낮잠을 자고, 30% 덜 활동적이다. 반면, 수면 주기 동안에는 잠에서 깨는 일이 잦고, 깨어 있는 시간도 길다. 암 환자 중에서도 외래 환자와 입원 환자를 비교했을 때 외래 환자가 입원 환자보다 깨어 있을 때 더 많이 활동을 했으며, 낮잠을 더 많이 잔다고 보고되었다. 그렇지만 밤에 잠을 자는 시간에는 외래 환자와 입원 환자 사이에 큰 차이가 없었다. 모든 암 환자 집단에서 공통적으로 나쁜 수면 상태를 나타냈으며 주간 활동이 감소하는 것으로 나타났다.

항암 치료가 수면에 미치는 영향

암 환자의 수면 문제는 암 진단에 대한 스트레스, 죽음이나 전이 및 재발에 대한 불안, 치료 과정의 어려움으로 발생한다. 항암 치료를 받는 암 환자들은 피로를 경험하게 되는데, 이것은 휴식이나 수면으로 해결되지 않고 만성적으로 지속된다. 암 환자들은 항암 치료를 받으면서 수면 문제가 더욱 심각해진다. 쉽게 해결되지 않는 만성적인 피로와 죽음에 대한 공포를 느끼면서 우울과 불안을 경험하고, 이것은 수면 문제를 더욱 심각하게 만든다. 수면 문제가 심각해질수록 삶의 질은 저하되고 우울, 불안, 피로감 역시 더 증가한다. 이처럼 항암 치료를 받는 기간이 늘어날수록 피로감과 우울, 불안함이 증가하게 된다. 따라서 암 환자의 삶의 질을 증가시키기 위해서 죽음에 대한 공포나 암 진단으로 인한 스트레스에서 야기되는 수면 문제에 대해 적절히 개입한다면 암 환자의 피로감 감소에 도움을 줄 수 있으며, 나아가 암 환자들의 삶의 질을 높이는 데 기여할 수 있을 것이다.

연구마다 암 환자들의 수면 문제 유병률을 각기 다르게 보고하고 있으나, 대략 30~50%의 암 환자들이 수면 문제를 경험한다고 보고하였으며(J. Savard & Morin, 2001), 항암 치료를 받는 동안 불면증 증상을 보고하는 환자들이 36.6%, 그리고 이 중 불면증 진단 기준을 충족하는 환자들이 43%로 일반 사람들에 비해 불면증 비율이 유의하게 높았다.

항암 치료를 받는 환자들에 대한 수면 연구는 유방암 환자, 폐암 환자 등을 대상으로 이루어져 왔다. 특히 유방암 환자의 항암 치료와 수면에 대한 연구가 가장 많은 비중을 차지하는데, 유방암 환자들은 항암 치료를 받는 동안 피로감이 증가하였으며, 수면의 질이 감소하고, 항암 치료를 시작함으로써 수면 문제를 경험하였으며, 47%의 환자가 10번 이상 수면 도중 각성을 경험한다. 한 연구에서는 유방암 환자들이 첫 번째 항암 치료에서는 수면-각성 리듬 붕괴가 일시적으로 나타나지만, 이후 반복적인 항암 치료로 인해 수면-각성 리듬 붕괴가 점점 악화된다고 보고하였다.

그 외에도 폐암 환자를 대상으로 실시한 연구에 의하면, 항암 치료를 받는 폐암 환자들은 통증, 피로, 우울, 호흡 곤란을 통제한 이후에도 수면 문제를 유의하게 보고하였다고 밝혔으며, 특히 항암 치료를 받는 기간에 수면 문제를 보고하였고, 50% 이상의 환자들이 수면의 질이 낮다고 보고하였다.

암 환자를 위한 CBTI를 할 때 유의할 점

- **암 진단과 관련된 스트레스 확인** : 암 진단이 암 환자들에게는 삶을 위협하는 일종의 외상 사건으로서 불면증의 유발 요인이 된다는 점에 주의해야 한다. 많은 암 환자는 진단을 받은 당시에 "나는 내가 곧 죽을 거라고 생각했어요. 이건 자는 문제보다 훨씬 중요한 문제였죠."라고 호소하는 경우가 많다. 그렇기 때문에 불면증 치료를 진행하면서 다른 환자보다 많은 공감과 지지가 필요하다.
- **죽음에 대한 두려움** : 어떤 암 환자는 잠을 자는 것과 죽는 것을 동일시하기 때문에 잠을 자는 것에 대한 두려움이 존재하는지 확인하는 것이 좋다. 또한 많은 경우 암 환자의 가족들은 죽음에 대해 이야기하는 것을 싫어하지만, 간혹 본인의 죽음과 관련하여 이야기하는 것을 원하는 암 환자도 있다. 가족과 하지 못한 죽음에 대한 이야기를 편하게 할 수 있는 기회를 마련하는 것도 치료를 부드럽게 진행하는 데 도움이 될 수 있다.
- **자극 조절 요법 강조 및 휴식처 마련하기** : 암 환자들은 기운이 없기 때문에 침대

에 오래 누워 있는 경우가 많다. 잠을 자지 않더라도 몸이 좋지 않기 때문에 깨어 있는 상태로 침대에 오래 누워 있는데, 이런 경우 수면 욕구 감소 및 침대와 수면과의 연관성을 약화시키기 때문에 불면증에 취약해질 수밖에 없다. 그렇기 때문에 자극 조절 요법을 강조하는 것이 중요하다. 특별히 기운이 없고 활동을 하기 힘들 때에는 침대가 아닌 곳에 쉴 수 있는 곳을 마련하고, 밤에 잠을 잘 때에만 침대에 들어가는 것을 원칙으로 해야 한다. 필요 이상으로 너무 오랜 시간 침대에 누워 있는 것을 주의하라는 지침을 내리는 것이 중요하다.

- 피로감에 대한 개입 : 암 환자가 보고하는 피로감은 암 진단이 내려지기 전에 나타날 수도 있고, 암 치료의 결과로 나타날 수도 있다. 연구 결과 암 치료를 받지 않은 사람들보다 암 치료를 받은 사람의 피로감이 더 높고, 수면의 질이 낮을수록 호소하는 피로감도 더 크다. 따라서 수면 문제에 대한 적절한 개입이 이루어진다면 피로감으로 인한 암 환자의 고통을 감소시키고, 삶의 질을 증진시킬 수 있을 것이다. 그 이외에도 활동을 너무 많이 제한하는 것 또한 피로감을 증가시킬 수 있기 때문에 가벼운 활동은 오히려 장려하는 것이 우울증 예방 및 피로감을 감소시킬 수 있다.

- 통증 관리 : 통증은 암 환자들에게 가장 크게 문제가 되는 증상으로서 암 환자의 50~90%가 통증을 경험한다. 암 환자의 수면의 질은 통증의 유무에 따라 달라지게 된다. 통증은 흔히 입면과 수면 유지를 방해하는데, 환자가 느끼는 통증의 강도가 높을수록 수면 시간은 줄어들게 된다. 또한 수면 부족 자체가 통증을 견딜 수 있는 역치 수준을 낮추면서 통증에 대한 민감성을 증가시킨다. 통증으로 인하여 죽음에 대한 불안과 공포가 한층 가중되면서 우울해지기 쉽고, 통증으로 인한 걱정이 수면을 방해하게 된다고 할 수 있다(통증 관리에 대한 추가적인 치료 지침은 제11장 참조).

- 인지 기능 저하에 대한 고려 : 대부분의 암 환자들은 항암 치료를 받고 나면 인지 기능 저하를 호소한다. 이것을 케모 브레인(chemo brain, 화학 뇌)이라고 표현하기도 한다. 그렇기 때문에 인지적으로 어려움을 느끼는 암 환자에게 인지 재구조화나 여러 가지 행동 변화를 요구하는 것은 무리가 될 수 있고, 치료 준수에 영향을 미칠 수 있다. 이런 점들을 고려하여 특히 인지 재구조화를 할 때에는 환자의 반응을 물어 가며 진행하는 것이 좋다.

📝 사례에 대한 치료자 노트

내담자는 항암 치료를 3주 주기로 반복적으로 받고 있었다. 항암 치료로 인해 식욕 저하 및 통증을 호소하였고, 자세를 바꿔서 돌아누울 때 힘들고 아프다고 보고하였다. 또한 암 진단을 받기 전의 수면은 12:00~7:30am이었다는 것을 감안했을 때 너무 일찍 잠자리에 들어갔으며, 잠에서 깼는데도 불구하고 침대에서 1시간 이상 누워 있어 수면 효율성이 낮았다. 치료 개입은 다음과 같이 하였다.

• **수면 제한** : 이전 수면 스케줄을 감안하여 12:00~7:00am으로 조정하였다. 암에 걸렸기 때문에 잠을 더 많이 자야 한다는 강박관념이 있어서, 개인의 수면 욕구 및 너무 오랜 시간 침대에 누워 있는 것이 수면 욕구 약화 및 생체리듬을 약화시킨다는 교육도 했다. 2회기에는 내담자가 일찍 자려고 애쓰지 않고 밤 12시경에 잠자리에 들어갔다고 보고하였으며, 노곤한 느낌이 들면서 수면 잠복기도 감소하였고, 수면 효율성도 높아졌다.

내담자의 CBTI 시행 전과 1회기 비교		
	CBTI 시행 전	1회기
총수면시간(분)	271.4	386.4
잠자리에 누워 있는 시간(분)	464.3	462.1
수면 잠복기(분)	49.3	34.3
각성 횟수(회)	0.7	2.5
입면 후 각성 시간(분)	143.6	41.4
낮잠(분)	120.0	0.0
수면 효율성(%)	58%	83.6%
신체 활동 시간(분)		44.30

• **자극 조절 및 낮잠 제한** : 내담자는 피곤하기 때문에 낮잠 자는 시간도 길고, 아침에도 일어나서 침대 밖으로 나오는 것을 좋아하지 않았다. 우선 침실 이외의 휴식 공간을 만들 것을 권장하였고, 낮잠도 잠에서 깨고 7~9시간 이후에

1시간만 자도록 제한하도록 하였다. 특히 수면 일지를 작성하면서 일주일 동안 낮잠을 많이 자는 날, 혹은 1번 이상 자는 날에는 그날 밤 수면에 영향을 미친다는 것을 확인할 수 있었다.

- **주간 활동량 늘리기** : 매일 가벼운 산책 등의 신체 활동을 장려하였고, 피곤하더라도 누워 있지 않을 것을 권장하였다. 특히 통증 관리에 있어서도 활동을 하지 않는 것은 바람직하지 않다는 피드백을 주었다. 또한 수면 일지에 신체 활동을 함께 작성하여 신체 활동 시간이 그날 밤 수면에 긍정적인 영향을 미친다는 것을 스스로 깨달을 수 있었다.

제13장

●

교대근무와
불면증

"저에게는 낮과 밤의 구분이 사라졌어요."

주 호소 김 씨는 59세 남성으로, 지난 1년 8개월 동안 관리사무직에서 교대근무를 하고 있다. 그는 3일 단위로 주간 근무, 야간 근무, 그리고 비번 순서로 순환 근무를 하고 있었다. 주간 근무를 하는 날과 비번인 날에는 평균적으로 약 5시간을 잘 수 있었지만, 야간 근무를 하는 날에는 1시간 반 이상 잠을 자기 어렵다고 호소하였다. 특히 야간 근무를 하는 날에는 잠들기까지의 시간이 오래 걸리고, 잠을 자도 깊게 자지 못하는 낮은 수면의 질을 호소하였다. 그 이외에도 모든 날에 입면 후 자주 잠을 깨는 수면 유지의 어려움도 있다고 하였다. 야간 근무를 마치는 날에는 이미 해가 뜬 이후에 귀가하고, 집에 들어가자마자 바로 잠을 자려고 침대에 눕지만, 전화벨 소리, 각종 소음, 혹은 친구들과의 약속 때문에 숙면을 취하기 어렵다고 하였다. 가끔은 야간 근무를 한 날 한숨도 못 자는 때도 있으며, 직무 스트레스를 많이 받는 편은 아니지만, 교대근무를 한 이후부터 부부 관계에 갈등이 잦아졌다고 보고하였다.

현재 수면 습관

- 취침 시간 : 주간 근무 및 비번 날(10:30~11:00pm), 야간 근무 날(9:30am)
- 불 끄는 시간 : 주간 근무 및 비번 날(11:00~11:30pm), 야간 근무 날(10:00am)
- 잠들기까지의 시간 : 주간 근무 및 비번 날(약 20분), 야간 근무 날(약 60분 이상)
- 입면 후 각성 시간 : 주간 근무 및 비번 날(75분), 야간 근무 날(40분)
- 기상 시간 : 주간 근무 및 비번 날(5:30am), 야간 근무 날(1:30pm)
- 침대에서 나오는 시간 : 주간 근무 및 비번 날(5:45am), 야간 근무 날(1:45pm)
- 총수면시간 : 주간 근무 및 비번 날(4.7시간), 야간 근무 날(1.3시간)
- 수면 효율성 : 약 54%
- 수면제 복용 여부 : 없음
- 일주기 유형 : 중간형

치료 목표 "자고 일어나서 피로가 풀렸으면 좋겠어요."

불면증 과거력 교대근무를 하기 전에는 수면장애를 경험한 적 없음

정신과 병력 없음

약물력 없음

신체 질환 과거력 없음

기타 사항

- BMI(체질량지수) = 30
- ISI(불면증) = 14(중증도 불면증)
- HADS-A(불안) = 6(정상)
- HADS-D(우울) = 3(정상)
- ESS(주간 졸림증) = 13(중증도 주간 졸림증)

진단

(DSM-5 기준)

- F51.01(307.42) 불면장애, 지속성, 기타 수면장애 동반
- G47.26(307.45) 일주기리듬 수면–각성장애, 교대근무형

(ICSD-3 기준)

- 교대근무장애
- 만성 불면증, 부적절한 수면위생

치료 계획

- 야간 근무가 끝난 이후 귀갓길에 자외선 차단 선글라스 착용 권장
- 침실에 암막커튼 설치 권장
- 이완 요법 및 버퍼 존
- 낮잠 자기
- 폐쇄성 수면무호흡증에 대한 검사 권고

교대근무와 불면증

✓ 교대근무자의 약 80%가 수면장애를 호소하며, 특히 잠을 자려고 해도 잠이 오지 않는 불면증과 주간 졸림증이 가장 많이 보고된다.

✓ 장기간의 교대근무는 생체리듬의 불일치로 인해 주의력, 집중력, 기억력과 같은 뇌인지 기능의 저하와 함께 우울, 초조, 불안과 같은 기분장애를 많이 동반한다.

✓ 교대근무자들은 불면증뿐만 아니라 피로감도 높고, 근무 중 실수 및 졸음운전으로 인한 사고 발생 가능성이 높기 때문에 개입이 필요하다.

✓ 교대근무자들 중 야간 근무 이후 아침에 퇴근하는 경우, 빛의 노출로 인해 각성이 높아져 잠 들기까지 시간이 오래 걸릴 수 있다.

교대근무란 하루 24시간 업무가 수행되어야 하는 환경에서 조를 나누어 각기 다른 시간대에 근무하는 방식을 말한다. 현재 우리나라의 인력 중 약 20%가 교대근무를 하는 것으로 조사되었다. 교대근무는 공공 부문(소방 및 경찰공무원) 및 장치 산업 등 야간 작업이 불가피한 직종과 서비스 업종(편의점 등)의 24시간 영업 증가로 앞으로 더욱 증가할 전망이다.

많은 연구에서 교대근무자들은 전반적으로 다양한 신체 및 정신 건강 문제를 보고하고 있다. 교대근무를 하지 않는 사람들에 비해 교대근무자들은 우울증, 암, 소화계 질환, 비만, 심혈관 질환에 대한 위험성이 더 높다고 한다. 이를 설명할 수 있는 기제는 **생체리듬의 불일치**(circadian misalignment)이다. 생체리듬의 불일치는 생물학적인 생체리듬(수면-각성, 호르몬, 대사 리듬)이 외부적 환경의 사회적 리듬과 불일치할 때 발생한다.

교대근무자들의 수면 형태에 관심을 가져야 하는 가장 중요한 이유는 그들의 수면 형태와 수면의 질이 낮 동안의 각성 상태와 직무 수행에 큰 영향을 주기 때문이다. 특히 환자의 안녕감을 돌보아야 하는 간호사, 치안을 유지해야 하는 경찰공무원 혹은 중장비를 다뤄야 하는 야간 작업자라면 직무 역량을 유지하는 것은 중요하다.

교대근무자들은 근무 형태에 따라 수면 패턴이 다양하다. 외국에서의 흔한 교대근무 형태는 지속적인 야간 근무인 반면, 우리나라에서는 사례의 환자처럼 주간 근무,

야간 근무, 그리고 비번 혹은 휴무를 순환하는 교대근무 형태가 가장 많다. 이러한 교대근무자들의 경우 어느 정도의 생체리듬의 불일치가 있는 것은 어쩔 수 없지만, CBTI와 더불어 여러 가지 수면 개선 규칙을 준수한다면 주간 피로도 및 각성 정도, 그리고 불면증 증상을 어느 정도 완화할 수 있을 것이다.

일반적인 교대근무 형태

- 오후 교대근무(evening shift work) : 2:00pm~12:00am
- 야간 교대근무(night shift work) : 9:00pm~8:00am
- 이른 오전 교대근무(early-morning shift work) : 4:00am~7:00am
- 순환 교대근무(rotating shift work) : 근로자의 필요에 따라 근무 시간이 불규칙적이며 교대 주기도 정기적으로 변경

교대근무자들의 수면 패턴

교대근무자들은 주간 및 야간 근무, 그리고 비번 및 휴무를 순환하면서 여러 번 생체 리듬이 바뀌기 때문에 근무 시간 외의 수면 시간이 수면의 질뿐만 아니라 주간 각성 및 피로도, 삶의 질에 큰 영향을 미친다. 교대근무 연구에서는 보통 교대근무자의 수면 패턴을 다섯 가지로 나눈다(그림 13.1 참조).

첫 번째 수면 패턴은 일정한 수면 형태(night stay)라고 한다. 이 패턴은 야간 근무를 하는 사람들이 근무일, 휴일 상관없이 계속 낮에 일정하게 잠을 자는 것이다. 우리나라처럼 주간 및 야간 근무를 순환하는 근무 형태에서는 찾아보기 어려운 수면 형태이다. 두 번째 수면 패턴은 낮잠 대리 형태(night proxy)라고 한다. 이 수면 형태는 5일 중 4일은 낮 시간 동안에 야간 근무를 마치고 잠을 자는 시간에 1시간 이상 낮잠을 자는 형태이다. 세 번째 형태는 전환 수면 형태(switch sleeper)로, 야간 근무와 비번 날에만 늦게 기상하는 수면 형태이다. 네 번째 형태는 무(無)수면 형태(no sleep)로, 낮에서 밤으로 전환을 하며, 24시간 이상 깨어 있고, 24시간 동안 1시간 이하로 잠을 자는 형태이다. 마지막인 불완전한 전환 형태(incomplete switcher)는 근무하지 않는 날(적어도 3일 이상)에는 밤과 낮 사이에 애매하게 자는 형태로, 적어도 1:30am 이후에 잠자

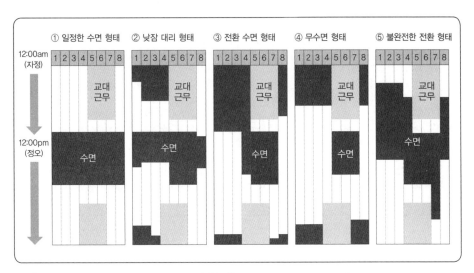

그림 13.1 ● 교대근무자들의 여러 수면 형태(Petrov ME et al., 2014)

리에 드는 형태를 말한다.

　이 다섯 가지 수면 형태 중에서 일정한 수면 형태를 유지하는 것이 도움이 되지만, 우리나라에서는 순환 교대근무 때문에 이런 형태를 찾아보기 어렵다. 교대근무자들은 대부분 네 가지 수면 형태를 보이는데, 그중에서도 전환 수면 형태와 불완전한 전환 형태가 무수면 형태와 낮잠 대리 형태에 비해 더 적응적이라고 한다. 이 두 가지 적응적 형태는 다른 두 개의 형태에 비해 불면증 증상도 더 적고, 정신 건강도 양호하며, 불안, 심혈관 문제, 소화계 문제도 더 적다고 보고한다. 특히 저녁형 성향이 강할수록 불완전한 전환 형태의 수면을 더 많이 보인다.

교대근무자를 위한 CBTI를 할 때 유의할 점

교대근무장애 진단 여부　교대근무를 하며 불면증이 있는 환자가 있다면, 교대근무장애가 있는지 확인을 해야 한다. 교대근무장애는 일반적인 낮 시간(8:00am~6:00pm) 외의 시간대에 근무를 하는 근로자들이 주로 경험하는 장애로, 업무 중 나타나는 과도한 졸림 증상과 귀가 후 불면 증상의 두 증상을 모두 경험할 때 교대근무장애로 진단한다(뒤의 표 참조).

교대근무장애 진단 기준	진단을 보충할 수 있는 특징
• 통상적인 수면 시간과 겹치는 근무 스케줄이 반복되며, 이와 관련해 불면증이나 과도한 졸림 증상이 나타난다. • 교대근무 스케줄과 관련된 증상이 최소 1개월 이상 존재한다. • 수면 일지 또는 액티그래피를 통해 수면 문제나 일주기/수면 시간의 이상이 나타난다(단, 최소 7일 이상 실시해야 함). • 수면 문제는 다른 수면장애, 의학적 질환, 정신 질환, 물질 사용 장애 또는 약물 사용에 기인한 것이 아니어야 한다.	• 이른 오전 교대근무는 주로 '잠들기 어렵거나 수면 중간에 깨어나는 증상'과 연관된다. • 야간 교대근무는 주로 '잠들기 어려운 증상'과 연관된다. • 교대근무(주로 야간 교대근무) 동안 보통 과도한 졸림 증상이 나타나며, 이와 함께 낮잠에 대한 욕구가 늘고 지적 능력의 손상이 동반되기도 한다. • 교대근무 시간뿐만 아니라 전반적인 각성 수준이 감소하고, 이는 수행 능력의 저하 및 안전성 감소와 연관된다. • 자유시간의 대부분을 주로 잠을 자는 데 쓰게 되며, 이로 인해 사회적 관계에서 부정적인 결과가 나타난다. • 짜증이 증가한다.

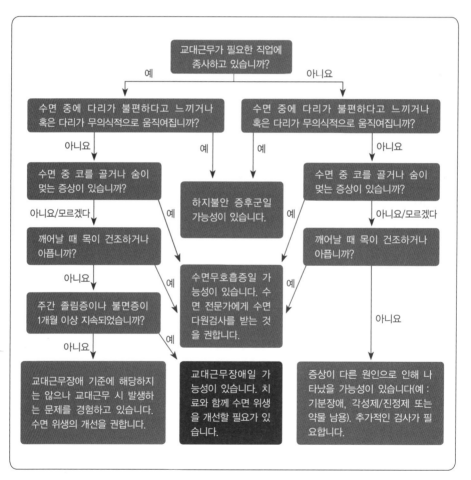

그림 13.2 ● 교대근무장애 진단 가능성 평가(Schwartz, 2010)

다음에 제시한 교대근무자들을 위한 6가지 수면 개선 지침은 교대근무를 하는 업종에 있는 사람들을 대상으로 단기로(1~2회기) 개입해도 효과적이다.* 중증 불면증이 있다면 더 많은 회기가 필요하겠지만, 만약 역치하 불면증 혹은 불면증 예방을 위해서라면 아래와 같은 지침도 도움이 된다. 많은 경우에 교대근무를 처음 시작하는 시점에서 불면증 증상을 호소하는 경우가 많기 때문에 초기에 개입하는 것이 도움이 될 수 있다.

교대근무자를 위한 6가지 수면 개선 지침

1단계 침대에서 보내는 시간을 줄인다.
2단계 자는 시간과 무관하게 매일 똑같은 시간에 일어난다.
3단계 빛을 잘 활용하고 조심한다.
4단계 졸릴 때까지 잠자리에 들지 않는다.
5단계 잠자리에 들었는데 잠이 들지 않으면 30분 후에 침대에서 나온다.
6단계 낮잠은 되도록 자지 않는다. 만약 잔다면 낮잠의 양과 타이밍을 조절한다.

교대근무자를 위한 단기 수면 개선 프로그램 예시

침대에서 보내는 시간을 줄인다　CBTI의 수면 제한 항목에 해당되는데, 교대근무자의 수면 효율성을 계산하여 침대에서 지나치게 많은 시간을 보내는지 파악할 필요가 있다. 대부분은 과도한 피로감과 저조한 에너지로 인해 침대에서 깨어 있는 상태로 오래 누워 있는 경우가 많다. 야간 근무, 주간 근무, 비번, 휴무 날을 구분해서 수면 효율성을 계산하는 것도 유용한 정보를 줄 수 있다. 만약 특정한 날에 환자가 객관적으로 총수면시간이 너무 적다면, 수면 빚(sleep debt)이 있어 잠을 보충하려 하는 것일 수 있다. 만약 그렇다면 오히려 밤에 잠자리에 더 일찍 들어갈 수 있게 권장하는 것이 도움이 될 수 있다. 만약 실제 자는 시간에 비해 침대에서 보내는 시간이 많다면, 수면 제한을 하여 야간 근무를 제외한 다른 날에는 취침 및 기상 시간을 처방한다.

---

* 이 책 부록에 저자가 경찰공무원들을 대상으로 한 교대근무 치료 프로그램 및 교대근무자들을 위한 수면 지침 핸드아웃이 첨부되어 있다.

자는 시간과 무관하게 야간 근무하는 날을 제외하고 매일 같은 시간에 일어난다   많은 야간 근무자들은 평소에 피로감을 많이 느끼기 때문에 주말 혹은 휴일에 평소 근무일보다 더 늦게까지 침대에서 늦잠을 자는 경우가 많다. 따라서 늦잠을 자다 보면 오히려 더 피곤함을 많이 느낀다는 것을 교육시키는 것이 중요하다. 야간 근무하는 날을 제외하고 매일 같은 시간에 기상하는 것을 목표로 하고, 아침에 규칙적인 운동과 식사로 생체리듬의 각성 신호를 강화하는 것을 권장하는 것이 좋다.

빛을 조심하고 잘 활용한다   우리 몸에서 받는 가장 강력한 각성 신호는 빛이다. 그렇기 때문에 빛을 조심하고, 잘 활용만 한다면 본인의 수면 패턴에 도움을 줄 수 있다. 우선, 가장 중요한 것은 일반적으로 야간 근무가 끝나고 아침에 퇴근하면 보통 집에 가서 낮 시간 동안 밤에 자지 못한 잠을 잔다는 것이다. 그러나 아침에 해가 뜨고 난

그림 13.3 ● 자외선 차단 선글라스의 예시

이후 퇴근을 하면 어쩔 수 없이 햇빛을 쬘 수밖에 없다. 이때 최대한 빛의 영향을 적게 받는 것이 중요하기 때문에 퇴근길에 자외선이 차단되는 선글라스를 착용하는 것이 중요하다. 특히 주변 시야까지 완벽하게 차단되는 고글 스타일의 선글라스를 권장한다. 만약 이것이 어렵다면 적어도 자외선이 완벽하게 차단되는 선글라스를 착용하는 것이 좋다.

또한 침실 환경도 중요하다. 야간 근무를 마치고 집에 돌아가면 낮이기 때문에 침실 환경에서도 빛을 차단하는 것이 중요하다. 암막커튼 설치나 안대를 사용해서 야간 근무를 마치고 잘 때에는 어두운 환경을 조성할 것을 권장한다. 그 이외에도 CBTI 항목 중 하나인 광 치료를 야간 근무가 아닌 날에 하는 것이 좋다. 일반적인 각성 수준을 높여 주기 위해서 기상 후 15분 이내로 45분 동안 햇빛을 쬐는 것이 중요하다.

졸릴 때까지 잠자리에 들지 않는다   CBTI의 자극 조절 항목을 중점적으로 강조할 필요

가 있다. 교대근무자들은 졸린 것과 피곤한 것을 구분하여, 졸릴 때에만 침대에 들어가는 것을 원칙으로 한다. 특히 야간 근무를 마치고 아침에 퇴근하여 낮에 잠을 자려고 하면 잠들기까지의 시간이 오래 걸린다고 호소하는 교대근무자들이 많다. 이럴 때 많은 도움이 될 수 있는 치료 요법이 '버퍼 존'이다. 높은 각성을 요구하는 업무를 하고 밤을 새서 아침에 퇴근을 하고 나면, 바로 잠들기 어려운 경우가 많다. 그렇기 때문에 각성에서 수면으로 전환할 수 있는 과도기 단계가 필요하며, 잠자리에 들어가기 전에 적어도 30분 내지 1시간은 침대 이외의 곳에서 이완할 수 있는 활동을 하는 것이 중요하다. 특히 여러 가지 이완 요법을 회기 내에서 같이 하면서 이완에 대한 강조를 해 주는 것도 좋다.

잠자리에 들었는데 30분 이내로 잠이 들지 않으면 침대에서 나온다 CBTI의 자극 조절 항목으로, 잠자리에 들어가서 30분 이내로 잠이 들지 않으면 침대 밖으로 나와서 이완할 수 있는 활동을 한다. 많은 교대근무자들은 야간 근무를 마치고 집에 와서 낮에 잠이 잘 오지 않으면 잠을 포기하고 하루를 시작하며 밤까지 잠을 참는다고 한다. 그러나 이것은 좋은 수면 습관이 아니다. 잠이 안 오는 것이 아니라 각성 상태가 지나치게 높아 잠이 안 올 가능성이 가장 높다. 그렇기 때문에 잠을 포기하지 않고 이완할 수 있는 활동을 하다 보면 수면 잠복기나 입면 후 각성 시간을 줄일 수 있다.

낮잠은 되도록 자지 않는다. 만약 잔다면 낮잠의 양과 타이밍을 조절한다 위에서도 언급했듯이, 많은 교대근무자들은 피로감으로 인해 늦잠을 자거나 깨어 있는 상태로 침대에서 휴식을 취하는 경우가 많다. 또한 일반적으로 교대근무자들은 다른 근무자들에 비해 수면이 부족한 경우가 많기 때문에 잠을 보충해야겠다는 생각을 한다. 되도록 낮잠을 자지 않는 것이 좋긴 하지만, 늦잠을 자는 것보다는 낮잠으로 보충하는 것이 좋다. 낮잠 시간의 양과 타이밍만 잘 조절한다면 어느 정도 도움이 될 수 있다. 낮잠은 너무 깊은 수면으로 들어가지 않고, 밤에 자야 할 수면 욕구를 뺏어 가지 않게 1시간 이상 자지 않는 것이 좋으며, 낮잠을 자기 가장 이상적인 시간은 기상 후 7~9시간 사이이다. 예를 들어, 6:00am에 기상한다면, 1:00~3:00pm 사이에 1시간 낮잠 자는 것이 이상적이다.

사례의 내담자는 전형적인 무수면 형태의 교대근무를 하고 있다. 주간 근무, 야간 근무, 비번 순서로 순환 교대근무를 하면서, 주간 근무와 야간 근무 사이에는 낮잠을 잘 자지 않았고, 자더라도 1시간 미만으로 자는 것을 볼 수 있었다. 그 이외에도 야간 근무를 마치고 집에 들어가서 잠자리에 누우면 수면 잠복기가 길었고, 전반적인 총수면시간도 짧고 수면 효율성도 낮았다. 이 내담자의 경우, 짧은 수면 시간과 업무에 대한 스트레스로 인해 각성 상태가 높다는 것을 볼 수 있었다. 다행히도 불안이나 우울과 같은 공존 질환은 존재하지 않았다.

우선, 상담을 시작하기 전에 내담자는 BMI가 30 이상이고, 주간 졸림증도 높기 때문에 폐쇄성 수면무호흡증을 의심하여 수면다원검사를 받을 것을 권장하였다. 우선, CBTI는 바로 실천할 수 있는 것부터 회기 내에 시작하였다. 야간 근무를 마치고 귀갓길에 자외선을 차단하는 선글라스 착용을 권장하였고, 침실에서의 암막커튼 설치 혹은 안대 사용을 권장하였다. 그 이외에도 야간 근무를 마치고 집에 들어가면 여러 가지 소음으로 잠을 못 이룬다고 하여 귀마개도 사용할 것을 권장하였다.

회기의 가장 많은 부분은 이완 요법 및 버퍼 존 실천하기에 중점을 두었다. 야간 근무를 마치고 잠자리에 들기 전에 30분의 버퍼 존을 가지고, 편하게 이완할 수 있는 호흡법 혹은 점진적 근육 이완법을 추천하였다. 특히 야간 근무 이후 잠이 잘 오지 않아 침대에서 휴대전화를 하는 경우가 많았는데, 수면 위생 지침에 대한 숙지 및 휴대전화에서 나오는 빛으로 인해 각성이 유발될 수 있다는 점도 교육시켰다.

그 이외에도 휴일은 근무 날과는 다르게 늦잠을 자는 습관도 있었고, 피곤하기 때문에 2~3시간 넘게 자는 경우도 많았다. 일정한 시간에 기상하기, 낮잠을 1시간으로 제한하는 것과 같은 개입으로 인해 수면 효율성 증가뿐만 아니라 낮 시간의 피로감도 어느 정도 해결할 수 있었다.

제 14 장

폐쇄성
수면무호흡증과
불면증

사례 *"양압기만 하면 불편해서 잠을 못 자겠어요."*

주 호소　권 씨는 64세 남성으로, 수면무호흡증을 진단받았으며, 양압기 (CPAP) 사용의 불편함으로 인해 불면증 증상을 호소하였다. 전반적으로 그는 양압기(CPAP) 마스크를 착용하면 압력이 너무 높고 숨쉬기 힘들어 자다가 여러 차례 깨며, 양압기(CPAP) 착용을 중단하고 잔다고 보고하였다. 그 이외에도 기상 시에 입마름 증상, 그리고 지속적 주간 졸림증을 호소하였다. 그는 일주일 중 5일 동안 5시간 이상 양압기(CPAP)를 착용하는 것 때문에 수면의 질이 현저하게 저하되고, 수면 유지의 어려움을 호소하였다.

현재 수면 습관

- 취침 시간 : 10:00~11:00pm
- 불 끄는 시간 : 11:00pm
- 잠들기까지의 시간 : 15분 이내
- 입면 후 각성 시간 : 1~2시간
- 기상 시간 : 7:00am
- 침대에서 나오는 시간 : 7:00am
- 총수면시간 : 6~7시간
- 수면 효율성 : 75~87%
- 수면제 복용 여부 : 없음
- 일주기 유형 : 중간형

치료 목표　*"일어났을 때 개운했으면 좋겠어요."*

불면증 과거력　폐쇄성 수면무호흡증(수면무호흡지수 AHI = 47.5)

정신과 병력　없음

약물력　리피토(Lipitor), 메트포르민(Metformin)

신체 질환 과거력　고혈압, 당뇨병

진단

(DSM-5 기준)

- F51.01(307.42) 불면장애, 기타 수면장애 동반
- G47.33(327.23) 폐쇄성 수면무호흡증, 고도

(ICSD-3)

- 호흡관련 수면장애, 폐쇄성 수면무호흡, 성인
- 만성 불면장애, 폐쇄성 수면무호흡증으로 인해 불면장애

치료 계획

- 양압기(CPAP) 사용 준수를 위한 치료 개입
- 수면 제한 : 12:00~7:00am

수면무호흡증이란?

✓ 폐쇄성 수면무호흡증은 불면증과 공병률이 높은 수면장애로, 수면다원검사를 통해 진단된다.

✓ 폐쇄성 수면무호흡증의 치료를 위해 가장 많이 처방되는 양압기(CPAP) 착용은 대체적으로 준수율이 낮아, 동기강화상담을 통해 준수율을 높여 수면을 개선할 수 있다.

폐쇄성 수면무호흡증(Obstructive Sleep Apnea Hypopnea, 이하 OSA)은 호흡 관련 수면장애 중에서 가장 흔한 질환 중 하나이며, 불면증과도 공병률이 높다. OSA는 반복적으로 수면 도중에 상기도가 막혀 호흡이 순간적으로 정지되거나 호흡 저하가 나타나는 경우를 말한다. 기도가 좁아지면서 이러한 증상이 나타나며, 특히 지속적인 호흡 노력이 있음에도 불구하고 좁은 상기도가 폐쇄되어 무호흡이 생기는 경우를 폐쇄성 수면무호흡증이라고 한다. 성인 남성이 여성에 비해 유병률이 더 높긴 하지만, 나이가 들면서 남녀 비율의 격차가 감소하는 경향이 보이는데, 특히 여성의 경우에는 폐경기 이후에 수면무호흡 증상이 나타나는 경향이 있다. 국내에서는 유병률이 3.2~4.5% 정도로 알려져 있으며, 비만과도 연관성이 높아 점차 증가하는 추세이다.

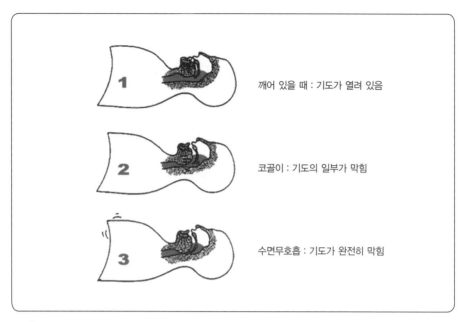

그림 14.1 ● 코골이와 OSA(출처 : 대한수면연구학회)

OSA 환자들은 흔히 주변에서 심한 코골이가 있다고 보고하며, 자다가 10~30초 동안 호흡이 정지되고, 숨을 쉬려고 애쓰며, 짧은 헐떡거림이 교대로 나타나며 또한 그 이외에도 수면의 질 저하, 위식도 역류, 야뇨증 등과 같은 증상이 있다고 한다.

아침에 일어났는데 입마름 현상이나 두통과 같은 증상을 보고하면 수면다원검사를 꼭 실시하여 확인할 필요가 있다. 특히 자고 일어났을 때 개운하지 않다며 불면증 클리닉에 찾아오는 경우도 흔하며, 그 이외에도 심한 주간 졸림증뿐만 아니라 기억력 및 집중력 저하와 같은 인지 기능 저하도 동반한다.

OSA의 진단

OSA는 수면다원검사로 진단을 해야 하기 때문에 여러 가지 위험 요인이 있으면 수면 클리닉에 의뢰하여 확인할 필요가 있다. 미국수면학회에서는 5개의 위험 요인인 비만, 하악후퇴증, 주간 졸림증, 심한 코골이, 그리고 고혈압을 보고하면 수면다원검사를 실시할 것을 권장한다. 수면다원검사란 자는 동안 환자의 여러 가지 신체 변화를

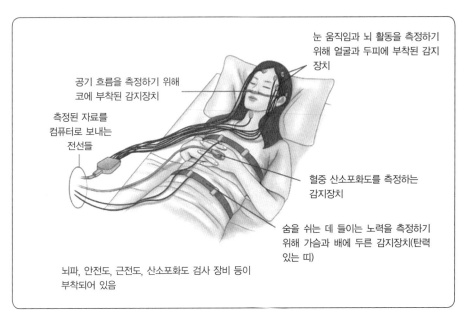

눈 움직임과 뇌 활동을 측정하기 위해 얼굴과 두피에 부착된 감지장치

공기 흐름을 측정하기 위해 코에 부착된 감지장치

측정된 자료를 컴퓨터로 보내는 전선들

혈중 산소포화도를 측정하는 감지장치

숨을 쉬는 데 들이는 노력을 측정하기 위해 가슴과 배에 두른 감지장치(탄력 있는 띠)

뇌파, 안전도, 근전도, 산소포화도 검사 장비 등이 부착되어 있음

그림 14.2 ● 수면다원검사(출처 : 보건복지부, 대한의학회, 서울대학교병원 의학정보)

측정하여 수면 질환의 여부와 형태, 정도 등을 알아보는 검사 방법이다. 일반적으로 뇌파, 안전도, 근전도(턱/다리), 심전도, 호흡기류, 흉부와 복부의 운동, 코골이 정도 및 산소포화도 측정 등을 영상기록과 함께 시행하며, 이를 통해 수면무호흡증을 확진하고 정도를 평가할 수 있다. 수면다원검사는 〈그림 14.2〉를 통해 쉽게 이해할 수 있다.

수면다원검사를 통해 수면 도중에 일시적인 무호흡증과 호흡저하증이 나타나는지를 확인한다. 무호흡증(apnea)은 호흡이 순간적으로 정지하는 것을 의미하며, **호흡저하증**(hypopnea)은 수면 중에 호흡이 느리거나 얕아져서 호흡량의 50% 이상이 감소하는 것을 의미한다. OSA를 진단받기 위해서는 1시간에 15번 이상의 무호흡증 혹은 호흡저하증이 반복적으로 나타나는 경우에 해당되며, 수면다원검사를 통해 수면무호흡지수(Apnea Hypopnea Index, AHI)를 계산하여, 이 지수가 15 이상이면 OSA로 진단한다. 만약 수면무호흡지수가 5 이상이며 낮 동안 조는 현상, 주간 졸림증, 비회복성 수면, 피로감, 불면증, 기상 시 숨을 헐떡거림, 동침하는 파트너가 심한 코골이 및 수면무호흡 관찰 중 요인이 한 개 이상 있어도 OSA 진단이 가능하다. 보통 OSA의 심각성 수준은 5~14는 경도, 15~30은 중등도, 그리고 31 이상을 중증도라고 평가한다. DSM-5에서 OSA의 진단 기준이 오른쪽 글상자에 나와 있다.

OSA와 불면증의 관계

OSA 환자에게 불면증은 자주 동반되며, 반대로 불면증의 이차적인 증상으로 OSA가 발생하기도 한다. 흔히 수면무호흡증의 증상을 불면증으로 착각하는 경우가 많은데, 불면증으로 잘못 알고 긴 기간 수면제를 복용할 경우 수면제의 호흡 억제 작용으로 인해 수면무호흡증이 더 심각해질 수 있다. 따라서 단순히 잠을 자기 위해 수면제를 복용하는 일이 없도록 주의해야 한다.

특히 OSA 환자는 양압기(CPAP) 사용을 하면서 경험하는 불편감 때문에 수면을 방해받을 수 있는데, 양압기(CPAP) 때문에 생기는 각성 때문에 침대와 수면과의 연합이 약화될 수 있다. 이때 양압기(CPAP) 사용을 중단하게 되면 지속적으로 수면의 질이 낮아지고 악순환이 반복된다.

DSM-5의 OSA 진단 기준

1. 1) 또는 2)가 있다.
1) 수면다원검사 결과 수면 중 시간당 최소한 5번 이상의 폐쇄성 수면무호흡증 또는 호흡 저하증이 나타나고, 다음 (1)이나 (2)의 수면 증상이 있다.
   (1) 야간 호흡 장애 : 코골이, 코 헐떡임, 또는 수면 중 호흡 정지
   (2) 주간에 졸림, 피로, 또는 충분히 잠을 잘 수 있는 기회임에도 상쾌하지 않은 수면이 다른 정신 장애로 더 잘 설명되지 않아야 하고, 어떤 의학적 질환으로 인한 것이 아니어야 한다.
2) 동반되는 증상에 관계없이 수면다원검사에서 수면 중 폐쇄성 무호흡증 및 호흡저하증이 시간당 15번 이상 나타난다.

현재의 심각도 구분(수면다원검사를 통해 수면 중 호흡이 정지되는 횟수를 평가한 결과)
- 경도 : 무호흡증 및 호흡저하증이 시간당 14번 이하
- 중등도 : 무호흡증 및 호흡저하증이 시간당 15~30번
- 중증도 : 무호흡증 및 호흡저하증이 시간당 31번 이상

OSA와 동반된 불면 증상은 피로감과 삶의 질에 악영향을 미칠 수 있는데, 실제로 OSA 환자들이 불면증을 호소하는 정도가 높을수록 수면 효율성이 낮고, 수면 중 각성 지표가 높게 나타난다는 연구 결과들이 보고된 바 있다. 이러한 불면증과 수면무호흡증의 관련성으로 인해 OSA 환자를 진료할 때 수면다원검사와 같은 생리적 검사뿐만 아니라 불면증과 같은 주관적 임상 증상의 유무와 정도도 구체적으로 파악할 필요성이 있다.

OSA의 치료

OSA의 치료는 비수술적 치료와 수술적 치료로 나뉜다. 수술적 치료의 경우 기도 폐쇄를 방지하는 것이 목적이며, 비수술적 치료의 효과가 없거나, 폐쇄 부위가 확인된 경우 시행된다. 보통 OSA와 관련된 부위는 비강, 인두부, 설근부의 세 부분이며, 이를 넓히기 위한 비강 수술, 인두부 수술, 설근부 축소 수술이 있다.

그에 비해 비수술적 치료는 가장 흔한 치료이며, 특히 구강 내 기구를 사용하여 지속적 기도 양압기(Continuous Positive Airway Pressure, CPAP)를 구강 내에 장착함으로써 상기도 내경을 넓혀 주는 장치를 치과 영역에서 제작하여 사용한다. 양압기(CPAP)의 경우 코 마스크를 통하여 적정한 압력으로 공기를 불어넣어 자는 동안에 기도가 계속 열려 있게 도와주는 장비로 가장 많이 사용되는 치료법이다. 치료 효과는 좋으나 착용하는 데 있어 불편함을 느끼는 환자들이 많아 불면증이 발생하기 쉬우며, 그 이외에도 착용 준수율이 낮아 수면의 질이 지속적으로 낮아 잠을 잘 못 자는 환자들이 많다.

비수술적 치료에서 양압기(CPAP) 이외에도 행동 요법을 병행할 것을 권장하고 있는데, 이는 OSA를 유발할 수 있는 위험 인자를 제거하기 위해서다. 예를 들면 체중 감소를 위한 규칙적인 운동, 취침 전 음주와 안정제 복용 제한, 그리고 수면 자세를 바꾸는 것이 있다. OSA는 바로 누워서 잘 때 더 심해질 수 있기 때문에 옆으로 누워서 자도록 장치를 활용하거나 교육시키는 것도 중요하며, 불면증 치료 시 OSA가 있는 환자라면 이런 행동 요법도 같이 치료 목표로 잡아 쉽게 병행할 수 있는 부분이다.

표 14.1 ● 양압기(CPAP)의 구성

주 장치	• 양압기(CPAP) 내의 모터를 통해 공기를 빨아들여 압력을 생성하고, 이를 가습기를 통해 튜브와 마스크로 환자에게 공급하게 된다.
마스크	• 콧구멍형(pillow type), 코형(nasal type), 안면형(full-face mask)이 있으며, 대개 처음 사용하는 경우에는 코형 마스크를 가장 흔하게 사용한다. • 콧구멍형은 마스크의 용적이 작아서 마스크에 따른 피부 접촉을 줄일 수 있고 이에 따른 불편감을 해소할 수 있으나 수면 시 머리나 몸의 움직임이 심한 경우에는 이탈할 위험이 있다. • 안면형은 용적이 가장 크며 특히 구강호흡이 매우 심한 경우에 적용하면 도움이 된다.
호스	• 이산화탄소를 밖으로 배출시켜 줄 수 있다.

양압기(CPAP) 사용의 장점

(1) 잠자는 동안 무호흡으로 인한 기도의 주기적 허탈을 예방해 준다.

(2) 저산소증의 개선 및 수면 분절 교정으로 증상의 호전을 가져다준다.

(3) 환자의 건강과 관련된 삶의 질과 낮 동안 졸림을 개선한다.

여러 연구에 의하면 중증 OSA(AHI >30)인 환자가 양압기(CPAP)를 사용하면, 주간 졸림 및 주간 기능 상태가 현저하게 좋아진다고 한다. 그 이외에도 주관적 졸림 감소, 인지 기능 향상, 정서 및 삶의 질의 증가 및 심혈관 장애에 대한 위험도 감소한다고 알려져 있다.

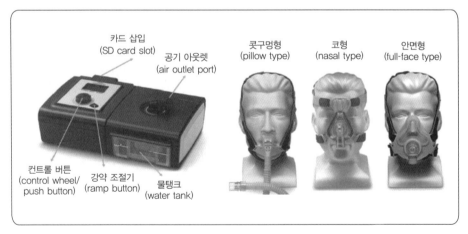

그림 14.3 ● 양압기(CPAP) 구성과 종류(Choi & Cho, 2013)

OSA 환자를 위한 CBTI를 할 때 유의할 점

양압기(CPAP) 사용 준수를 높이기 위한 동기강화상담　OSA 환자들이 불면증 치료를 받으러 오게 되면, 양압기(CPAP) 사용 준수에 대한 것을 다루지 않을 수 없다. 양압기(CPAP)의 사용과 불면증 치료는 모두 높은 수면의 질을 유지하기 위해 필요하기 때문이다. 보통 하루에 4시간 이상씩 일주일에 5일 이상(70%) 사용하는 것을 양압기(CPAP) 사용 준수의 일반적인 기준으로 여기고 있는데, 양압술 치료의 준수율은 54~85%로 높지만, 치료의 실패율 또한 25~50%로 높은 편이다. 양압기(CPAP) 사용의 불편함과 적응의 어려움에는 여러 이유가 있는데, 대부분 마스크 착용에 대한 심리적인 거부감, 번거로움, 피부 접촉으로 인한 피부 변화, 기계 소음, 이동 시 휴대의 불편함, 폐쇄공포증, 눈 따가움 증상이 있을 수 있다.

　양압기(CPAP) 치료의 효과가 높은 만큼 지속적으로 양압기(CPAP)를 사용하게 하기 위한 방안을 마련해야 할 필요성이 제기되고 있다. 양압기(CPAP) 치료는 준수하기 어렵지만, 준수하면 수면의 개선 및 불면증의 치료에 큰 도움을 줄 수 있다. 양압기(CPAP) 사용 준수를 높이기 위해서는 환자와의 대화를 통해 질환의 중요성을 인식시키고 사용 이후 환자가 얻게 되는 이득을 인지하게 하는 것이 중요하다. 특히 양압기(CPAP)를 사용하는 환자들의 경우 양압기(CPAP) 사용의 이득과 손실을 비교하면서 손실이 크다고 생각하여 중단하는 경우가 많기 때문에 이득을 깨닫게 해 주는 것은 도움이 될 수 있다. 또한 양압기(CPAP)를 사용하는 중에 나타난 긍정적인 변화를 인식시키고 치료의 중요성에 대해서 정확한 정보를 알려 주거나, 적극적으로 교육 프로그램에 참여시키고, 배우자를 교육에 함께 참여시키는 것도 준수에 도움이 된다.

　선행연구에서는 행동 요법의 하나인 인지행동치료를 제공하는 것이 치료 초기 준수율을 향상시키는 데 매우 중요하게 작용한다는 결과를 보고하였다. 특히 사회적 지지와 자기 효능감이 준수율을 높이는데, 이는 환자 스스로가 치료를 끝까지 해낼 수 있다는 자신감과 믿음을 가지게 해 준다. 또한 치료에 대한 부적응적인 사고를 적응적으로 대체시키는 것 또한 양압기(CPAP) 사용의 준수율을 높이는 요인으로 작용한다. 무호흡과 관련하여 심한 불안을 느낄 경우에는 이완 훈련을 통해 긴장을 완화시켜 줄 수 있다. 따라서 이를 통해 지속적으로 양압기(CPAP)를 사용하게 만듦으로써 치료 성공률을 높이고, 수면 무호흡 증상의 호전에 도움을 줄 수 있다.

양압기(CPAP) 준수율을 높이기 위한 동기강화상담으로 2회기의 면대면 회기가 45분 동안 이루어지며, 그 이후 15분의 전화 회기로 구성되어 있다. 1회기는 양압기(CPAP) 사용 첫주 이내에 실시하며, 2회기는 일주일 이후, 그리고 전화 회기는 일주일 뒤에 실시된다(뒤의 글상자 참조).

수면 제한　OSA 환자들 중 대부분은 수면 유지의 어려움을 경험하지만, 다시 잠드는 데 오래 걸린다고 보고하지는 않는다. 양압기(CPAP) 준수율을 높이기 위한 동기강화상담과 병행하면서 만약 수면 효율성이 85% 이하라면, 수면 제한을 실시하여 어느 정도의 인위적인 수면 부족을 유발하여 수면 유지를 더 잘할 수 있게 도와줄 수 있다.

폐쇄공포증에 대한 확인　간혹 양압기(CPAP) 사용 준수에 어려움을 겪는 이유가 폐쇄공포증(claustrophobia) 때문일 수 있다. 한 연구에서는 폐쇄공포증 질문지에서 점수가 높았던 사람들은 점수가 낮았던 사람들에 비해 양압기(CPAP) 사용이 현저히 낮았으며, 하룻밤에 2시간 이하의 사용을 보고하였다. 만약 폐쇄공포증이 있다면, 점진적 노출 방법을 통해 사용량을 증가할 수 있게 도와주는 것이 중요하다.

이완 요법 강조　많은 환자들은 양압기(CPAP) 착용에 대한 불안이 있다. 이런 불안을 다뤄 주고 지지하는 것은 상담 내에서 중요하다. 어떤 환자는 OSA라는 질환에 대한 큰 불안감(특히 미디어에서는 OSA가 치매로 이어진다, 뇌졸중으로 이어진다와 같은 여러 공포스러운 보도를 하기 때문에)이 있을 수 있기 때문에, 환자에게 지지와 정확한 교육을 제공하는 것이 중요하다. 또한 어떤 환자는 대인관계적인 부분에서 고민을 할 수 있다. 예를 들어, 잘 보이고 싶은 침대 파트너 혹은 배우자에게 더 이상 이성으로 느껴지지 않을 것에 대한 걱정도 있을 수 있다. 이런 부분들은 회기 내에서 충분히 다뤄 줘야 한다. 이런 불안을 다뤄 주는 동시에, 만약 양압기(CPAP) 착용에 대한 불편감 때문에 수면 잠복기가 긴 환자라면 꼭 이완 요법을 회기 내에서 같이 해 보고, 스스로 실천해 보도록 강조하는 것도 중요하다.

양압기(CPAP) 준수율 향상을 위한 동기강화상담 과정

1회기

1) 목표

- 환자가 CPAP를 사용할 준비가 되어 있고, 확신이 있는지 평가
- CPAP를 사용하는 것에 대한 환자의 양가감정 탐색
- 비위협적이고 중립적이며, 비판단적으로 SAHS(Sleep Apnea Hypopnea Syndrome)가 건강에 미치는 영향에 대한 피드백
- CPAP 사용이 어떻게 건강을 개선시키는지에 대한 정보 제공
- 지시대로 CPAP를 사용(혹은 지속적으로 사용)하기 위한 동기 유발 및 강화

2) 구성

- 현재 CPAP 사용 경험에 대한 논의 : 행동 변화에 대한 강화, CPAP 사용이 어려울 수 있다는 공감을 활용할 수 있음
- CPAP 사용의 장단점에 대한 논의와 함께 CPAP 효과에 대한 추가 정보 제공
- 환자가 SAHS에 대해 얼마나 알고 있는지 확인한 이후 빠진 부분 보충
- 환자가 자신의 행동을 변화시키는 것이 얼마나 중요한지, 바뀔 수 있다고 얼마나 확신하는지를 평가. 그 이후 이를 요약하고 환자의 양가감정(CPAP 사용이 매우 중요하다고 평가했으나, 확신이 매우 낮음)을 다룸
- CPAP 사용에 대한 잠재적인 방해물을 확인하고 행동 변화에 대한 계획을 세움
- 몇 가지 목표의 예시 : a) 매일 밤 권장 시간 동안 CPAP 사용하기, 권장 시간 동안 착용할 수 있도록 점차적으로 시간 늘리기, b) 다음 회기 이전에 CPAP 준수를 강화하기 위한 두 가지 전략 시도하기, c) 매일 CPAP 사용하는 것에 대한 장점 두 가지에 초점 두기, d) 매일 주간 졸림과 기분에 대해 기록하기

2회기

1) 목표

- CPAP 사용에 대한 주관적인 평가 유도
- 폐쇄성 수면무호흡증이 환자의 건강과 삶의 질에 미치는 영향에 대해 생각할 수 있도록 하기
- CPAP의 사용에 대한 양가감정 탐색
- 현재 CPAP 사용과 개인적 가치 및 장기 목표 간의 차이 확인
- 지시대로 CPAP를 사용하는 것에 대해 동기 유발 및 강화
- 지속적인 CPAP 사용을 유도할 수 있는 보상 확인
- CPAP 사용을 용이하게 할 수 있는 목표 및 단계 설정

2) 과정

- 이전 회기 요약

- 지난주의 CPAP 사용에 대한 질문 : 일주일에 며칠 사용했는지, 하루에 몇 시간 동안 사용했는지
- 만약 환자가 스스로 긍정적인 변화를 확인할 수 없다면, 긍정적인 변화는 CPAP를 규칙적으로 계속 사용하는 것에 달려 있다고 알려 주어야 함
- 가치 평가
- 환자가 본인의 현재 건강 상태에 대해 어떻게 인지하고 있는지, 미래 건강에 대한 목표에 대한 논의
- 인지 기능(예 : 기억, 주의집중, 의사결정 등) 변화를 포함한 SAHS의 결과에 대한 정보 교환 : 환자가 본인이 경험했던 인지적 문제를 보고할 수 있도록 하며, 치료자는 환자 상태에 따라 경험할 수 있는 문제(예 : 주간 졸림, 단기기억, 주의 집중 등)에 대해 설명
- 치료되지 않은 SAHS에 대한 위험(예 : 반응 속도 저하로 인한 위험) 논의와 함께 CPAP 치료로 이러한 위험이 없어지거나 감소할 수 있음을 전달
- 건강 행동 변화(특히 매일 밤 CPAP 사용)에 대한 환자의 동기와 확신을 재평가하는 것이 중요함
- CPAP를 사용하는 데 있어서 환자가 경험하거나 예상하는 장애물 탐색
- 환자의 전반적인 웰빙과 수면을 향상시키는 노력에 도움이 되는 것을 질문하고, CPAP 사용과 관련하여 현재 어떤 변화를 할 수 있을지 묻기
- 회기 요약

전화 회기
- 추후 회기로 실시
- 환자가 CPAP를 사용하는지에 대한 평가
- CPAP 사용을 강화하고, CPAP를 사용하는 의도와 환자의 욕구에 대한 논의
- CPAP 사용에 대한 동기를 평가할 뿐 아니라 이전 회기에서 논의했던 CPAP 사용을 향상시키는 행동 실시 여부 평가
- 치료에 방해되는 요인에 대해 추가적인 전략 논의

출처 : Aloia, M. S., Arnedt, J. T., Riggs, R. L., Hecht, J., & Borrelli, B. (2004).

📝 사례에 대한 치료자 노트

양압기(CPAP) 치료에 잘 적응하지 못하는 내담자라면, 초기 면담에서 정확하게 어떤 부분이 양압기 사용 준수에 영향을 미치는지 알아볼 필요가 있다. 사례의 내담자 같은 경우, 내담자에게 다음과 같은 질문을 통해 정확한 문제의 원인을 분석하였다.

- 양압기(CPAP) 사용을 준수하는 데 어떤 어려움이 있었으며, 얼마나 어려웠는가?
- 양압기(CPAP) 마스크는 얼마나 불편했는가?
- 양압기(CPAP)의 압력은 얼마나 불편했는가?
- 일주일에 며칠 밤 사용하는가?
- 양압기(CPAP)를 사용한다면 건강에 어떤 긍정적인 영향을 미칠 것이라고 생각하는가?
- 양압기(CPAP) 치료에 대한 본인의 태도는 어떠한가?

이런 분석을 하는 이유는, 치료 준수를 하지 않는 이유가 기계에 대한 적응의 문제인지, 아니면 심리적인 이유인지를 구분해야 하기 때문이다. 양압기(CPAP) 사용 적응에 가장 큰 장애물이 되는 부분은 마스크 혹은 양압기(CPAP)의 압력 때문이다. 만약 이런 문제가 있다면, 임상가는 미리 숙지하고 이런 정보를 양압기(CPAP)를 처방한 전문의와 상의할 수 있도록 도와주는 역할을 해 줄 수 있다. 마스크가 얼굴에 비해 너무 작거나 큰 것도 여러 부작용으로 이어질 수 있다. 그 이외에도 양압기(CPAP)에 딸려 오는 가습기 때문에 여러 가지 비염 증상이나 콧물 증상을 경험할 수 있다. 거의 대부분의 양압기(CPAP) 기계는 가습기 기능이 있지만, 많은 경우에는 내담자들이 사용하지 않는다. 그 이외에도 마스크를 너무 조이면 피부에도 문제가 생길 수 있다.

물론 양압기(CPAP)의 기계적인 이유도 있겠지만, 대부분의 내담자는 복합적인 심리적인 이유가 있다. 사례의 내담자도 마스크가 너무 압력이 높기 때문에 불편함을 경험한다고 하여 주치의와 상의하여 마스크 혹은 기계의 교체를 추천하기도 했지만, 그 이외에도 양압기(CPAP) 사용에 대한 동기가 충분히 높지 않았다. 특히 초기 사용에서 부정적인 경험을 한 내담자의 경우에는 준수율이 낮으며, 사용 불편감에 비해 느끼는 긍정적인 효과가 낮다면 양압기(CPAP)를 장기적으로 사용하는 데 어려움이 있다. 이런 경우에는 양압기(CPAP)를 사용하는 수면무호흡의 치료가 건강에 어떤 긍정적인 영향을 주며, 수면무호흡 치료가 왜 본인의 인생과 가치에서 중요한 일인지 논의하는 것이 중요하다.

사례 내담자의 경우에도 불면증 증상이 심하지 않았다. 수면 효율성도 70%대로, 입면 후 각성 시간만 줄이면 더 좋은 수면을 취할 수 있음을 볼 수 있다. 사례의 내담자 같은 경우에는 2회기에 걸쳐 동기강화상담 및 심리 교육을 했다. 어떤 경우에는 동반되는 불면증 증상이 심하면, 기존의 CBTI 항목을 시행하기 이전에 동기강화상담을 하는 것이 중요하다. 기존 연구에서도 양압기(CPAP) 착용이 주간 졸림증을 감소시키고, 고혈압의 치료에 도움이 된다는 인식이 있으면, 불편감을 감수하고라도 양압기(CPAP) 착용을 한다는 결과를 보고하였다. 내담자와 진행한 2회기 동안 양압기(CPAP)를 착용함으로써 생길 수 있는 여러 가지 이점에 대한 상담이 이루어졌다. 그중에는 "기분이 좋아질 것이다, 코를 골지 않을 것이다, 다음 날 에너지가 더 좋을 것이다, 부인이 더 숙면을 취할 것이다, 직장에서 더 일에 집중을 잘 할 것이다" 등과 같은 이유를 들었으며, 특히 가족과의 관계가 돈독했던 내담자는 부인의 수면의 질 향상 및 본인의 에너지 향상으로 인해 가족들과 더 많은 시간을 보낼 수 있다는 장점이 큰 동기 요인으로 작용한다는 것을 알 수 있었다. 양압기(CPAP) 사용을 처방한 전문의와의 의논을 통해 본인에게 더 잘 맞고 부작용이 적은 양압기(CPAP)로 적응을 더 잘할 수 있었고, 여전히 불편함은 존재하였지만 높아진 동기 수준으로 내담자는 불편을 감수하더라도 양압기(CPAP) 사용의 준수를 증가시킬 수 있었다.

동기강화상담 기술에 대한 추가적인 정보를 얻고 싶다면, 다음 책들을 추천한다.

1. David B. Rosengren(저), 신성만, 김성재, 이동귀(역)(2012). 동기강화상담 기술

훈련 실무자 워크북. 박학사.

2. William R. Miller, Stephen Rollnick(저), 신성만, 권정옥, 이상훈(역)(2015). 동기강화상담 : 변화 함께하기. 시그마프레스.

3 Karen S. Ingersoll, Christopher C. Wagner(저), 신성만 외 5명(역)(2016). 집단 동기강화상담. 박학사.

제 15 장

조현병과 불면증

사례 *"자려고 누우면 목소리들이 더 커져요."*

주 호소   조 씨는 40대 여성으로, 15살 때부터 환청과 편집증 증상을 경험하면서 조현병 진단을 받았다. 다른 사람들이 본인에 대해 험담을 한다는 편집증적 증상을 호소하며, 잠을 자려고 누우면 환청 증상이 더 심해진다고 보고하였다. 불면증 증상으로 인해 낮 동안의 피로감이 높았으며, 피곤할수록 "내 머리 속의 목소리와 싸울 힘이 없고, 그렇기 때문에 그 목소리들이 하라는 대로 행동할 수밖에 없다"고 했다. 과거에는 불면증을 경험하면서, 환청으로 들린 목소리들이 자해 행동, 음주와 약물 치료 거부를 지시했고, 피곤할수록 이러한 환청 증상과 편집증도 심해졌다고 보고하였다.

현재 수면 습관

- 취침 시간 : 9:00pm
- 불 끄는 시간 : 9:00pm
- 잠들기까지의 시간 : 2시간
- 입면 후 각성 시간 : 1.5시간
- 기상 시간 : 6:30am
- 침대에서 나오는 시간 : 6:30am
- 총수면시간 : 6시간
- 수면 효율성 : 63%
- 수면제 복용 여부 : 없음
- 일주기 유형 : 중간형

치료 목표   "잘 자서 걱정을 덜 할 수 있으면 좋겠어요."

불면증 과거력   평생 잠을 잘 못 잤다고 보고

정신과 병력   조현병 진단

약물력   공개하기 거부함

신체 질환 과거력   없음

조현병 환자의 수면

✓ 조현병과 불면증의 공존 유병률은 약 50%이다.

✓ 망상과 환각 같은 증상이 발생 혹은 재발하기 전단계인 전구기 단계에서 수면에 대한 변화가 불안, 분노 및 우울 증상과 동반하여 나타나는 경우가 많다.

✓ 조현병 환자가 불면증 증상이 있으면 이후 편집증적인 망상이 증가할 확률이 3배 이상 증가하며, 편집증과 불면증이 공존할 경우 약물 치료에도 불구하고 편집증 이 지속될 가능성이 2배 이상 높다.

조현병 환자들 중 중증도의 불면증 증상을 경험하는 사람들이 약 50%가 넘는데도 불구하고 연구 장면에서 조현병 환자들의 수면 문제에 대해서는 알려진 것도 적고, 임상 장면에서도 많은 경우에는 다른 증상에 가려 제대로 치료가 이루어지지 않는 경우가 많다. 조현병 환자의 높은 불면증 유병률은 일반 인구에서 임상적인 불면증을 경험하는 비율인 10%보다 훨씬 높다. 한 연구에서는 조현병 스펙트럼 환자들 중 44%

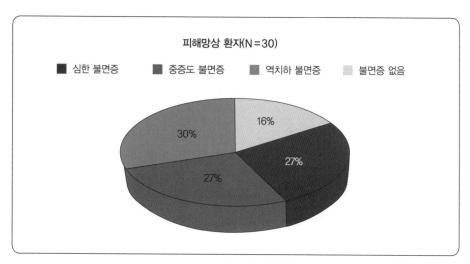

그림 15.1 ● 피해망상 환자의 불면증 비율(Freeman, D et al., 2009)

가 임상적인 수준에서 불면증의 진단 기준을 충족했다고 보고하였으며, 조현병 환자의 불면증 증상의 심각도 수준은 우울과 낮은 삶의 질과도 직접적인 관련이 있다고 보고하였다. 이처럼 불면증 수준이 높을수록 피해망상적 사고(persecutory thinking) 수준 역시 높고, 편집증과 불면증 사이의 연관성이 높은 만큼 수면 문제가 피해 사고를 키우는 데 기여할 수 있다.

한 연구에 의하면 건강한 성인도 이틀 이상 수면 박탈을 경험하면, 편집증이 증가하고, 이 중 특히 대인관계에 대한 불신 및 타인에 대한 적대감이 증가한다고 한다. 이미 망상, 환각 및 사고 장애의 증상을 경험하고 있는 조현병 환자들은 잠을 못 자면 이런 증상들이 더 증폭될 수 있다. 이처럼 조현병 환자들이 경험하는 불면증은 집중력 저하, 에너지 저하, 기억력 저하, 부정적인 정서의 증상과 관련이 있으며, 이런 증상들은 직접적으로 조현병의 증상과도 연결이 된다. 망상과 환각을 경험하고 있는 환자들은 수면 문제와 정신증적 경험(psychotic experiences)이 서로 양방향적으로 영향을 미친다고 보고를 한다. 또한 잠자리에 들면 피해망상에 대한 신념이 수면을 방해하기도 하며, 사례처럼 수면 문제가 환자가 환청에 대처할 수 있는 능력을 저하시키기도 한다. 임상 장면에서 환자들은 "잠들려고 해도 소리들이 나를 괴롭히며 깨운다." 혹은 "피곤하면 환청에 대처할 힘이 없기 때문에 환청이 더 심해진다."라고 호

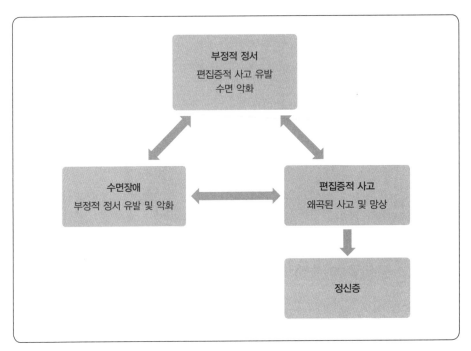

그림 15.2 ● 수면장애와 편집증적 사고의 관계

소하는 경우가 많다.

    조현병 환자들의 수면 특성을 살펴보면 REM 수면이 일찍 나타나게 되며, 서파 수면은 감소된 양상을 보인다. 전반적으로 조현병의 증상이 심할수록 REM 수면에 들어가는 시간과 전체 REM 수면에서 보내는 시간, 그리고 서파 수면이 짧아지는 양상을 볼 수 있다.

    항정신병 약물을 복용하게 되면, 낮 동안의 피로와 강한 진정 효과로 인해 낮에는 하루 종일 잠만 자고 밤에는 휴식이 없이 밤새도록 활동을 하는 저녁형 성향의 생활 습관을 가지게 될 수 있고, 그런 경우 환자들은 낮은 수면의 질, 조현병 증상 및 인지 기능 저하와도 관련을 보일 수 있다.

조현병 환자의 약물 치료와 수면과의 관계성

조현병 환자들의 수면 문제는 약물 치료 때문에 비롯될 수도 있지만, 약물 치료의 부작용으로 생기는 이차적인 문제이기보다는 조현병 자체의 고유한 특성이라고 기존 연구들은 보고하고 있다.

조현병 환자들은 일반적으로 항정신병 약물 치료를 받는다. 조현병을 치료하는 약물은 크게 두 가지 유형으로, 전형적 항정신병 약물(typical antipsychotics)과 비전형적 항정신병 약물(atypical antipsychotics)로 나눌 수 있다. 전형적 항정신병 약물은 할로페리돌(Haloperidol)이 대표적인데, 부작용이 많다. 비전형적 항정신병 약물은 전형적 약물에 비해 깊은 잠을 자게 해 주는 서파 수면(3, 4단계 수면)을 증가시켜 주며, 주관적인 수면의 질도 비전형적 항정신병 약물을 복용했을 때 더 좋다. 조현병 환자의 불면증은 일차적으로 약물을 복용한 후에 증상이 호전되면서 같이 호전되는 경우가 많다. 클로자핀(Clozapine)과 같은 비전형적 항정신병 약물은 전형적 항정신병 약물에 비해 긴장을 완화해 주고 수면-각성 주기를 정상화하고 회복을 돕는 효과가 있다.

그러나 클로자핀(Clozapine)과 같은 약물 복용은 강한 진정 효과 때문에 주간에 과도한 졸음을 일으키거나 자유로운 일상 활동을 방해해 장애물이 되기도 한다. 과도한 진정 효과 때문에 규칙적인 수면-각성 시간을 치료 중에 지키기 어려울 수 있다.

조현병 환자를 위한 CBTI를 할 때 유의할 점

- **수면 위생** : 조현병 환자들은 본인들의 조현병 증상(망상, 환각, 편집증)과 동반되는 부정적인 정서를 조절하기 위해 음주, 흡연 혹은 약물 남용을 하는 경우가 흔하다. 이런 약물들이 수면, 그리고 장기적으로는 조현병 증상에 미치는 영향에 대한 교육을 다른 환자군에 비해 강조할 필요가 있다.
- **조현병 환자들의 불면증에 기여할 수 있는 요인 탐색** : 조현병 증상과 불면증은 밀접한 관련성이 있다. 또한 조현병은 편집증(paranoia), 환각(hallucinations), 과대망상(grandiosity), 인지적 기능 장애(decrease in cognitive functioning), 그리고 무쾌감증(anhedonia)과 같은 다양한 증상이 있다. 따라서 초기 면담 때 자기 보고식 질문지 혹은 면담을 통해, 조현병 증상 중 어떤 요인이 불면증 증상을 악화시키는지 파악하는 것이 중요하다(뒤의 글상자 참조).

조현병 환자의 초기 면담 질문

내가 잠을 못 자는 이유는

- 생각이 너무 많다.
- 잠을 방해하는 걱정거리가 너무 많다.
- 잠을 자려고 하면 불안하다.
- 잠을 자려고 해도 이완하기 힘들다.
- 다른 사람들이 나를 해칠 것 같아 잠을 잘 수 없다.
- 목소리가 들린다.
- 악몽을 꾼다.
- 잠을 자기에는 기분이 너무 속상하다.
- 낮에 거의 활동을 하지 않는다.
- 잠을 자기에는 너무 시끄럽다.
- 침실의 불이 너무 밝다.

- 침실이 너무 덥다/춥다.
- 코를 심하게 골기 때문이다.
- 낮 동안에 잠을 많이 잔다.
- 카페인이 들어간 음료를 많이 마신다(커피, 차, 콜라, 초콜릿).
- 잠자리에 들기 전에 흡연을 한다.
- 잠자리에 들기 전에 술을 마신다.
- 자는 시간과 깨는 시간이 불규칙적이다.
- 잠을 자지 않는 상태에서 오랜 시간 침대에 누워 있다.
- 졸리지 않아도 잠자리에 든다.

- **편집증 증상이 있는 환자들의 불면증 치료** : 편집증 증상을 보이는 조현병 환자들을 위해 치료를 수정할 필요가 있다.
    - 낮 동안의 활동량 증가 : 이런 환자들은 특히 복용하는 약물이 강한 진정 효과가 있기 때문에 낮 동안에 피곤하거나, 에너지 수준이 낮아 낮 동안의 활동량이 적을 수 있다. 이런 환자들을 위해서는 낮 동안의 활동 수준을 높여 수면 욕구를 증가시킬 수 있는 방법을 찾는 것이 중요하다. 치료 회기 동안 충분히 낮 동안의 활동량을 증가시킬 수 있는 방법을 찾고 이를 모니터링할 수 있는 활동 일지를 작성하게 하는 것도 하나의 방법이다.
    - 밤에 경험하는 편집증 : 편집증이 있으면, 밤에 누가 본인을 해칠 수 있다는 생각 때문에 걱정이 되어 잠을 못 이룰 수 있다.
- **집단 생활의 어려움** : 조현병 환자들은 많은 경우 정신과 병동에 입원해 있거나 재활 시설에서 집단 생활을 하고 있을 수 있다. 다른 사람과 같이 방을 쓰다 보면 불편한 점도 있고, 이런 점들이 불면증에 영향을 미칠 수 있기 때문에, 치료 중에 하는 집단 생활의 어려움에 대한 충분한 논의와 함께 개선시킬 수 있는 방안이 있는

지에 대한 상담도 필요하다. 예를 들어, 수면 위생 항목을 설명하면서 귀마개 사용 혹은 안대와 같은 현실적인 도구를 사용하는 것도 권장할 수 있다.

- **수면무호흡증에 대한 검사** : 조현병 환자들이 복용하는 항정신병 약물의 흔한 부작용은 체중 증가이다. 체중이 증가하게 되면 수면장애인 폐쇄성 수면무호흡증(OSA)에 취약해질 수 있으며, 조현병 환자들은 특히 다른 정신 질환에 비해 OSA의 유병률이 높다고 한다. 그렇기 때문에 불면증이 수면무호흡증 때문은 아닌지 검사할 필요도 있다.

표 15.1 ● 조현병 환자를 위한 CBTI 프로토콜 예시

회기	구성요소	세부사항
1회기	심리 교육 사례개념화	• 수면 문제란 무엇인가? • 수면 문제는 얼마나 흔한가? • 수면 문제는 어떤 영향을 미치는가? • 얼마나 많은 수면이 필요한가? • 수면 문제를 일으키거나 유지하는 요인이 무엇인가? • 무엇이 수면을 중단되게 하는가? • 불면증과 관련된 생각, 감성, 생리적 증상을 탐색하여 사례개념화
2회기	목표 설정 수면 일지 수면 위생	• 목표 설정 • 변화에 대한 동기 • 수면 일지에 대한 설명과 실습 • 수면 문제에 대해 다루기 • 수면에 영향을 미치는 생활 방식 • 침실 환경 • 스스로 변화시킬 수 있는 생활 방식과 수면 준비
3회기	자극 조절	• 수면과 침대의 연합 • 잠자는 시간의 일상 • 긴장을 푸는 시간 • 이완 • 수면 관련 걱정 극복 • 투쟁 기법 • 수면 관련 걱정 • 주간 활동 • 잠들기 위해 애쓰지 않기(역설적 의도)
4회기	수면 검토 재발 방지	• 무엇을 배웠는가? • 재방문 목표 • 어떤 기법이 효과적이었는가? • 어떤 기법이 효과적이지 않았는가? • 추후에 수면을 개선시키기 위해 어떤 전략을 사용할 수 있는가?

출처 : Freeman et al., 2013.

📝 사례에 대한 치료자 노트

내담자는 수면에 대한 노력을 많이 하며, "잠을 자려고 노력할수록 더 불안해지고, 잠을 못 잤다"고 보고하였다. 또한 수면에 대한 걱정을 많이 한다고 하였으며, 본인이 걱정하는 내용 중 대부분이 잠을 못 잘 것에 대한 걱정이었고 "누군가 나를 죽일 것이다"와 같은 망상적 사고를 보고하였다. 내담자는 불면증에 대한 경험을 "깨어날 수 없는 악몽"이라고 표현하였으며, 간혹 잠을 청하려고 하면 목소리들이 잠드는 것을 방해한다고 하였다. 그리고 잠을 잘 자지 못하기 때문에 이런 환청에 대해 "맞서 싸우기 힘들다"는 표현을 사용하였다.

치료는 총 7회기로 진행이 되었으며, 내담자는 치료 전 불면증 심각성 척도 점수가 19점이었다. 우선 내담자에게 들리는 환청이 불면증 증상 때문에 악화되고, 걱정과 불안도 잠을 잘 자지 못하면 악화된다는 내용의 교육을 진행했다. 또한 내담자의 경우에는 소파에 앉아 텔레비전을 보기도 했지만 잠을 자기도 하는 행동을 보고하여, 자극 조절 요법을 사용해서 모든 잠은 침대에서 이루어져야 한다고 권고했다.

내담자는 또한 낮에 활동이 적었다. 복용하는 약물의 부작용과 불면증 증상이 복합적으로 작용하여, 낮에 피곤함 정도가 높았다. 상담 내에서도 낮에 할 수 있는 여러 가지 행동 활성화 치료 요법을 사용하여, 즐거운 일을 더 하라고 지시하였다. 처방한 수면 일지를 사용하여 24시간 동안 할 수 있는 일을 기록할 것도 권장하였다.

또한 2회기부터는 수면 제한을 권장하여, 자는 시간을 11:00pm으로 늦춰, 11:00pm~6:30am으로 취침 및 기상 시간을 처방하였다. 3회기부터는 수면 효율성이 증가하였으며, 치료 종결 회기의 불면증 심각성 척도 점수는 1점으로, 정상 범위에 해당되었다.

제16장

•

알코올 사용 장애와
불면증

"소주 2~3병을 매일같이 마셔도 아무 문제 없이 잘 지냈어요."

주 호소 주 씨는 60대 중반 남성으로, 잠들기 어려움, 수면 유지 장애(특히 조기 증상)를 경험한다고 호소하며 상담소를 방문하였다. 지인에게 몇 년 전 경제적으로 배신을 당한 후 불면증이 시작되었고, 젊은 시절부터 업무 이후 거의 매일 술을 마셔 온 습관이 은퇴 이후에도 지속되어 일주일에 평균 5일 이상 잠자기 전에 알코올을 섭취한다고 보고하였다. 동네에서 같이 술을 마시는 친구들과 거의 매일 막걸리 2~3병을 마시고, 집에 가면 가족과의 대화가 없어, 저녁 식사 이후(8:00~9:00pm) 바로 잠자리에 들어간다고 보고하였다. 잠자리에 들어가 잠에 든 이후에는 새벽 2시에 기상하고 아침까지 침대에 누워 있는다. 침대에 누워 있는 동안에는 주로 휴대전화를 하며, 휴대전화를 하면서도 졸았다가 다시 깨는 패턴을 반복한다고 보고하였다.

현재 수면 습관

- 취침 시간 : 8:30pm
- 불 끄는 시간 : 8:30pm
- 잠들기까지의 시간 : 30분 내지 1시간
- 입면 후 각성 시간 : 없음
- 기상 시간 : 1:30am
- 침대에서 나오는 시간 : 6:30am
- 총수면시간 : 4시간
- 수면 효율성 : 40%
- 수면제 복용 여부 : 없음. 과거에 간헐적으로 복용
- 일주기 유형 : 중간형

치료 목표 "충분한 수면(8시간)을 취하고 싶다."

불면증 과거력 간헐적 불면증

정신과 병력 없음

약물력 고혈압 약물 복용

신체 질환 과거력   고혈압

진단

(DSM-5 기준)

- F51.01(307.42) 불면장애, 지속성, 비수면장애 정신질환 동반이환 동반
- F10.20(303.90) 알코올사용장애, 중등도

(ICSD-3 기준)

- 만성 불면장애, 약물 혹은 물질로 인한 불면증

치료 계획

- 알코올 섭취량 및 횟수에 대한 모니터링
- 수면 제한 및 자극 조절
- 동기강화상담

알코올이 수면에 미치는 영향

✓ 불면증은 알코올 중독의 선행 요인일 수 있다.

✓ 불면증이 알코올 중독을 보다 심화시킬 수 있다.

✓ 불면증은 알코올 중독의 재발에 기여한다.

✓ 알코올은 처음에는 진정제로 작용하지만, 시간이 지나면서 알코올이 대사가 되면서 수면을 방해한다.

✓ 건강한 사람도 알코올을 섭취하면 수면의 전반부에는 수면 잠복기가 감소하고 서파 수면이 증가하지만, 후반기로 가면 리바운드 효과가 나타나 각성이 증가하고 비REM 수면이 감소하게 된다.

알코올 중독은 개인의 신체적·심리적·사회적인 기능을 저하시킬 뿐 아니라, 사회의 기반이 되는 가정을 병들게 하고, 노동력의 감소로 인한 경제적 손실을 야기하는 심각한 사회적 문제이다. 우리가 흔히 말하는 **알코올 중독**이란 알코올 남용과 알코

올 의존을 포함하는 개념이라고 할 수 있다. **알코올 남용**이란 알코올의 지속적 소비 및 이로 인한 영향으로 중요한 사회적·대인관계적 문제가 일어난다는 것을 인지함에도 불구하고 지속적으로 알코올을 소비하는 것을 말한다. 반면, **알코올 의존**은 알코올 남용에 더하여 내성의 징후, 금단 증상, 알코올 사용에 관련된 충동적 행동을 수반하게 되는 경우로 정의하고 있다.

수면 문제는 알코올 관련 문제가 없는 사람에 비해서 알코올 중독 환자에게서 훨씬 더 빈번하다. 실제로 알코올 중독 환자를 대상으로 한 연구에서 36~72%의 환자가 불면증을 호소하고, 이는 일반 인구에 비해 상당히 높은 비율임을 알 수 있다. 알코올 중독을 유발하는 원인은 생물학적·심리적·사회문화적·가족적 요인이 복합적으로 얽혀 있어 정확한 원인에 대해서는 아직 명확히 밝혀져 있지 않다. 여기에서는 불면증이 알코올 중독을 유발할 수 있는 하나의 원인이 될 수 있다는 시각에서 불면증과 알코올이 어떻게 상호 영향을 주고받는지에 대해 살펴볼 것이다.

불면증 환자들이 수면 문제를 해결하기 위해 술을 먹는 일은 아주 흔하다. 실제로 알코올 중독 환자들 중 44~60%가 술을 먹는 것이 잠드는 데 효과적이었다고 응답했다. 그러나 알코올 중독 환자들의 보고나 기대와 달리 술은 수면 문제에 있어 결코 효과적인 해결책이라고 할 수 없다.

알코올은 크게 두 가지 방식으로 우리의 수면에 영향을 미친다. 알코올 중독이 아닌 경우, 자기 전에 술을 마시면 전체 수면의 전반기에는 수면 잠복기를 감소시키고, 서파 수면을 증가시키는 등의 긍정적인 영향을 미친다. 이러한 알코올의 졸음 유발 효과가 불면증 환자들이 술에 의존하기 시작하는 이유이기도 하다. 하지만 후반기로 가면, 몸에서 알코올이 대사가 되면서 금단 현상으로 인해 수면에 부정적 영향을 미치게 된다. 후반기에는 '리바운드 효과(rebound effect)'라고 하는 현상이 일어나는데, 빈번하게 잠에서 깨게 되고 비REM 수면이 감소하게 되며, 이는 알코올 중독 환자가 아닌 정상인의 경우에도 해당된다. 선행 연구들을 보면, 이런 수면의 변화는 알코올을 많이 마실수록 더 심각하게 나타나는데, 알코올로 인해 수면의 구조를 변화시켜 금단 현상 혹은 내성을 생기게 하는 데는 불과 3일밖에 걸리지 않는다. 즉 다시 말해서 연속으로 3일 술을 마시게 되면 수면의 구조가 변화하면서 술에 더 의존해서 잠을 청하게 될 가능성이 높아진다. 게다가 알코올 사용에서 기대할 수 있는 긍정적인

표 16.1 ● 알코올 사용에 따른 수면의 영향(Ara et al., 2016)

알코올 사용	수면 잠복기	총수면 시간	수면 효율성	REM 수면 잠복기	REM (%)	서파 수면(%)
급성	↓	↓	↓	↑	↓	↑*
만성	↑	↓	↓	↑	↓	↑
금단	↑	↓	↓	↓	↓	↓

* 급성 사용의 경우, 서파 수면은 음주량과 관련이 있다. 음주량이 많을수록 서파 수면의 증가를 보인다.

효과 역시 단기적인 것에 불과하다. 만성적으로 알코올을 사용하고 의존하게 될수록 내성이 커지기 때문에 초기에 얻을 수 있었던 졸음 유발 효과를 통해 수면 잠복기를 줄이는 이득을 얻기 위해서는 이전보다 더 많은 양의 알코올이 필요하게 되고, 결국 에는 졸음 유발 효과 자체도 아예 사라지게 된다.

뿐만 아니라 대부분의 알코올 중독 환자를 대상으로 한 연구에서 알코올 중독 환 자들이 금주를 해도 불면증은 여전히 잔여증상으로 심각하게 남아 있는 것으로 나타 났다. 예를 들어, 알코올 중독 환자들이 금주를 하는 동안에는 잠들기 어려워했고, 총수면시간은 감소했으며, 서파 수면은 증가하고, REM 수면은 감소하고, REM 수면 잠복기는 증가하는 것으로 나타났다. 금주하는 기간 동안 음주를 하던 때와 마찬가

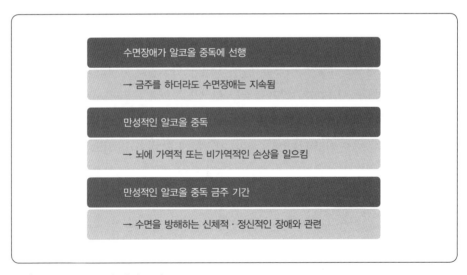

그림 16.1 ● 금주 시 발생 문제

지로 수면 잠복기는 증가된 채로, 총수면시간은 감소된 채로 남아 있는 것을 확인할 수 있다. 다시 말해, 알코올 중독 환자가 금주를 하게 되더라도 여전히 수면 문제가 지속되고 있다는 것을 의미한다. 특히 알코올 섭취 후에 수면 잠복기가 증가되어 있는 것을 보면 건강한 사람의 경우 일반적으로 술을 마신 후에는 수면 잠복기가 줄어드는 것과는 대조적이라는 점에서 알코올 중독 환자가 이미 알코올에 내성이 생겼다는 것을 알 수 있다.

대다수의 알코올 중독 환자들은 금주를 하게 되더라도 수면 문제를 지속적으로 호소하는데, 아래와 같은 세 가지 설명이 가능하다.

(1) 수면장애가 알코올 중독에 선행하고, 따라서 금주를 하더라도 수면장애는 지속된다.
(2) 만성적인 알코올 중독은 수면을 조절하는 뇌에 가역적 혹은 비가역적인 손상을 일으킨다.
(3) 만성적인 알코올 중독은 금주 기간에도 수면을 방해하는 신체적·정신적인 장애와 관련 있다.

사실 알코올 소비와 불면증 간의 관계는 아주 복잡하여 설명하기 쉽지 않지만, 최근의 많은 연구들은 이 둘의 관계가 상호적이라는 것을 지지한다. 〈그림 16.2〉를 보면 과도한 알코올 사용이 어떻게 수면 문제를 악화시키고, 수면 문제가 알코올 중독 치료에 있어서 어떤 식으로 방해가 되는지 쉽게 알 수 있다.

불면증을 경험하는 환자들은 불면증을 해결하기 위한 의도로 술을 마시게 된다. 하지만 술을 마시면서 잠에 들 수 있을 것이라는 처음의 기대와 달리, 만성적이고 반복적인 음주는 오히려 뇌를 각성시키고 술이 화학적 독소로 작용하면서 불면증을 더욱 심화시키는 요인이 된다. 이런 식으로 불면증이 알코올 남용과 알코올 의존과 같은 알코올 중독 증상을 발생시키는 위험 요인이 될 수 있다. 알코올 중독 증상이 생기고 나면 알코올 중독을 치료하는 차원에서 음주를 중단하려는 시도를 하게 되지만 불면증은 여전히 지속된다. 알코올 중독을 치료하는 기간에 유지되는 불면증은 환자가 다시 술을 찾게 되는 위험 요인이 될 수 있다. 높은 확률로 재발된 알코올 중독 증

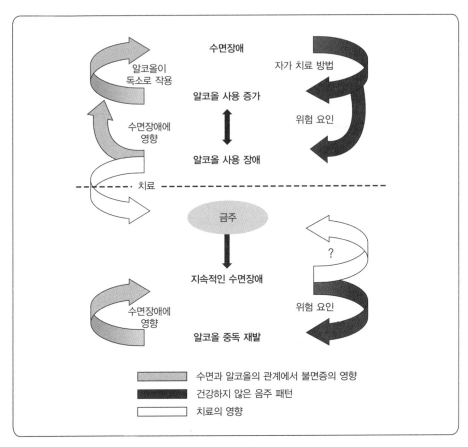

그림 16.2 ● 불면증과 알코올 사용 간의 관계 모델(Brower, 2001)

상은 불면증을 여전히 지속·심화시키게 된다. 〈그림 16.2〉에 나와 있는 물음표는 알코올 중독 치료의 보조적인 치료로서 불면증 치료가 알코올 중독의 재발 위험을 감소시키고 술을 자제하는 데 도움을 줄 수 있다는 가설을 나타낸 것이다.

알코올 장애 환자를 위한 CBTI를 할 때 유의할 점

수면 위생 및 수면 교육

알코올 장애 환자에게 CBTI를 실시할 경우, 기본적인 CBTI 요법이 사용되지만 특히 알코올과 관련한 수면 위생과 수면 교육을 실시하게 된다. 잠자리에 들기 4시간 전

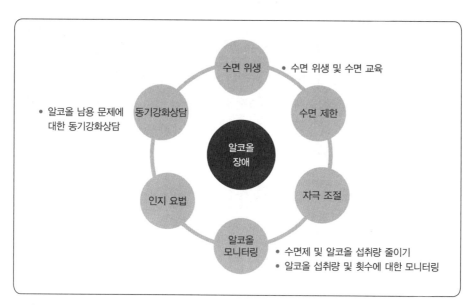

그림 16.3 ● 알코올 장애 환자 대상 치료 구성 요소

에는 알코올을 섭취하지 않도록 권장하며, 알코올이 수면에 미치는 영향에 대한 교육을 실시해야 한다. 특히 알코올 사용과 금단이 수면에 어떤 영향을 미치는지 교육하고, 수면이 회복되기 위해서는 지속적으로 금주하는 것이 중요하다는 것을 강조할 수 있다. 또한 알코올 사용을 중단하는 것이 일시적으로는 심한 수면 분절을 유도할 수 있음을 교육함으로써 환자가 수면 부족에 적응적으로 대처할 수 있도록 도울 수 있으며, 경도의 수면 분절은 금주를 한 이후 길게는 2년까지 지속될 수 있다는 정보를 통해 환자가 현실적인 기대감을 가질 수 있도록 도울 수 있다.

알코올 사용 모니터링

수면 일지와 함께 알코올 섭취량을 모니터링함으로써 알코올 사용이 실제 수면에 어떤 영향을 미치는지 살펴볼 수 있다.

인지 요법

알코올을 수면제처럼 사용하는 많은 알코올 장애 환자들의 경우 "술을 먹으면 잠을 잘 잔다"고 생각할 수 있다. 이때 알코올에 더욱 의존하게 될 수 있기 때문에 이러한 생각들을 검토하면서 인지 재구조화를 할 수 있다. 위의 수면 일지에서 알코올 섭취에 대한 모니터링을 하면서 실제 술을 마신 날, 수면의 질도 떨어지고 다음 날 훨씬 피곤하다는 것을 보여 줄 수 있다. 이처럼 알코올 사용 및 재발에 영향을 미칠 수 있는 생각들과 알코올 사용으로 인해 일상생활에서 어떤 결과들이 나타나는지 탐색할 수 있다. 또한 저녁 시간에 수면제처럼 알코올을 사용하는 경우, 알코올 대신에 저녁에 할 수 있는 활동들을 탐색할 수 있다.

동기강화상담

알코올 환자의 경우, 변화에 대한 양가감정을 흔히 보고할 수 있다. 알코올로 인해 만족스러운 수면을 취하기 어려울 뿐만 아니라 가족 간의 불화가 생기고, 건강이 나빠지는 등의 단점이 있다는 것을 알고 있음에도 불구하고 알코올 사용을 지속하게 되고, 이러한 경우 CBTI 개입에 영향을 미칠 수 있다. 따라서 잠을 잘 자는 것이 본인에게 어떤 점에서 중요하고, 스스로의 목표와 가치는 무엇인지 탐색하면서, 변화를 준비하고 유발하는 것이 요구되며, 이때 동기강화상담을 단기적으로 활용할 수 있다.

다른 수면장애와의 감별 진단

알코올 장애 환자들은 건강한 성인에 비해 수면관련 호흡장애(Sleep-Disordered Breathing, SDB) 유병률이 높고, 주기성 사지운동장애 확률이 높다. 특히 알코올의 잦은 사용은 남성에게 수면무호흡증 증상을 악화시킨다. 따라서 다른 수면장애와의 감별 진단이 요구되며 수면다원검사를 통해 검사할 필요가 있다.

> ### 📝 사례에 대한 치료자 노트
>
> 사례의 내담자는 거의 매일 음주를 하고 있었으며, 음주로 인해 수면 방해를 받고 있었다. CBTI 항목에 더해, 이 내담자에게 우선적으로 알코올이 수면에 미치는 부정적 영향에 대해 인지시켜 줄 필요가 있었다. 수면 일지와 같이 매일의 음주 여부와 음주량을 모니터링하는 것이 중요했으며, 매 회기 술을 마신 날의 수면과 마시지 않는 날의 수면에 대해 보여 주며 술을 마시지 않았을 때 불면증 증

상이 덜 심각하다는 것을 보여 주었다. 이런 반복적 과정으로 인해 내담자는 음주가 수면에 미치는 부정적 영향을 인지하게 되었다.

그렇지만 술이 수면을 방해한다고 해서 쉽게 중단할 수 있는 것이 아니었다. 2주 차에 왔을 때에도 적어도 주 3회 이상의 음주를 하고 있었으며, 음주의 양도 많았다. 3주 차부터는 금주에 대한 동기강화상담 기법을 병행하며 치료가 진행되었다. 음주가 본인의 인생에서 어떤 기능을 하고 있고, 본인이 금주와 잠을 잘 자야 하는 이유들을 본인의 개인적 가치로 연결시켜 주는 작업을 하였다. 내담자의 이야기를 들어 보니 음주를 하는 가장 큰 기능은 내담자의 외로움을 달래 주기 위한 것이었다. 내담자는 외향적인 성격으로, 술을 즐긴다기보다는 같이 술을 마시는 친구들에게서 받는 동지감, 사회적 지지와 외로움의 해소가 큰 역할을 하고 있는 것으로 보였다. 그렇기 때문에 외로움 해소와 사회적 지지에 대한 욕구를 충족하면 음주량을 줄일 수 있지 않을까라는 생각을 하게 되었다.

결과적으로 치료가 종결될 때까지도 음주량을 줄이는 데는 크게 성공하지는 못했으나, 어느 정도 음주와 수면에 대한 통찰력을 얻은 것이 치료에 많은 도움이 되었다. 그 이외에도 처방된 수면 시간 지키기(11:00pm~5:00am)와 자극 조절 요법을 진행을 하면서 수면 효율성은 1회기(65%)에 비해 81%로 증가했으며, 특히 가장 많은 치료 효과를 본 데는 잠들고 나서 깬 시간이 1회기 때 94분에서 치료 종결 시 17분으로, 총수면시간도 300분에서 363분으로 증가하였다.

내담자가 원하는 치료 목표 : "충분한 수면(8시간)을 취하고 싶다"

1회기	• 수면 위생 교육 • 알코올과 수면 관계 교육	5회기	• 수면 일지 검토 • 호흡 요법 및 자극 통제 • 금주에 대한 동기강화상담
2회기	• 수면 일지 검토 • 수면 제한 및 자극 통제 • 금주에 대한 동기 다루기	6회기	• 수면 일지 검토 • 치료 개입 유지
3회기	• 수면 일지 검토 • 수면 제한 유지 및 자극 통제 • 금주에 대한 동기강화상담	7회기	• 수면 일지 검토 • 금주와 수면의 관계 확인 • 치료 종결 준비
4회기	• 중간 점검 • 호흡 요법	8회기	• 치료 요약 및 종결

1주 차 수면 일지				주중 SE(%) : 64.34		주말 SE(%) : 69.87	
날짜	16.06.30	16.07.01	16.07.02	16.07.03	16.07.04	16.07.05	16.07.06
침대에 들어간 시간	21:00	23:00	20:30	3:50	22:50	20:30	22:00
기상 시간	1:00	5:30	1:30	7:00	5:30	2:00	4:30
침대에서 나온 시간	6:30	6:30	6:30	7:00	6:30	6:30	7:30
수면 잠복기(분)	30	0	30	10	10	30	0
입면 후 각성 시간(분)	0	0	0	0	0	30	0
침대에 누워 있는 시간(분)	570	450	600	190	460	600	570
총수면시간(분)	210	390	270	180	390	270	390
수면 효율성(%)	36.84	86.67	45.00	94.74	84.78	45.00	68.42
깬 횟수	0	0	0	0	0	3	0
수면의 질	3	3	3	2	2	3	3.5
낮잠 여부(분)	0	20	0	0	30	20	0
피로도	2.5	2.5	2.5	1	1	2.5	3.5

7주 차 수면 일지(치료 종결)						평균 SE(%) : 81.61	
날짜	16.08.11	16.08.12	16.08.13	16.08.14	16.08.15	16.08.16	16.08.17
침대에 들어간 시간	23:00	22:35	23:00	23:00	23:30	23:00	22:45
기상 시간	6:00	4:00	6:00	7:00	6:00	7:00	6:00
침대에서 나온 시간	6:10	6:00	6:10	7:00	6:10	7:20	6:10
수면 잠복기(분)	60	30	30	30	0	30	25
입면 후 각성 시간(분)	60	180	0	20	90	30	120
침대에 누워 있는 시간(분)	430	390	450	410	720	380	415
총수면시간(분)	300	150	420	340	630	300	240
수면 효율성(%)	69.77	38.46	93.33	82.93	87.50	78.95	57.83
깬 횟수	2	2	0	1	3	2	2
수면의 질	3	2.5	2.5	2.5	2.5	3	3
피로도	3	2.5	2.5	2.5	2.5	3	3
음주량	×	×	×	소주 2병	막걸리 2병	막걸리 5병	×

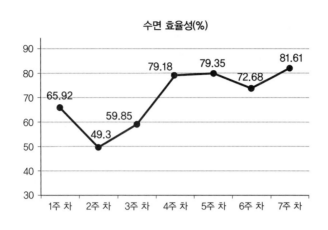

수면 효율성(%)

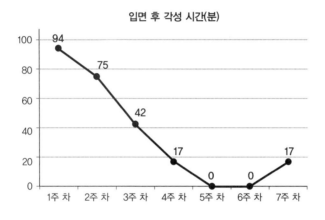

입면 후 각성 시간(분)

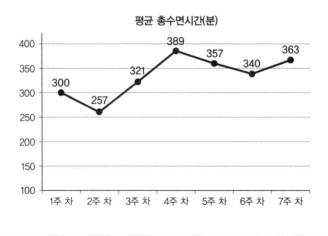

평균 총수면시간(분)

제 17 장

임신과 육아와
불면증

사례 "*출산 이후부터 잠을 제대로 잔 적이 없어요.*"

주 호소 박 씨는 37세 여성으로, 수면 유지의 어려움을 호소하며 내원하였다. 8개월 전 출산을 하였고 신생아를 돌보면서 불면증 증상이 시작되었으며, 출산 휴가 이후 4달 전에 직장으로 복귀하면서 불면증 증상이 심해졌다. 4시간 이상 잠을 잘 수 없어 아들을 보는 것이 위험하다고 여겨져 2주 전부터 수면제를 복용하기 시작하였고, 수면이 어느 정도 정상화되었지만, 모유수유 중이기 때문에 수면제를 끊기 원했다.

현재 수면 습관

- 취침 시간 : 10:15pm
- 불 끄는 시간 : 10:15pm
- 잠들기까지의 시간 : 15분
- 입면 후 각성 시간 : 수면제를 복용하지 않으면 입면 4시간 후 각성하며, 다시 잠들 수 없음
- 기상 시간 : 모유 수유를 위해 5:00~6:00am에 기상
- 침대에서 나오는 시간 : 5:00~6:00am
- 총수면시간 : 수면제를 복용하면 7시간, 수면제를 복용하지 않으면 4시간
- 수면 효율성 : 약 53%
- 수면제 복용 여부 : 로라제팜(Lorazepam) 0.5mg, 졸피뎀(Zolpidem) 5mg(지난 2주)
- 일주기 유형 : 중간형

치료 목표 "모유수유를 하고 있기 때문에 수면제를 끊고 싶어요."

불면증 과거력 단기 불면증을 경험한 적이 있음

정신과 병력 없음

약물력 씬지로이드(Synthroid) 25mg

신체 질환 과거력 갑상선 기능 저하증

진단

(DSM-5기준)

- F51.01(307.42) 불면장애, 지속성

(ICSD-3)

- 만성 불면장애, 정신생리성 불면장애

치료 계획

- 수면 교육
- 수면 제한 : 권장된 수면 스케줄은 11:30pm~6:00am
- 자극 조절 : 깨어 있는 상태로 불필요하게 오래 침대에 누워 있지 않기

임신 및 출산 여성의 수면

✓ 임신 기간 중 호르몬 및 신체의 변화로 인해 수면의 질이 저하될 수 있다. 특히 3분기(임신 7~9개월) 때 가장 많은 수면 문제를 호소하지만, 대부분의 경우 시간이 지나면서 수면 문제가 완화된다.

✓ 출산 이후 신생아를 돌보면서 잠을 자지 못하는 것은 자연스러운 일이다. 그렇지만 신생아의 수면 시간이 길어지면서 산모가 침대에 깨어 있는 상태로 오래 누워 있다면, 불면증 치료를 받을 필요가 있다.

임신과 출산은 여성이 불면증에 걸리기 쉬운 취약한 시기이다. 임신 기간 동안 호르몬의 변화가 일어나며, 몸이 무거워지면서 신체적인 불편을 경험하고, 출산 이후에는 자주 깨는 신생아를 돌보기 때문에 수면이 방해받을 수밖에 없다. 대부분의 여성들은 자는 도중에 깨더라도 다시 잠드는 데 문제가 없지만, 일부 여성들은 불면증에 취약하거나 신생아를 돌보는 스트레스로 인해 수면이 방해받는 것에 대해 파국적인 생각 혹은 예측을 한다. 그리고 이는 신생아가 잘 자고 있는데도 불구하고 과다각성 상태 혹은 수면 유지의 어려움으로 이어질 수 있다. 이렇게 임신과 출산은 특수한 상

황이기 때문에 임산부 혹은 출산한 산모를 대상으로 CBTI를 할 때에는 더 유의해야 할 사항이 많다.

임신 중 수면

여성에게 임신 기간은 호르몬의 변화와 함께 신체적으로 많은 불편감을 느끼는 시기이다. 임신 기간 중에도 수면이 변화할 수 있는데, 1분기(0~13주)에는 주간 졸림증, 불면증, 입면 후 각성을 가장 많이 경험하고, 수면 효율성, 서파 수면, 그리고 수면의 질이 감소한다. 2분기(14~26주)에는 총수면시간이 정상화되면서 비교적 수면 문제를 적게 보고한다. 그러나 3분기(27~40주)에는 불면증 증상이 증가하며, 특히 입면 후 각성이 3~5배 증가하고 주간 졸림증도 증가한다. 또한 총수면시간, 서파 수면 및 REM 수면도 감소하게 된다. 막달이 되면 하룻밤에 3~5번 정도 깨는 것이 정상이며, 낮잠(약 60분)을 자는 것도 일상생활이 될 수 있다. 숙면을 취하기 어려운 이유로는 자주 화장실을 가야 하거나, 허리 통증, 태아의 움직임, 전반적인 복부의 불편감, 쥐가 나는 것과 같은 다리의 불편감, 역류성 식도염과 같은 식사 후의 불편함이 있을 수 있다. 3분기 때 밤중에 더 자주 깨는 것은 진화론적으로 적응적이라고 생각하는 사람들도 있다. 이 관점에서는 산모가 자주 움직이도록 함으로써 태아가 불편한 것을 방지하며, 자주 깨는 것 역시 신생아 때 산모가 자주 일어나서 모유수유를 하는 것에 대해 미리 준비시키는 것이다.

임신 기간 경험하는 불편감은 대부분 호르몬의 변화 및 변화하는 체형과 관련이 있다. 예를 들어, 임신 때 증가하는 프로게스테론 호르몬은 자주 소변을 보게 만들며, 프로락틴은 수면 분절에 영향을 준다는 연구 결과가 있다. 또한 모든 장기가 태아 때문에 이동했기 때문에 여성은 숨쉬기 어렵거나 잠자리에서 편한 자세를 찾는 것이 어려울 것이다. 이처럼 수면 문제를 일으키는 임신 증상을 해결하는 방법은 〈표 17.1〉과 같다.

또한 특정 수면장애는 임신 기간 중에 발생할 수 있다. 예를 들어, 하지불안 증후군(Restless Legs Syndrome)은 임신 중에 악화될 수 있다. 하지불안 증후군 증상은 다리를 사용하고 있지 않을 때 종아리에 통증이 있거나 벌레가 기어가는 듯한 감각을 경험하는 것으로 대부분 일어나서 움직이면 이런 감각들이 사라진다. 일반적으로 출

표 17.1 ● 수면 문제를 일으키는 임신 증상 해결하기

속 쓰림 현상	오랫동안 누워 있으면 위산이 역류하여 속쓰림 현상이 악화될 수 있다. ※ 권장사항 : 베개를 추가적으로 사용하고, 심하면 주치의와 약물 치료에 대해서 논한다.
잦은 배뇨 현상	임신한 여성은 하룻밤에 평균 3번 정도 화장실을 간다. ※ 권장사항 : 취침 시간 몇 시간 전에 액체 섭취를 제한한다. 입 마름 현상을 경험하면 입안을 물로만 헹군다.
하지불안 증상	※ 권장사항 : 주치의에게 의뢰한다. 대부분 페리틴(ferritin), 헤모글로빈, 엽산 수치를 확인하고, 필요하다면 철분제와 같은 보조제를 섭취한다.
수면무호흡 증상	※ 권장사항 : 주치의와 의논하여, 수면다원검사 혹은 양압기(CPAP) 착용에 대해서 논한다.

산 후에 증상이 사라지고, 임신한 여성의 10~20%는 하지불안 증후군을 경험한다고 한다. 그러나 하지불안 증후군 때문에 수면 개시 혹은 유지의 어려움을 경험할 수 있고, 수면 박탈 및 주간 피로감에도 영향을 미칠 수 있다.

임신 후반기에 들어서면서 여성의 약 23% 정도는 수면 중에 코를 곤다. 이것은 임신 중 체중 증가 및 임신으로 인한 폐의 압축 때문일 수 있으며, 코를 고는 것은 수면무호흡증의 증거일 수 있다. 폐쇄성 수면무호흡증(OSA)은 혈중 산소포화도를 감소시키며, 밤중에 자주 깨게 만들 수 있다. 하룻밤에 몇 번 이런 경험을 하는 것은 나쁘지 않지만, 수면 중 무호흡 사건이 많을수록 다음 날 피로감을 더 많이 느낄 수 있다.

임신 기간 중 수면제 처방에 대해 알려진 기준은 아직 존재하지 않는다. 태아가 노출될 수 있는 위험은 처방되는 약물 항목에 따라 다를 수 있다. 임산부에게 항히스타민계열인 디펜히드라민(Diphenhydramine)이나 수면제인 졸피뎀(Zolpidem)이 흔히 처방되긴 하지만, 이러한 약물은 임산부 대상으로 한 임상 실험이 진행된 적이 없어 아직은 위험 요인이 정확히 무엇인지 밝혀진 바는 없다.

출산 후의 수면

임신 기간보다 출산 후에 불면증 증상을 호소하는 여성들이 가장 많다. 신생아의 모유수유와 육아와 관련해서 수면이 직접적으로 영향을 받기 때문이다. 출산 후 첫 달의 평균 수면 시간은 6시간(+1시간 낮잠)을 보고하며, 입면 후 각성은 신생아의 모유수유나 신생아의 수면 패턴 적응과 관련이 있다. 또한 수면 박탈로 인해 REM 수면

개시도 평소보다 일찍 일어난다. 출산 후 산모의 수면의 질은 밤중 신생아가 깨는 횟수와도 직접적인 관련이 있고, 산후우울증과도 서로 영향을 미친다. 유아의 수면을 개선하면 산모의 기분도 향상이 되는 반면, 산모가 우울할수록 유아의 수면은 더 나쁘고, 더 스트레스받고, 낮 동안의 활동량도 적으며 수면이 더 불규칙적으로 변한다는 연구 결과들이 있다. 신생아는 생후 3개월이 되면 어느 정도 낮과 밤을 구분하면서 일주기 리듬이 생긴다. 이에 따라 산모의 총수면시간 및 수면 효율성도 증가하며, 출산 12주 후에는 출산 전과 비슷한 수면 패턴으로 돌아가게 되지만, 간혹 분절된 수면으로 인한 불안 때문에 앞서 제시된 사례처럼 만성 불면증으로 진행하는 경우도 있다.

모유수유는 수면에 긍정적인 영향을 미칠 수 있다. 세계보건기구(WHO)에서는 출생 후 6개월 동안 모유수유하는 것을 권장하고 있고, 연구들에서도 모유수유는 수면에 긍정적인 영향을 미친다는 것이 밝혀졌다. 또한 모유수유를 하는 산모들은 서파수면 시간이 더 길고, 각성 시간이 더 적고, 모유수유만 하는 산모들은 그렇지 않은 산모들에 비해 총수면시간이 30~45분 더 길다는 연구 보고가 있다.

임신 및 출산 여성을 위한 CBTI를 할 때 유의할 점

수면 교육

산모 및 영유아의 수면에 대한 교육　많은 산모들이 임신 혹은 출산 후에 수면이 어떻게 변하고, 신생아가 어떻게 잠을 자는지 교육받은 적이 없을 것이다. 그렇기 때문에 특히 첫아이 출산 시에는 어떤 기대를 해야 하는지 모르는 경우가 많다. 임신 중의 불편한 수면이 어디까지 일시적인 것인지, 신생아가 자주 깨고 칭얼거리는 것이 어디까지가 정상이고 걱정해야 할 부분인지 잘 모르기 때문에 산모들이 지나치게 걱정을 할 수 있다. 그러나 앞서 배웠듯이, 지나친 걱정은 각성 상태를 증가시키기 때문에 수면을 방해한다. 따라서 CBTI를 진행하기 전에 산모 및 영·유아의 수면에 대해 충분한 교육을 시행하는 것이 중요하다. 수면 교육은 특히 다음과 같은 부분을 구두 혹은 인쇄물로 교육을 시키는 것이 좋다.

부모 교육   소아가 원활한 수면을 취하는 것은 대부분 부모에게 달려 있다. 그렇기 때문에 부모에게 낮과 밤 시간대의 수면 패턴과 '야간 각성이 발생할 수 있는 예상 기간'에 대한 기본 정보를 제공하는 것이 중요하다. 그 이외에도 직장에 다녀 낮 동안 충분히 아이와 보내는 시간이 없어 취침 시간에 아동이 잠들기를 거부하고 부모와 함께 시간을 보내고 싶어 하며, 다양한 요구를 통해 수면 시간을 지연시킨다면 낮 동안에 아동과 같이 보내는 시간을 늘리는 것이 중요하다. 또한 일관성 있는 취침 시간, 기상 시간, 취침 시간 이전의 야간 활동, 그리고 취침 시간 전에 행하는 의식의 중요성을 교육한다. 그 이외에도 온도, 소음, 빛과 같은 최적의 수면 환경을 교육하는 것 또한 중요하다.

영 · 유아의 수면   많은 산모들은 출산하기 전에 신생아의 수면에 대해 정보가 없는 경우가 많다. 건너 들어 "애가 자주 깨서 잠을 잘 못 잘 것이다"라는 정도의 교육만 받고, 아이가 태어나고 나서 잘 자지 않고 울기만 한다면 당황할 수 있다. 그렇기 때문에 임산부는 신생아와 유아의 수면에 대한 교육을 받는 것이 좋다.

정상 발달과 병적인 발달에서 아동기 불면증의 중요한 촉진 요인으로 수면의 구조뿐만 아니라 인지, 정서와 주의의 통제, 그리고 사회적인 관계도 포함될 수 있다. 각성과 수면의 이행에서 발생할 수 있는 특정 문제들이 생후 첫 6년의 기간 동안 중요하다.

우선 신생아가 태어나게 되면 하루 평균 16시간 정도 자는 것이 정상이다. 물론 아이마다 편차가 있어 9~18시간 내에서 범위가 넓을 수 있으며 보통 한 번에 1~4시간 정도 취침을 하고, 1~2시간의 각성 시간을 가진다. 이런 패턴은 대개 불규칙적이며, 나이가 들수록 수유 스케줄과 신경계의 발달에 따라 수면 스케줄은 더 일관적으로 변한다. 신생아가 (특히 첫 달 동안) 밤에 깨는 것은 정상이며, 수면과 각성 주기는 대부분 배고픔과 포만감에 의해 영향을 받는다. 이때 몇 달은 힘들다는 것을 받아들이는 것이 산모의 수면에도 도움이 된다. 신생아의 수면을 관리하는 것이 불가피한 어려움이라는 것을 받아들이면, 밤에 잠을 자지 못해도 그것으로 인해 스트레스를 덜 받고, 아이가 또 깰 것에 대해 걱정도 적게 할 것이다.

생후 3개월이 되면 아이들은 최소 5시간씩 잠을 잔다. 생후 3개월까지의 수면은 아래와 같은 세 단계로 구분할 수 있다.

(1) 활성수면(active sleep) : 몸은 자고 있으나 뇌는 깨어 있는 상태의 수면으로 정의되며 급속안구운동이 특징이다. 대부분의 꿈은 REM 수면 상태에서 이루어진다.
(2) 비활성수면(inactive sleep) : 뇌파의 양상과 수면의 깊이에 따라 크게 4단계로 구분된다. 크고 느린 뇌파가 나타나기 때문에 '서파 수면'이라고도 하는데 신체 근육이 이완되고 산소 소비량도 감소하며 뇌가 휴식을 취하는 상태로 정의된다.
(3) 비결정적 수면(indeterminate sleep) : 활성수면 혹은 비활성수면으로 분류되지 않는 수면으로, 이 수면 단계에서 신생아는 환경에 비교적 적게 반응을 한다. 신생아의 뇌가 발달할수록 이 단계의 수면은 감소하고, 명확한 REM 혹은 NREM 수면 단계로 진화한다.

생후 첫 3개월 동안, 많은 신생아들은 부모의 팔에서 완전히 잠이 든 후 유아용 침대에 눕혀지거나 잠들기 시작한 지 얼마 지나지 않아 침대에 눕혀진다. 왜냐하면 신생아들은 활성수면을 통해 수면 주기에 들어가며, 각성 한계치가 낮고 부모들이 내려놓을 때 잠시 동안 깨는 경향이 있기 때문이다. 이러한 각성의 원리에 대해 이해하지 못한 부모들의 경우 아기가 잠을 잘 자지 않는다며 좌절할 수도 있다.

생후 6개월이 되면 유아의 뇌 성장으로 인해 밤에 집중적으로 9~12시간 정도까지도 잠을 잘 수 있다. 그렇지만 이런 발달상의 중요한 단계는 모두 평균적인 기준이며 개인마다 편차가 있을 수 있다. 이때 가장 연속적으로 긴 수면 시간이 6시간 정도이며, 일반적으로 밤에 취하는 수면은 야간 수유로 인해 두 개의 수면 주기로 구성된다.

생후 8개월에는 약 60~70%의 아이들이 부모의 도움 없이 혼자 다시 잠들 수 있는 능력이 생기는데, 이 과정을 '자기 진정(self-soothing)'이라고 한다. 혼자서 밤중에 깨면, 다시 스스로 잠들 수 있는 능력이 생기는 것이다. 이럴 때 부모가 항상 수유를 하거나 안아서 다시 재운다면 자기 진정 기술이 생기는 것이 지연될 수 있으며, 아이는 다시 잠드는 데 부모의 개입이 항상 필요하다는 것을 학습한다. 그렇기 때문에 아이 스스로의 자기 진정 기술을 학습시키는 것도 이 단계에서는 필요하다.

생후 1년이 지나면 아이들은 보통 하루에 14~15시간 정도 잠을 자며, 대부분의 수면이 밤에 이루어지고, 나머지 1~2시간은 보통 낮잠으로 이루어진다. 아이가 성장하면서 필요한 수면 시간은 감소하고, 수면이 점점 밤 시간대로 안정화되며, 낮 시간 동안의 수면은 낮잠으로 분리된다.

소아 불면증 환자를 위한 고려사항

수면 시작, 수면 유지, 그리고 취침 시간의 행동적 문제들은 특히 아동들 사이에서 흔하다. 부모들에 따르면 약 50% 넘는 아동들이 일시적 혹은 만성적으로 수면 문제가 있다고 보고된다. 그 이외에도 주의력결핍 과잉행동 장애와 기분 장애와 같은 정신 질환, 의학적 질환, 발달 장애, 또는 낮 시간의 행동 또는 학습 문제를 가진 아동들 사이에서 수면장애가 자주 발견된다. 만성적인 수면 문제는 아동들의 정상적인 발달에 영향을 미칠 수 있고, 부모의 수면도 방해받을 수 있다. 또한 수면이 박탈된 부모 중에서도 경제적 · 직업적 · 의료적인 문제를 가지고 있는 부모들은 자신의 손상된 대처 능력과 욕구 불만 내성이 낮기 때문에 아동의 욕구를 충족시켜 주는 것이 어려울 수 있다. 수면을 시작하고 유지하는 것에 대한 어려움은 성인뿐만 아니라 아동에게도 영향을 미치며, 전 생애적인 측면에서 중요한 문제이다. 가장 흔한 아동기 수면 문제는 수면장애의 국제 분류(International Classification of Sleep Disorders) 기준에 의해 정의된다(아래 글상자 참조).

수면장애의 국제 분류에 따른 소아 불면증 하위 분류

- 수면 이상(Dyssomnia)
- 외인성 유형(Extrinsic Type)
- 입면 관련 장애(Sleep Onset Association Disorder)
- 제한 설정 수면장애(Limit Setting Sleep Disorder)

입면 관련 장애   입면 관련 장애는 아동이 잠드는 것에 대해 어려움을 경험하는 것으로 정의된다. 이 장애의 전형적인 예는 항상 모유수유를 하거나 공갈 젖꼭지를 사용하며 잠드는 유아가 젖 또는 공갈 젖꼭지가 없을 때 잠드는 것이 크게 어려운 경우이다. 이러한 문제는 일반적으로 4개월에서 3살 사이의 유아 또는 어린 아동들에게서

진단되며, 잠드는 것의 어려움과 부모의 개입이 필요한 다수의 야간 시간대의 각성과 관련되어 있다. 취침 시간과 한밤중에 우는 시간은 2~3시간 지속되며, 이는 부모에게 상당한 부담을 주고 짧은 수면 지속의 결과로 유아의 수면의 질이 떨어지게 된다. 이 장애는 아동이 상대적으로 야간 수면을 잘 통합한 후에도 발생할 수 있다.

제한 설정 수면장애　제한 설정 수면장애는 양육자로부터 부적절한 취침 시간의 강요를 받아 아동의 취침 시간이 지연된 결과로 정의된다. 이 장애는 전형적으로 하루 중 많은 시간뿐만 아니라 취침 시간까지 부모의 말을 따르도록 요구받는 3~8살 아동에 해당된다. 아동의 경우 관심을 얻거나 잠자리에 드는 것을 회피하기 위해 부모에게 여러 가지 요구를 하고, 전형적으로 부모들은 변동적인 강화 스케줄에 따라 아동의 요구를 들어주며, 관심을 주는 빈도를 증가시킨다.

수면개시 관련 유형 혹은 제한 설정 유형 수면장애 진단 기준(ICSD-3, 2014)

A. 아동의 증상이 부모나 다른 성인 양육자에게 불면증의 증상에 부합된다고 보고를 받았다.

B. 수면개시 관련 유형 혹은 제한 설정 수면장애 유형의 불면증을 일관적으로 보인다.

　i. 수면개시 관련 유형은 다음과 같은 증상을 보인다.

　　1. 잠이 드는 것은 시간이 오래 걸리며, 특별한 조건을 요구한다.

　　2. 수면개시와 관련된 조건들은 크게 문제가 되며, 아동은 이 조건을 강하게 요구한다.

　　3. 수면개시와 관련된 조건이 부재할 시, 수면개시는 상당히 지연되거나 수면이 방해받는다.

　　4. 밤중에 깨게 되면 아이는 반드시 양육자의 개입이 있어야만 다시 잠에 든다.

　ii. 제한 설정 유형은 다음과 같은 증상을 보인다.

　　1. 아동은 수면개시 혹은 유지의 어려움이 있다.

　　2. 아동은 적절한 시간에 취침을 하기를 지연하거나 거부하거나, 밤중에 일어나 다시 침대로 돌아가기를 거부한다.

　　3. 양육자는 아동의 적절한 수면 행동을 설정하기 위해 미흡하거나 부적절한 제한 설정을 한다.

C. 수면 문제는 다른 수면장애, 의학적 혹은 신경학적 질환, 정신장애 혹은 약물로 설명되지 않는다.

소아 불면증의 평가

유아와 어린 아동의 이상 수면에 대해 구별하는 것은 어려울 수 있다. 그래서 치료 계획을 이해하고 가정에서 실행 가능하도록 가족의 능력을 평가하는 것이 중요하다. 가정에서 치료 계획을 실행할 때, 부모의 치료 목표는 두 가지로 설정해야 하는데 하나는 내적인 목표이고, 다른 하나는 가족들 사이의 목표여야 한다. 가족들 사이의 목표가 불일치할 때는 협상을 통해 목표를 조정해야 한다.

임상 병력   임상적으로 병력을 수집하는 것은 필수적이며, 이에는 수면에 대한 평가와 건강 및 정신적인 문제, 현재의 발달적 상태, 그리고 활동에서 취침 시간까지의 패턴에 대한 면밀한 평가가 포함되어야 한다. 신중하게 아동의 수면과 관련된 행동 문제들을 정의하는 것은 치료 계획을 실행하는 데 중요한 영향을 미친다. 강화 인자와 부모의 개입 정도, 일관성 있는 수면 스케줄과 의식, 두려움, 침실에서 수면을 방해하는 요소, 그리고 매체의 사용을 확인하는 것이 중요하다. 아동의 나이, 발달적 상태, 그리고 기질은 아동의 참여와 구체적인 중재에 대한 반응의 정도를 결정한다.

행동 관찰 및 기능 분석   상담실에서 나타나는 아동과 부모의 상호작용은 풍부한 정보를 제공해 준다. 아동에 대한 부모의 반응을 관찰함으로써 적절한 치료 기법을 선택하는 데 도움을 받을 수 있고, 부모가 집에서 치료 방법을 적용해 볼 수 있도록 교육할 수 있다. 또한 부모들에게 취침 시간에 이루어지는 선행 사건, 그리고 잠들지 않으면 생기는 결과들에 대한 기록도 과제로 내주어 일상생활에서 잠자리의 수면 패턴이 어떤 흐름으로 진행되는지 파악하는 것도 중요하다.

소아 불면증의 행동적 개입

아동기 불면증에 대한 행동적 개입의 기술과 목표에 대한 세 가지 원리를 지킨다
원리 1) 유아와 아동은 특정 상황에서 밤이 시작될 때 잠을 자는 것을 학습하게 된다. 예를 들어, 항상 모유수유를 하다가 잠이 드는 아이는 항상 젖을 물려야 잠이 들수 있고, 공갈 젖꼭지를 물려서 재운 아이는 공갈 젖꼭지가 없으면 잠을 잘 수 없다.

아동들에게 밤에 혼자서 잠들도록 가르치는 것은 수면 유지의 문제를 수정하기 위해 꼭 필요하다.

원리 2) 피곤하지 않은 아동뿐만 아니라 극도로 지친 유아나 아동도 수면을 잘 취하지 못한다. 신생아 같은 경우에는 많은 사람들이 예쁘다고 안아 주다 보면, 피로감이 증가할 수 있다. 어른과는 달리, 신생아나 아동은 피곤하면 잠들지 않고 잠투정을 부리며 짜증이 늘어난다. 또한 지나친 각성 상태에서 아동이 잠들게 되면 악몽 혹은 야경증 증상을 경험하게 될 수 있다.

원리 3) 최적의 취침 시간은 연령과 각 아동에 따라 다양하기 때문에 이를 찾는 것은 어려울 수 있다. 취침 시간 2시간 전에 아동은 각성의 정점에 도달하는 위험 구간을 경험하게 된다. 이 시간에는 아동이 많은 에너지를 방출하며 활동적으로 변하는데, 이 구간에 아동에게 취침을 강요하게 되면 부모와 아동 사이의 갈등을 증가시킬 수 있다.

소거 기법(Extinction Techniques)

- 아동이 관심을 받으려고 하는 행동을 무시한다. 예를 들어, 잠자리에 든 후 아동이 지속적으로 물을 달라고 하거나, 화장실을 가야 한다는 요구를 들어주지 않는다.
- 부모가 아동을 유아용 침대에 눕히거나, 방에 두고 아침이 될 때까지 돌아가지 않는다.
- 낮 시간 동안에 아동과의 상호작용을 증가시킨다.
- 아이의 방문을 닫고 나오지 못하게 한다.

사례의 내담자 같은 경우에는 임신 및 출산으로 인한 스트레스와 신생아를 돌보는 것으로 인한 수면 박탈로 단기 불면증이 유발되고, 그로 인한 과다각성 상태가 침대와 조건화되어, 출산 이후에도 불면증이 완화되지 않고 만성 불면증으로 전환된 대표적인 사례이다. 또한 내담자는 딜레마에 빠져 있었다. 수면제를 먹지 않으면 수면이 심하게 박탈되어 아이를 돌보는 것 및 직장 생활에 심각한 지장이 생기고, 수면제를 먹고 잠을 잘 자면 모유수유를 할 때 아이에게 유해물질을 먹이는 것에 대한 죄책감에 시달린다는 것이다. 내담자와의 초기 면담 이후 몇 가지 문제 목록이 발견되었고, 다음과 같이 CBTI를 진행하였다.

(1) **소인적 요인 및 유발 요인 파악** : 내담자는 첫아이 출산 이후 많은 변화로 스트레스를 받기도 하였고, 유독 예민한 성격이기도 했다. 첫아이였기 때문에 혹시 자다가 울면 어디가 잘못된 것은 아닌지 걱정과 불안이 높았다. 또한 아이가 잘 자고 있는데도 불구하고, '혹시 곧 깨지 않을까, 그러면 나는 얼마 못 자고 또 깨겠다'와 같은 걱정과 불안도 동반했다.

(2) **수면 교육** : 내담자는 아이가 울면 걱정과 불안 때문에 항상 아이에게 젖을 물리거나 안아 재웠다. 그렇기 때문에 아이가 8개월이 지나면 자기 진정 기술을 습득해야 하는데도 불구하고 항상 내담자의 개입이 존재했기 때문에 아이가 밤중에 깨면 언제나 개입이 필요했다. 아이는 잠이 드는 조건 중 항상 수유를 하거나 혹은 내담자가 안아 줘야 한다는 것을 학습했기 때문이다. 이로 인해 내담자는 낮에 더 피곤했고, 밤이 되면 '오늘도 또 못 자면 어떻게 하지' 등과 같은 걱정도 앞섰다. 내담자에게 우선 아이에 대한 수면 교육이 필요했다. 아이가 초저녁에 잠들거나, 밤중에 깨면 무조건 수유를 하거나 안아 주는 행동을 중단해야 했다. 물론 아예 개입을 하지 않고 울게 두는 유명한 Ferber 방법도 있지만, 내담자처럼 불안이 높은 사람에게는 적합하지 않을 수 있다. 그렇기 때문에 아이가 초저녁에 울면 우선 아이를 안지 않고, 가서 토닥여 주고 일정 시간이 지나면 방 밖으로 나오게 했다. 5분이 지나서도 아직도 아이

가 울고 있다면 가서 짧게 아이를 달래 주었고, 또 방으로 나오게 지시를 했다. 이번에는 10분이 지나고 나서 다시 개입을 했고, 그다음에는 15분으로 5분씩 개입하는 시간을 증가시켰다. 결국엔 아이가 첫 저녁에는 잠드는 데 오래 걸렸지만, 매일 밤 꾸준히 하니 1주일이 지난 시점에서는 크게 개입이 필요하지 않고 아이 혼자서 잠들 수 있었다.

(3) **수면 제한**: 권장된 수면 스케줄은 11:30pm~6:00am으로 침대에 누워 있는 시간을 제한하고, 수면제를 매주 조금씩 감량했다. 잠자리에 드는 시간을 늦추고, 수면 교육과 유아 수면에 대한 행동 개입을 통해 내담자 또한 수면 욕구가 높아지고 아이의 수면에 대한 걱정이 줄어들면서 수면의 질이 더 높아졌다.

(4) **자극 조절**: 깨어 있는 상태로 불필요하게 오래 침대에 누워 있지 않게 지시를 했다. 내담자는 육아와 직장 때문에 피곤하고, 각종 스트레스로 인해 침대에 누워 잠을 자지 못하고 오랫동안 깨어 있는 상태로 있었다. 특히 아이가 우는 소리가 들리는 것 같다는 생각이 들어 쉽게 잠들지 못하고 확인하기도 하고, 침대에 누워 '다음 날 이렇게 피곤한데 어떻게 직장에 가서 일을 하지'와 같은 파국적인 생각을 했다. 이에 침대에 누워서 걱정과 불안을 하지 않고, 필요하면 '계획된 걱정의 시간'을 가지라고 지시했다.

(5) **이완 요법**: 자기 전에 1시간 정도의 버퍼 존을 실시하여, 편안하게 점진적 근육 이완법 CD를 들으며 휴식 시간을 취하라고 했다. 첫아이를 출산하는 것은 삶에서 큰 변화이고, 육아와 직장 생활을 병행하는 것 또한 쉬운 일이 아니라는 것을 치료 회기에서 많이 지지해 주었다. 출산을 하고 나면 '나만을 위한 시간'을 가지기 어렵고, 하루 종일 다른 사람의 요구를 들어주다 보면 본인은 사라지기 쉽다는 말에 내담자는 크게 공감하였다. 그래서 자기 전의 1시간은 이완을 하며 '본인만을 위한 시간'을 가져 보라고 하였다. 특히 내담자는 버퍼존을 가지는 것이 많은 도움이 됐다고 보고하였다.

수면 효율성이 높아지고 수면의 질이 좋아지면서 내담자는 결국 성공적으로 수면제를 끊을 수 있었다. 치료를 성공적으로 종결했지만, 몇 개월 후 또 불면증이 재발하여 다시 재방문을 하였다. 그때는 이미 배운 여러 가지 방법을 통해, 소홀하게 실천하고 있는 기법들을 다시 부스터 회기를 통해 실천함으로써 짧은 시간 내에 수면에 대한 문제를 해결할 수 있었다.

제18장

노화와 불면증

사례 *"할 일이 없어서 그냥 자요."*

주 호소 유 씨는 68세 기혼 남성으로, 수면 유지의 어려움과 비회복성 수면을 호소하여 병원에 내원하였다. 그는 2009년에 비호지킨 림프종(Non-hodgkin's lymphoma) 진단을 받은 후에 불면증 증상을 경험하기 시작했다. 그는 치료를 받으면서 프레드니솔론(Prednisone)과 항생제(antibiotics)를 복용했고, 그 결과 이명이 생겼다고 한다. 그는 그 이후 2년 동안 항암 치료를 받았고, 현재는 암이 완벽하게 치료되었다고 하였다.

내담자는 부인과 25세 딸과 함께 살고 있다. 그는 큰 IT 사업체에서 엔지니어로 일하다가 1년 전에 은퇴하면서 불면증 증상이 예전보다 심해졌으며, 은퇴를 한 뒤에 아침에 일어나도 침대에서 나오기가 힘들게 느껴졌다고 한다. 일할 때에는 주 50시간 이상 일하고 야근도 잦은 직장이었는데, 퇴직을 하고 나니 시간이 잘 가지 않는다고 했다.

현재 수면 습관
- 취침 시간 : 11:00pm~12:00am
- 불 끄는 시간 : 잠자리에 든 후 15분 동안 독서하다 불을 끈다.
- 잠들기까지의 시간 : 수면제 복용 시 15~30분
- 입면 후 각성 시간 : 하룻밤에 1~2번, 짧게는 15분, 길게는 1시간 30분 이상 깨어 있다. 그는 밤중에 일어나면 시계를 꼭 본다고 했고, 잠이 다시 잘 안 오는 날에는 시간이 얼마나 경과했는지 시계를 자주 본다고 했다.
- 기상 시간 : 9:00~10:00am
- 침대에서 나오는 시간 : 10:00am
- 총수면시간 : 7시간
- 수면 효율성 : 약 63%
- 수면제 복용 여부 : 약국에서 파는 일반 수면제와 스틸녹스(Stilnox) 5mg을 3일 단위로 바꾸면서 복용
- 일주기 유형 : 중간형

치료 목표 "잠을 깨지 않고 자고 싶고, 8시간 자고 싶어요. 더 일찍 일어나고

싶어요.”

불면증 과거력 수면장애 때문에 치료받은 적 없음

정신과 병력 없음

약물력 스틸녹스(Stilnox), 수면유도제

신체 질환 과거력 폐쇄성 수면무호흡증으로 진단(2009년도에 진단, AHI 22.5, CPAP 사용 후 AHI 2.5)

진단
(DSM-5 기준)

- F51.01(307.42) 불면장애, 기타 수면장애 동반
- G47.33(327.23) 폐쇄성 수면 무호흡증, 중등도

(ICSD-3 기준)

- 호흡관련 수면장애, 폐쇄성 수면무호흡, 성인
- 만성 불면장애, 비호지킨 림프종으로 인한 불면장애

치료 계획

- 수면 제한
- 행동 활성화

노화와 수면

✓ 노화에서 오는 수면의 변화는 자연스러운 것이므로, 젊은 시절 때처럼 깊고, 길게 잘 수 있는 능력의 상실로 인해 수면에 대한 기대를 어느 정도 조정할 필요가 있다.

✓ 노화와 함께 10년마다 수면 효율성이 3%씩 감소한다.

나이가 들어 가면서 수면 양상이 변화하는 것은 정상적인 노화 과정의 일부분이다. 노인들 중 50% 이상이 수면 문제를 호소하며, 그중에서도 특히 깊이 자지 못하고, 자주 깨며, 조기 증상이나 과도한 주간 졸림증을 많이 호소한다. 이런 수면 문제는 낮

동안의 기능 저하뿐만 아니라 삶의 질도 저하시킬 수 있다.

　노년기의 수면 문제 중 가장 많이 호소하는 것은 수면 유지의 어려움이며, 이것은 노화가 진행됨에 따라 수면 항상성 과정이 약화되는 것으로 설명될 수 있다. 또한 많은 노인들은 잠귀가 밝아지며 환경에서 나는 소리에 더 예민해지게 된다. 그 이외에도 노화는 일주기 리듬의 변화도 동반한다. 수면위상이 전진되어 초저녁에 졸리고 일찍 잠이 들며 새벽에 일찍 깨는 수면 유지의 어려움을 경험하며, 빠르게 전환되는 위상의 변화(예를 들어, 교대근무나 시차 적응)에 대한 적응 능력도 현저하게 줄어들게 된다. 또한 노년기에는 규칙적인 사회 활동이 없어지기 때문에 일주기 리듬을 유지하는 외인적 요인 또한 약해지면서 수면 주기에도 영향을 미치게 된다. 이런 수면의 변화는 여러 신체적 질환이 있지 않아도 나타날 수 있다. 이것은 수면의 변화가 신체적 혹은 정신적 질환과는 독립적으로, 노화에서 자연스럽게 오는 변화라는 점을 시사한다. 젊은 시절 100미터 달리기를 빨리 뛸 수 있었지만 나이가 들수록 뛰는 속도가 감소하듯이, 나이가 들면서 젊은 시절 때처럼 깊고, 길게 잘 수 있는 능력도 상실하게 된다. 즉 여러 방면에서 노인들의 수면은 초·중년기 성인에 비해 더 얇아지고 취약해지기 때문에 나이가 들면서 수면에 대해 갖고 있는 기대를 어느 정도 조정할 필요가 있다.

노화와 동반된 수면 변화

- 각성 빈도와 기간 증가
- 수면 효율성의 감소(10년마다 3%씩 감소)
- 서파 수면 감소
- REM 수면 감소
- 수면위상 전진
- 수면 단계의 전환 증가

　〈그림 18.1〉에서 볼 수 있듯이, 젊은 성인과 노인의 수면 주기를 비교한 연구를 통해 젊은 성인들에 비해 노인들이 잠들기까지의 시간이 지연되어 있고 조각된 형태의 분절된 수면 상태를 보인다는 것을 알 수 있다. 또한 노인들은 이른 아침에 각성을 보이고 비REM 수면의 3단계, 4단계인 서파 수면이 감소되는 반면, 얕은 수면인 1단계와 2단계의 비율은 많아지게 된다. 이러한 변화와 함께 노인의 전체 수면 시간은 감소하게 되며 수면의 질이 저하된다. 낮에도 낮잠을 자거나 졸게 되는 노인의 모습

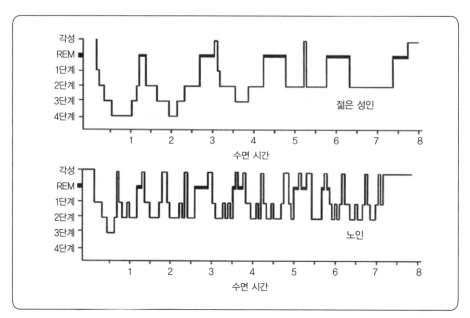

그림 18.1 ● 젊은 성인과 노인의 수면 주기 비교(Neubauer, 1999)

은 이러한 노화로 인한 생리적인 변화에 의해 야간에 수면이 충분히 이루어지지 못하면서 정신적 · 신체적 재충전이 이루어지지 못한 결과라고 볼 수 있다.

노년기의 불면증 치료는 다른 연령대의 불면증 치료와 다를 수 있다. 우선, 이미 공존하고 있는 여러 신체 질환 때문에 약물을 여러 개 복용하고 있기 때문에 불면증을 약물로 치료한다면 다양한 약물 간의 상호작용 및 수면제로 인한 인지 기능 및 정신운동성 기능의 변화가 올 수 있다. 그 이외에도 수면제를 복용한 노인들은 낙상 사고 및 졸음 운전과 같은 사고에 더 취약하기 때문에 불면증을 위한 비약물적인 치료가 이상적일 수 있다.

노화와 함께 만성 질환이 수면에 미치는 영향

노화가 진행되면서 정상적인 과정의 수면생리적 변화와 함께 일주기 리듬 장애, 수면무호흡증 등 여러 수면장애가 증가하며 수면 자체의 질이 떨어질 뿐만 아니라 수면을 방해하는 요인의 발생도 함께 증가한다. 노년기의 수면 문제는 여러 가지 원인으로 나타날 수 있지만, 가장 큰 요인은 노화로 인한 심혈관계, 신경계의 퇴화 때문일 수 있고, 그 이외에도 노화와 동반되는 불안, 우울증, 상실감, 자살 생각 등이 있다.

노화와 함께 동반되는 여러 질환으로 인해 수면장애가 더 빈번하게 발생될 수 있으며, 여러 수면장애 또한 노인에서의 신체 질환과 정신 질환에 영향을 미칠 수 있다. 노년기 수면장애는 주로 호흡기 질환, 신체적 장애, 투약 중인 약물, 우울증과 연관이 있으며, 이러한 공병질환에 의해 이차적으로 발생되는 것으로 보고되었다. 또한 관절염, 전립선 비대와 심장혈관, 위장과 폐 질환 등의 급성 및 만성 질환은 수면장애를 유발할 수 있으며, 이러한 만성 질환의 고통과 불편은 수면 개시를 지연시키고 수면 시간을 단축시킬 수 있다. 노년기에는 방광의 노화로 배뇨를 자주 하게 되는 경우가 많다. 특히 남성 노인이 전립선 비대가 생기면 배뇨 장애가 생기게 되어 수차례 화장실에 가게 되고 이 또한 수면장애의 요인이 된다.

치매와 수면 알츠하이머병은 노년기에 발생하는 연령과 관련된 질환 가운데 가장 흔하게 치매를 유발하는 질병으로, 기억력과 언어 기능의 장애를 초래할 뿐만 아니라 판단력 및 방향감각이 상실되고 성격까지도 변화하여 결국 스스로를 돌보는 능력까지 상실하게 되는 퇴행성 질환이다. 알츠하이머병에서 관찰되는 수면장애의 양상은 수면 주기의 변화와 수면 중 각성 시간 혹은 빈도의 증가이다. 이로 인해 서파 수면과 REM 수면이 감소하고 과도한 주간 졸림증을 호소한다. 알츠하이머병 환자의 수

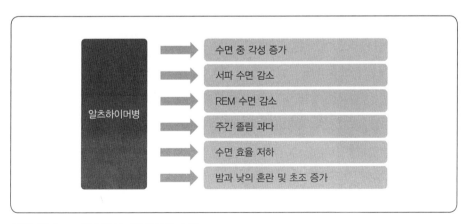

그림 18.2 ● 알츠하이머병에서의 수면

면장애와 정상 노인의 수면장애는 질적으로 유사하다. 그러나 병이 더 심각해지면 REM 수면을 유도하는 아세틸콜린의 생성 체계가 손상되어 알츠하이머병과 관련된 기억 손실이 생길 수 있고, 치매가 진행되면서 야간에 초조 증세를 보이며 밤과 낮의 혼란을 보일 수 있다.

수면무호흡증 수면무호흡증 역시 노년기에 흔한 수면 문제로 60세 이상의 노인 중 약 3분의 1에서 나타난다. 수면무호흡증은 REM 수면기에 흔히 나타나며 코를 많이 고는 사람에서 많다. 알츠하이머 치매에서는 폐쇄성 수면무호흡증(OSA)이 33~53% 동반되는 것으로 보고되었다. 이는 수면 중에 악영향을 미치며 주간 졸음 및 주간 생활에 어려움을 초래할 수 있을 뿐만 아니라 환자의 인지 기능을 악화시킬 수 있다(제14장 참조).

파킨스병 파킨슨병(Parkinson's disease)은 알츠하이머병에 이어 두 번째로 흔한 신경 퇴행성 질환이다. 파킨슨병의 증상으로는 운동 완만, 자세 불안정, 강직, 떨림 등이 나타나며, 수면장애도 흔히 동반되는 것으로 알려져 있다. 파킨슨병에서 발생하는 수면장애의 원인은 병 자체로 인해 뇌의 도파민 회로에 변화가 일어나 수면-각성 과정에 영향을 미치는 것과 그 외에 여러 다양한 요소가 작용하는 것으로 여겨진다. 불면증을 겪는 파킨슨병 환자는 수면 유지의 문제를 가장 많이 호소한다. 이는 운동 완만, 근긴장 이상증, 수면 중에 각성했을 때 진전 또는 떨림과 같은 운동 증상 등이 다시 잠드는 걸 방해하는 원인이 될 수 있다.

주간과다졸림 증상은 파킨슨병 환자의 절반 이상에서 경험한다고 보고되고 있으며 병이 진행될수록 발생 빈도가 증가하는 것으로 알려져 있다. 참을 수 없는 졸음으로 갑자기 수면 상태에 빠지는 수면 발작은 주로 도파민 작용제로 치료 중인 환자에게서 많이 나타난다. 주간과다졸림과 수면 발작은 파킨슨병의 신경퇴행성 및 일주기 리듬의 변화, 노화와 관련된 수면 구조의 변화, 파킨슨병 치료 약물에 의한 부작용이 복합적으로 작용한 것으로 여겨진다.

파킨슨병 환자의 8~50%가 하지불안 증후군을 경험한다고 보고되고 있으며 발병 기전은 도파민 경로의 퇴행성 변화와 관련되는 것으로 추정되고 있다. 주기성 사지

운동장애의 경우는 파킨슨병 환자의 30~80%에서 나타난다고 보고되고, 정확한 발병기전은 알려져 있지 않으나 하지불안 증후군과 함께 발생하거나 주기성 사지운동장애만 발생하는 경우도 있다.

파킨슨병 환자에서 REM행동장애는 15~60% 경험한다고 보고되어 있다. REM행동장애는 수면 중 격렬한 꿈을 행동화하는 증상을 동반하며, 그 결과로 흔히 환자 자신이나 동침자에게 손상을 입히는 것이 임상적 주된 호소이다. 뇌간의 콜린, 노르아드레날린, 세로토닌 계통의 신경 퇴행이 모두 연관되어 있는 것으로 추정된다. 파킨슨병 외에도 다발계통위축(multiple system atrophy)이나 루이소체 치매 환자에서도 흔히 관찰되며 알츠하이머병과 진행성 핵상마비(progressive supra-nuclear palsy) 등에서는 상대적으로 적게 나타난다. REM 수면 시기가 주로 나타나는 이른 새벽에 발생하는 경우가 많으며 REM행동장애는 파킨슨병의 유병 기간이 길고 증상이 더 진행된 환자에게서 더 잘 관찰된다. 또한 나이가 많은 환자에서 더 많은 발병을 보인다. 그러나 증상의 강도는 신경 퇴행 변화가 진행될수록 감소하는 경향을 보인다. 파킨슨병 환자의 REM행동장애는 환각 증상을 겪는 확률이 보통 REM행동장애가 없는 환자에 비해서 약 3배 높다.

심부전 심부전(heart failure)은 호흡이 가빠지고 이로 인해 잠들기 어렵거나 수면 유지가 어렵다. 호흡이 가빠지는 것은 환자가 누울 때 다리의 혈액이 심장으로 더 많이 들어오게 되고 심장이 감당할 수 없게 되면서 생긴다. 이렇게 일어나 앉아 있지 않으면 호흡이 곤란한 상태를 기좌호흡(orthopnea) 또는 발작성 야간 호흡곤란이라고 부른다. 심부전의 합병증을 경험한 환자들은 만성 심장 질환으로의 진행을 걱정하게 되고 이러한 불안은 스스로 만성 불면증을 일으킨다.

만성 신부전 만성 신부전(chronic renal failure) 환자의 경우 50~75%가 수면장애를 경험하는 것으로 보고되고 있다. 수면장애를 유발하는 가장 중요한 정서적 문제는 우울로 알려져 있다. 또한 혈액투석은 스트레스를 많이 느끼는 상황 중 하나로 치료 과정에서 병의 예후에 대한 불확실성으로 불안을 많이 느끼기 때문에 이로 인한 불면증이 관찰될 수 있다.

표 18.1 ● 노인 수면 문제의 원인(Vitiello, 2006)

원인 혹은 문제	예시
생리적 변화	• 노화를 동반한 수면 문제 • 노화를 동반한 일주기 유형 변화(수면위상 전진)
신체 질환	• 관절염 혹은 만성 통증과 관련된 질환 • 만성적 심장 질환 혹은 폐 질환 • 역류성 식도염
정신 질환	• 우울증
약물	• 이뇨제(잦은 수면 중 각성으로 이어짐) • 일반의약품의 부적절한 사용
일차적 수면장애	• 수면무호흡 장애(폐쇄성 수면무호흡증) • 하지불안 증후군
행동적 혹은 사회적 요인	• REM 행동 장애 • 은퇴 혹은 생활 습관의 변화로 인한 규칙적인 수면 및 각성 시간이 불필요해짐 • 친족이나 친구의 사망 • 마약의 잘못된 사용 • 자오선을 통과하는 해외여행 • 낮잠
환경적 요인	• 침실 환경(예 : 소리, 온도, 빛, 침구) • 새로운 집으로 이사, 더 좁은 집으로 이사 가거나 실버타운과 같은 시설로 이사 • 요양병원에 입원

노인 환자를 위한 CBTI를 할 때 유의할 점

기존 연구들에 의하면 노인을 대상으로 한 불면증 치료 중 효과성이 입증된 것은 수면 제한/수면 압축 요법과 여러 항목으로 이루어진 CBTI이다. 기존 연구들을 살펴보면 회기 구성이 4~8회기 사이일 때 대체적으로 효과가 있다.

수면 제한/수면 압축

만약 노인 환자가 오고, 상담에 대해 회의적이라 단시간에 불면증 치료가 이루어져야 한다면 단독으로 수면 제한 혹은 수면 압축을 할 것을 권장한다. 특히 대학병원과 같은 삼차 기관에서 사용하기 용이하다. 기존 연구들을 살펴보면 수면 위생과 낮잠 시간을 줄이는 것보다는 수면 제한이 더 효과적이었다. 특히 은퇴를 한 노인들 같은 경우에는 하루 일과가 바쁘지 않고 정기적으로 가야 할 직장이 없기 때문에 할 일이 없어 하루 종일 침대에 누워 있을 수 있다.

낮잠 줄이기 및 행동 활성화

연령이 높은 환자는 낮잠을 자는 비율이 높은데, 이것은 규칙적인 스케줄이 없기 때문일 수도 있고, 주간 졸림증이 노화와 함께 심해져서일 수도 있다. 낮잠을 많이 자면 밤에 수면에 대한 욕구를 감소시키기 때문에 오히려 불면증 증상이 심해질 수 있다. 낮잠을 자는 시간에 할 수 있는 즐거운 활동에 대해 회기 내에서 다룰 수 있으며, 또한 아침에 하는 신체 활동과 햇볕을 쬐는 것은 각성 신호를 강화시킬 수 있기 때문에 주간 졸림증을 감소시킬 수 있다. 노인들은 대부분 일정한 스케줄이 없기 때문에, 지루함과 외로움을 감소시킬 수 있는 활동이 어떤 것이 있는지에 대한 상담이 회기 내에서 많은 부분을 차지한다.

요양 시설에 있는 노인들을 대상으로 한 개입

요양 시설에 있는 노인들 중 주간 졸림증, 불면증과 잠을 자는 것에 대한 불편감을 호소하는 노인들은 사망과 관련이 있다. 요양 시설에 있는 노인들의 불면증에 기여하는 요인은 크게 개인적인 요인(정신과적 질환, 요실금, 약물 복용 등), 노화와 관련된 일반적 요인(수면 구조의 변화, 일주기 리듬의 변화), 그리고 환경적 및 행동적 요인이다. 이 중 환경적 및 행동적 요인은 개입 가능하며, 특히 충분한 빛 노출을 받지 못한다거나, 오랜 시간 침대에 누워 있거나, 신체 활동 부족, 빛과 소음으로 인해 밤 시간에 침실 환경이 쾌적하지 못한 것과 같은 요인이다. 한 연구에서는 요양 시설에 있는 노인들을 대상으로 침대에서 보내는 시간을 제한하고, 아침 시간에 30분 이상 햇볕 쬐기, 주 3회 신체 활동 증가 및 침실 환경의 빛과 소음을 최소화한 결과, 낮잠 시간이 감소하고 밤 시간의 각성 횟수 감소에 도움을 준다는 결과를 밝혔다.

치매 환자를 위한 개입

치매 환자들 중 44% 정도가 수면 문제가 있으며, 치매 환자의 간병인 또한 환자가 밤 중에 돌아다니거나, 침대에서 반복적으로 일어나는 행동으로 인해 수면 도중 자주 깨는 것에 익숙해지게 된다. 수면 문제는 치매 환자와 간병인의 신체적·정신적 건강과 밀접한 관련이 있으며, 치매 환자를 요양 시설로 보내게 되는 주요 원인 중 하나이다. 한 연구에서는 총 6회기 동안 치매 환자와 간병인을 대상으로 한 불면증을 위한 개입을 통해 그 효과성을 입증하였다. 이 연구에서는 수면 위생, 매일 걷기와 주 3회 광 치료 혹은 햇빛 쬐기와 같은 개입을 했다. 치매 환자들은 특히 빛에 대한 수용도가 떨어질 수 있고, 뇌에서 빛에 대한 민감도도 감소할 수 있다. 연구에서의 치료 프로그램 구성은 〈표 18.2〉와 같다.

표 18.2 ● 치매 환자와 간병인을 대상으로 한 수면 개입 프로그램(McCurry et al., 2005)

회기	프로그램 내용
1회기	• 수면 일지를 바탕으로 수면 위생 프로그램 구성 • 간병인에게 취침 및 기상 시간을 정해 주고, 30분 이상 일탈하지 않도록 지시 • 치매 환자가 오후 1시 이후 낮잠을 자지 못하게 제한 • 낮잠은 30분 이내로 제한
2회기	• 적어도 30분 이상(야외에서 걷기 권장) 매일 걷기 • 수면 일지 검토
3회기	• 매일 1시간 이상(치매 환자가 취침하기 3시간 전) 광 치료 • 침실 환경에서 빛 줄이기
4~6회기	• 3회기까지의 준수 사항 검토 • 수면 일지 검토 • 행동 활성화 • 치료 장애물 분석 및 해결하기

📝 사례에 대한 치료자 노트

내담자는 이전에 직장에서 바쁘게 생활을 하다가 특별한 취미 활동 없이 은퇴를 맞이하였고, 여유 시간의 증가와 일정한 스케줄의 부재로 인해 불면증에 걸린 사례였다. 또한 거기에다가 암 진단을 받고 항암 치료를 받아 완치하기는 했지만, 주간 피로도도 높은 수준이었다. 암 투병 시 약해진 몸으로 인해 신체 활동도 적은 편이었으며, 노화를 동반하는 수면무호흡증도 치료 중이었다.

우선 치료 초반에 가장 중요한 수면 제한을 실시하였다. 현재 거의 11시간 동안 침대에 누워 있었지만 실제 자는 시간은 7시간밖에 되지 않았다. 치료 회기에서 내담자가 왜 예전에 비해 오래 침대에 누워 있는지 분석할 필요가 있었으며, 내담자는 예전이 비해 지루하고 외로워하고 있다는 것을 알 수 있었다. 특별한 취미 생활을 갖고 있지 않은 내담자는 침대에서 나와 하루 일과를 시작하더라도 텔레비전을 보는 것 이외에는 할 일이 없었으며, 암 투병으로 인해 체력도 많이 약해진 상태였다.

상담의 많은 부분은 은퇴 이후 지루함과 외로움을 느끼는 과정에 대한 정상화와 공감, 그리고 내담자가 행동 활성화를 할 수 있도록 내담자가 좋아하는 활동을 찾는 일을 다뤘으며, 수면에 대해 이야기하는 비중은 비교적 적었다. 이야기 도중 예전부터 수영을 배우고 싶어 했다는 것을 알았고, 체력이 약해져 있었기 때문에 신체 활동이 증가하는 것은 좋은 생각이라고 강화하였다. 동시에 수면 제한을 하여, 11:30pm~7:00am까지 침대에서 보내는 시간을 제한하고 아침 시간에 수영 교실을 다닐 것을 권장하였다.

수면 제한으로 인해 입면 후 각성 시간은 현저하게 줄어들었으며, 예전에 일에 쏟은 열정을 다른 관심사로 주의를 돌리니 내담자의 수면은 단시간에 현저하게 좋아졌다. 또한 수면 교실에서 새로운 친구들을 만나, 3회기까지만 오고, 4회기부터는 약속을 잡기는 했지만 수면 상태가 좋아졌다며 치료 종결을 원하여 더 이상 치료를 진행하지 않았다.

제19장

수면착각 증후군과
불면증

사례 "몇 년째 잠을 한숨도 못 잤어요."

주 호소 방 씨는 63세 여성으로, 평소에 잠들기까지 시간도 오래 걸리고, 총수면시간도 2~3시간에 불과하며, 한 번 깨면 다시 잠들기 어렵다고 호소하였다. 주관적인 호소를 들었을 때에는 불면증처럼 보였으나, 수면다원검사 결과, 객관적인 수면은 본인의 주관적인 수면과 상당히 차이가 있는 것으로 밝혀졌다. 그녀는 잠들기 어렵고, 중간에 자주 깨고 나면 다시 잠들기 어렵다고 호소하였다. 텔레비전을 보며 소파에 앉아 있으면 졸리지만, 침대에 들어가면 잠이 확 달아난다고 했다. 유발 요인은 큰아들을 장가 보내고, 며느리와 다툰 이후 2~3일간 잠을 못 잔 것이 계기가 되어, 그 이후 5년 넘게 잠을 못 자고 있다고 하였다. 불면증 발생 이전에는 12:00~5:30am까지 잤다고 보고하였다.

현재 수면 습관

- 취침 시간 : 10:30~11:00pm
- 불 끄는 시간 : 동일
- 잠들기까지의 시간 : 1시간 이상
- 입면 후 각성 시간 : 2시간
- 기상 시간 : 7:00am
- 침대에서 나오는 시간 : 7:00am
- 총수면시간 : 5시간 이내
- 수면 효율성 : 63%
- 수면제 복용 여부 : 최근 항우울제와 로라제팜(Lorazepam) 1mg을 처방받아 주 2~4회 복용 중이며 이틀이나 3일에 한 번 정도만 복용하고 신경안정제 복용 시 잠은 잘 자는데 아침에 일어나면 멍하고 잠이 덜 깬 것 같다고보고
- 일주기 유형 : 중간형이지만 주말에는 조금 더 늦게 잠자리에 드는 편

치료 목표 "수면제를 먹지 않고 잘 자고 싶다."

불면증 과거력 5년 전 불면증 발생

정신과 병력 경미한 우울 및 불안 증상을 호소하였지만 치료 과거력은 없음

약물력 없음

신체 질환 과거력　없음

진단

(DSM-5 기준)

- F51.01(307.42) 불면장애, 지속성

(ICSD-3 기준)

- 만성 불면장애, 역설적 불면증

수면다원검사 결과

- 주관적 및 객관적 수면 지표에 상당한 차이가 있는 것으로 밝혀짐
- 침대에서 보낸 시간(TIB) : 457.5분
- 총수면시간(TST) : 388분
- 수면 잠복기(SOL) : 10분
- 수면 효율성(SE) : 76.1%
- 주관적 수면 : 환자는 잠들기까지 90분이 소요되고, 총수면시간은 210분으로 추정하였으며, 평소 수면과 비슷하다고 보고하였음

치료 계획

- 수면 일지 작성
- 수면 제한

수면착각 증후군이란?

수면착각 증후군은 '역설적 불면증'이라고도 하며, 국제수면장애진단분류(International Classification of Sleep Disorders)의 기준에 의하면 환자의 수면다원검사나 액티그래피와 같은 객관적인 도구로 측정한 수면과 수면 일지에 기록된 주관적인 수면이 꾸준히 불일치를 나타낼 때 진단을 내린다. 겉으로 보기에는 불면증 증상과 비슷하나, 수면다원검사와 같은 객관적인 수면을 측정하면 주관적인 수면과 차이가 많이 난다. 또한 보고하는 수면 박탈의 정도에 비해 주간 기능 장애가 덜 나타날

때에도 의심해 보아야 한다. 과거 어떤 내담자가 찾아와서, 본인이 지난 5년간 밤에 한숨도 자지 못한다고 호소하였다. 5년 동안 잠을 잔 총시간이 "0시간"이라고 보고하였으나, 수면다원검사를 해 보니, 코를 골며 7시간을 푹 자는 것이 아니겠는가! 이 환자 역시 아침에 일어나서는 7시간을 잤는데도 불구하고 또 "한숨도 못 잤다"고 호소하였다.

전반적으로 모든 불면증 환자는 본인의 수면 잠복기를 실제보다 과도하게 추정하고, 총수면시간은 축소해서 추정한다. 인지 모델에서는 수면에 대한 왜곡이 불면증을 유지시키는 핵심 과정이라는 연구도 있다. 만약 불면증이 있는 환자가 스스로 잠을 충분하게 자지 못한다고 인지한다면 수면과 관련된 불안과 집착이 증가할 것이다. 불면증 환자는 "나는 수면을 통제할 수 없어", "나는 잘 대처할 수 없어", "직장 업무를 잘하지 못해 잘릴 거야"와 같은 파국적인 생각까지 할 수 있다. 결국 이런 생각들은 수면을 방해하고, 만성 불면증을 유지시키는 요인이 될 수 있다.

수면착각 증후군 환자를 위한 CBTI를 할 때 유의할 점

안타깝게도 수면착각 증후군 환자의 치료는 아직까지 잘 연구된 바가 없다. 1992년 한 연구에서는 수면착각 증후군 환자들을 대상으로 수면다원검사를 하여, 뇌파의 변화에 따라 연구 참여자들이 잠든 이후 환자들을 깨우고, 수면 잠복기를 예측할 수 있는 훈련을 시행하였다. 본인의 수면 잠복기 예측의 정확도에 대한 피드백을 줌으로써 더 짧은 훈련을 통해 불면증 환자들이 본인의 수면을 보다 정확하게 예측할 수 있다는 연구도 있었지만, 실제로 이런 훈련은 수면다원검사 장비를 사용해야 하는 번거로움과 입면 이후 여러 번 환자를 깨워야 한다는 번거로움이 있기 때문에 현장에서는 많이 사용되지 않는다(실제로 훈련을 위해 환자를 입면 후 27번 깨워야 하기 때문에 훈련에 참여하고자 하는 환자가 많지 않을 것이라고 생각한다).

일부 환자는 치료에서 환자의 수면 시간이 자신의 생각보다 길다는 것을 직면시키면 회복된다. 또한 점진적 근육 이완법, 바이오피드백, 자극 조절 기법, 수면 제한 등의 많은 행동치료가 효과적이다. 간혹 수면제가 도움이 되기도 하는데 이는 환자가 야간에 너무 잠을 자지 못한다고 느낄 때 일어나는 공황 증상을 감소시켜 준다. 흥미로운 것은 수면다원검사상 별 변화가 없다고 하더라도 환자는 수면제를 복용한 후에 호전되었다고 보고하는 것이다.

간단한 객관적 및 주관적 지표 개입법

어떤 환자들은 실제로 객관적 지표와 주관적 지표의 차이를 보여 주는 것이 도움이 된다. 총 1~2회기로 진행이 가능한 Harvey와 동료들이 개발한 행동 개입법은 1회기에서 객관적 지표(주로 액티그래피 사용)와 주관적 지표(수면 일지)를 측정한다. 그 이후, 환자는 액티그래피의 수면 지표를 읽는 방법을 교육시켜, 3일마다 스스로 본인의 수면 잠복기와 총수면시간을 계산하는 방법을 알게 한다. 다음 단계에서는 액티그래피에서 수집한 객관적 수면 지표와 수면 일지에서 수집한 주관적 수면 지표를 나란히 비교하여, 객관적 지표와 주관적 지표의 점수 차이를 계산하게 한다. 이 개입법은 환자가 본인이 예측한 주관적 수면과 객관적 수면의 차이를 알게 하는 데 그 목적이 있다. 이 행동 개입법은 특히 수면 잠복기를 과대 추정하는 불면증 환자들에게 효과가 있다.

수면다원검사를 통한 수면 상태 확인

만성 불면증 환자의 경우, 수면제 복용 전에 수면착각 증후군이 아닌지 의심된다면 반드시 수면다원검사를 해 봐야 한다. 이런 증상을 가진 환자들은 업무 성취도 저하, 운전 중 과도한 졸림으로 인한 교통사고, 불면증으로 오인한 수면제 장기 복용 등의 문제를 초래할 수 있다.

　수면착각 증후군은 수면다원검사 이후 좋아지기도 하며 평소 환자들의 수면 상태에 대한 올바른 수면 정보를 제공해 잠을 잘 못 자고 있는 게 아니라는 점을 확인시켜 주면 개선되는 경우도 있다. 기저질환에 의해 수면장애가 발생했다면 원인을 파악하고 치료해야 수면착각 증후군이 개선될 수 있다.

불면증의 하위 유형 살펴보기

최근에 발견된 불면증의 하위 유형 두 가지가 있다. 불면증 환자 중에서도 짧은 수면 시간(6시간 미만)과 정상적인 수면 시간을 보이는 환자들이 있다. 즉 짧은 수면 시간 불면증과 정상 수면 시간 불면증이 있는데, 이 두 가지 하위 유형 중에는 정상 수면 시간(6시간 이상) 불면증 환자가 짧은 수면 시간 불면증 환자에 비해 MMPI에서 정신병리적인 프로파일 및 수면착각 증후군을 갖고 있을 가능성이 높다는 연구들이 있다. 특히 정신병리 중에서도 우울증, 피로감, 불안감, 사후반추와 같은 성격적 특성을 갖고 있으며, 부적응적인 대처법은 총수면시간을 과소 추정하는 것에 영향을 미칠 수 있다. 반면, 짧은 수면 시간 불면증 유형은 생물학적인 문제와 관련성이 더 높기 때문에 CBTI와 같은 비약물적인 치료가 크게 효과가 없을 수 있다. 최근에는 불면증 환자 중 6시간 미만인 짧은 수면 시간 하위 유형보다 6시간 이상인 정상 수면 시간 하위 유형이 CBTI에 더 잘 반응한다는 연구들도 있다. 만약 불면증 환자 중에서 객관적인 도구로 수면 시간이 정상 범위에 해당된다면, 정신병리 및 수면착각에 대한 여부를 확인하는 것이 중요하다.

> ### 📝 사례에 대한 치료자 노트
>
> 사례의 내담자는 수면의 주관적 및 객관적 지표가 차이가 많이 나는 것을 볼 수 있다. 주관적 지표에서는 5시간이 채 되지 않는 수면 시간을 보고하였지만, 실제로 수면다원검사에서는 6시간이 넘었으며, 수면 잠복기 또한 90분이 넘는다고 보고하였지만 수면다원검사에서는 10분 이내였다. 액티그래피 착용과 수면 일지로 주관적 및 객관적 수면 지표를 비교하였으며, 총 4회기에 걸쳐 CBTI도 실시하였다. 특히 이 내담자의 경우, 불면증에 걸리기 이전의 수면 습관은 지금과 달랐다. 예전에는 12:00am에 취침했는데, 불면증에 걸린 이후 잠자리에 더 일찍 들어가 잠을 청해 보려는 수면 습관을 관찰할 수 있었다. 그렇기 때문에 수면 제한을 추천하여 예전처럼 12:00am에 잠자리에 들어갈 것을 권장하였고, 그 이후 수면 잠복기가 대폭 감소한 효과를 볼 수 있었다.
>
> 그 이외에도 이 내담자는 불면증 증상과 침대와의 관계가 조건화되어 있다는 것을 볼 수 있어 자극 조절 요법에 초점을 두었다. 이를 알 수 있는 대표적인 증상은, 마루에서 텔레비전을 보며 졸다가 침대에 들어가는 순간 갑자기 각성이 되

어 침대에서는 잠을 이루지 못하는 현상에서 볼 수 있다. 이는 이미 침대와 각성 상태가 조건화되어, 더 이상 침대를 자는 곳으로 학습하지 않는다는 것을 의미한다. 자극 조절 요법을 통해 소파에서 졸지 않고 모든 잠은 침대에서 자는 것을 원칙으로 하였다. 초저녁에 수면 욕구를 뺏기지 않기 위해 텔레비전을 볼 때에는 졸지 않게 활동을 하고, 졸릴 때 침대에 들어가게 했다. 또한 침대에서 30분 이상 잠이 오지 않으면 침대 밖으로 나와서 이완 활동을 하라고 지시하였다. 표와 그림에서 볼 수 있듯이 4회기 후에는 수면 효율성이 좋아졌다. 4회기에는 재발 증상이 있어 마지막에는 재발 방지에 초점을 두었고, 4회기 차에 내담자가 치료 중단을 원해 더 이상 치료를 진행하지는 않았다.

내담자의 수면 일지	치료 전	1차 후	2차 후	3차 후	4차 후
총수면시간(분)	284.3	276.1	305.7	317.9	305.0
침대에 누워 있는 시간(분)	492.1	343.6	339.3	354.3	365.7
수면 잠복기(분)	92.1	36.1	16.1	18.6	28.6
각성 횟수(회)	2.4	2.5	2.6	2.9	3.6
입면 후 각성 시간(분)	115.7	31.4	17.5	17.9	32.1
수면 효율성(%)	58%	80.4%	90.1%	89.7%	83%

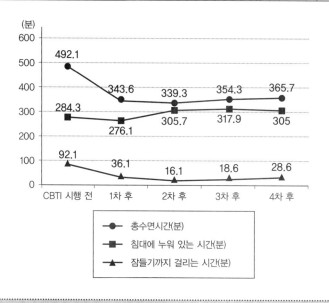

제 20 장

•

맺음말

잠을 자기 위해
사는 인생, 살기 위해
잠을 자는 인생

불면증을 위한 인지행동치료(CBTI)의 원리와 치료 항목은 비교적 복잡하지 않고, 배우기 쉽다. 그렇지만 수면 문제에는 워낙 많은 공존 질환이 존재하고, 방문하는 내담자들의 임상적인 호소 문제가 다양하기 때문에, 내담자에게 치료 효과를 극대화할 수 있는 맞춤형 CBTI를 하는 것은 쉽지 않다. 많은 경험이 필요하고, 수년간의 임상 및 상담 경험이 필요하다. 또한 수면의학이라는 분야가 다양한 학문에서 다학제적으로 접근하는 것이 가능하기 때문에, 의사, 간호사, 임상 및 상담 심리사, 엔지니어와 같은 분들과의 협업도 많이 필요한 분야이다.

앞서 각 공존 질환의 불면증을 치료할 때 특별히 주의할 점에 대해 배워 보았다. 치료를 진행하면서 치료를 방해할 수 있는 요인 및 재발 방지는 공통적으로 많은 임상가들이 어려워하는 부분이다. 대부분의 임상가는 수면 문제가 한 사람의 내적 문제라고 간주하는 경우가 많지만, 많은 경우에는 환경으로 인한 문제인 경우도 많다. 예를 들어, 부부 싸움을 심하게 한 날은 배우자 옆에서 누워서 자는 것을 어렵게 느낄 수 있고, 교대근무를 마치고 집에 와서 잠을 자야 하는데, 가족은 하루를 시작하며 시끄럽게 활동하기 때문에 잠을 자지 못할 수 있다. 치료를 진행하면서 만약 생각만큼 치료 효과가 크지 않다면, 어떤 장애물이 존재하는지 알아볼 필요가 있고 치료 준수가 잘 이루어지지 않는다면 한 발 물러서서 저항의 요인은 무엇인지 분석해 보아야 한다. 또한 불면증 환자들은 치료 중 준수는 잘하더라도, 치료를 종결하면서 불면증을 다시 경험하는 것에 대한 불안감을 느낄 수 있다. 그렇기 때문에 임상가는 민감하게 이런 사안들에 대해 잘 확인하고 넘어가야 한다.

치료의 장애물

다음 요인들은 치료 준수에 공통적으로 장애물로 작용하는 요인들이다.

안전 행동 불면증 환자들의 생각의 핵심에는 잠을 못 자면 무척 고통스럽고 스스로 견디지 못할 것이라는 두려움이 있다. 그렇지만 대부분은 그렇지 않다. 많은 사람들은 잠을 못 자고 컨디션이 좋지 않더라도 잘 대처하고 기능도 곧잘 한다. 기존 연구들에서는 우리의 뇌에서 수면 부족에 대한 적당한 보상 기제가 있어, 오히려 낮 동안 더 기능을 잘할 수 있도록 노력한다고도 한다. 많은 경우, 불면증 환자들은 불면증을 경험함과 동시에 '안전 행동'을 하게 되며, 단기 불면증에서 오는 수면 부족을 보상하기 위해 일상생활을 바꾸기 시작한다. 예를 들어, 사회 생활(친구들과 어울리기, 회식)과 같은 활동이 있어도 일찍 귀가하고, 하루 종일 휴식을 취할 수 있는 시간을 충분히 마련하려고 한다. 그러나 이러한 안전 행동들은 장기적으로 불면증을 해결하지는 못하고, 오히려 치료에 방해가 된다. 다음과 같은 행동은 안전 행동에 해당된다.

- 잠을 못 잔 다음 날은 사회 활동 및 업무량 줄이기
- 특정한 부정적인 생각에 대해 회피하거나 억압하기
- 잠을 자기 위해 술 마시기
- 잠자리에 든 후 잠이 오지 않으면 수면제 복용하기

안전 행동을 하는 것은 자기 예언적인 효과를 가져올 수 있다. "나는 잠을 못 자면 다음 날 기능을 못해"라는 핵심 생각을 갖고 있다면, 안전 행동을 하는 것은 그 생각을 강화하게 된다. 이런 생각은 오히려 다음 날 밤에 잠을 잘 자지 못할 것 같은 불안감을 증가시키고, 이 핵심 생각에 반대되는 증거를 경험할 수 있는 기회도 박탈시킨다. 또한 가장 많이 나타나는 안전 행동 중 하나인 사회 활동 줄이기는 장기적으로는 사람을 고립시키는데, 사회적 고립감은 향후 불면증에 더 취약하게 만들 수 있다. 불면증은 외로운 병이기 때문에 사회적 지지를 많이 받는 것이 도움이 되며, 오히려 사회적 활동을 줄이게 되면 우울증에도 취약해질 수 있다.

낮은 치료 동기 우울증이 있는 내담자는 치료 동기가 낮을 수 있다. 또한 노인들은 "어차피 나이 들면 다 불면증인데. 내 주변에 잠 잘 자는 사람 한 명도 없어."라고 말하는 경우가 간혹 있다. 불면증 자체가 치료를 할 수 있는 부분인지 의심하는 사람도 있다. 이런 내담자에게는 동기강화상담을 치료 시작 전에 하는 것도 도움이 된다. 또한 우울증 환자 같은 경우에는 아침에 침대에 나오기 어렵거나, 행동 활성화를 할 수 있는 활동을 하는 것을 어렵게 느낄 수 있다. 그런 경우에는 하기 싫어도 억지로라도 하게 되면 동기가 생길 수 있다는 이야기를 해 준다. 혹은 저항이 심하다면, '행동 실

험'을 하여 실제로 치료 지침을 시행해 보고 본인이 예측했던 결과와 달랐는지 확인하는 것도 한 방법이다.

수면 제한에 대한 저항　어떤 불면증 환자들은 잠을 못 자는데 침대에 누워 있는 시간을 더 줄이면 어떻게 하느냐고 반발하는 경우가 있다. 지금도 조금밖에 잠을 못 자는데, 침대에 누워 있는 시간을 더 줄이면 더 못 잘 것에 대한 두려움이 있다. 만약 불안 정도가 너무 높다면 '수면 압축'이라는 치료 요법을 통해 대체할 수 있다(제4장 참조). 만약 불안 정도가 아주 높지 않고 저항만 높다면, 다른 관점에서 이해할 수 있게 도와줄 수 있다. "어차피 2시간 누워서 뒤척거리며 괴로워하는데, 차라리 그 시간을 더 긍정적으로 활용해 본다고 생각하면 어떨까요?"와 같이, 그들이 자는 시간을 뺏는다기보다는 오히려 얻는 것이 더 많다는 점을 강조할 수 있다.

시계 보기　거의 대부분의 불면증 환자들은 시계와 자는 시간에 집착한다. 또한 요즘처럼 스마트폰이 많이 활용되는 시대에, 대부분 휴대전화를 침대 옆에 두고, 시계를 확인하고 알람으로 활용하는 경우가 많다. 그러나 시계를 사용하지 않는 것은 CBTI의 중요한 부분이다. 가장 큰 이유는, 시계를 계속 확인하는 것은 수면 착각에 영향을 미치기 때문이다. 수면 착각이란 객관적인 수면 지표에 비해, 주관적으로 본인의 수면 잠복기를 과대 추정하고, 총수면시간을 과소 추정하는 것을 의미한다(제19장 참조).

　여러 연구에서는 시계를 사용하여 자는 시간을 확인한 사람들은 수면 착각을 더 많이 했다고 밝혔다. 이 부분은 수면 일지를 작성할 때에도 시계를 사용하지 않고 일지를 작성하라는 지시와 같이 언급해 주면 좋다. 또한 불면증 환자들은 본인의 내적 졸림보다는 시계를 통해 본인이 얼마나 잘 잤고, 자지 못했는지 판단하는 경우가 많다. 또한 자다가 밤중에 일어나면 시계를 보고 일희일비하는 것도 흔한 일이다. 충분히 시간이 많이 남아 있다면, "아, 몇 시간 더 잘 수 있겠구나!"라고 기분이 좋을 수는 있지만, 반면 20분밖에 남아 있지 않으면 여전히 피곤한데 다음 날의 기능 및 업무 수행에 대해 불안해할 수 있다. 이런 부분은 특히 수면에 대한 불안감을 더 높일 수 있기 때문에 역기능적이다. 침실에서 시계를 치우고, 휴대전화도 침대와 먼 곳에 두어

시계는 오로지 알람으로만 사용할 것을 권장한다.

대인관계 문제　많은 사람들에게 수면은 혼자만의 활동이 아니다. 커플이나 기혼자라면 취침 시간 전의 활동과 취침 활동은 배우자, 파트너, 혹은 자녀의 영향을 받을 수밖에 없다. 예를 들어, 배우자가 침대에서 텔레비전을 자기 전에 보거나, 부부 싸움을 했거나, 아픈 아이가 있을 수 있다. 만약 부부 관계라면 명확한 의사 소통을 하여 치료 동안에 협조를 하는 것이 중요하고, 아이가 밤중에 자주 깬다면 아이도 수면 문제가 있는 것은 아닌지 확인할 필요도 있다(제18장 참조).

위와 같은 장애물 때문에 치료 준수가 계획대로 되지 않고, 치료 효과가 좋지 않다면 어떤 권장사항을 준수하는 데 어려움이 있는지 파악할 수 있다. 다음과 같은 간단한 질문지를 작성하게 하여, 각 문제에 대한 해결책을 찾는 것을 회기 내에서 다뤄야 한다.

당신은 다음과 같은 권장사항을 따를 가능성이 얼마나 높은가?

핵심 전략	전혀 가능성이 없다	약간 가능성이 있다	꽤 가능성이 높다	매우 가능성이 높다
1) 잠들지 못하면 침실 밖으로 나온다.	0	1	2	3
2) 침실 내에서 잠 이외의 다른 활동을 하지 않는다.	0	1	2	3
3) 안전 행동을 감소시킨다.	0	1	2	3
4) 자려고 애쓰지 않는다.	0	1	2	3
5) 매일 같은 시간에 기상한다.	0	1	2	3
6) 수면을 방해하는 생각을 수정한다.	0	1	2	3
7) 자는 시간과 비슷하게 침대에 누워 있다.	0	1	2	3

출처 : Carney & Manber, 2009.

재발 방지

많은 CBTI를 하고 있는 불면증 환자들은 현재 수면 지침을 잘 지키고 있지만, 치료가 종결이 되면 불면증 재발에 대한 불안감을 갖고 있을 수 있다. 다음과 같은 활동을 통해 재발을 방지할 수 있는데, 먼저 재발에 대한 현실적인 교육을 시키는 것이 가장 중요하다. 불면증 치료를 받았다고 해서 앞으로 절대 불면증에 걸리지 않는다는 것을 의미하지는 않는다. 스트레스 상황이 또 발생하게 되면, 언제든지 얼마든지 단기 불면증에 걸릴 수 있다. 그렇지만 불면증 증상을 경험하고 있다면, 예전과는 다른 점은 이제는 불면증 증상이 지속되지 않도록 많은 도구를 습득했다는 것이다. CBTI를 통해 지금까지 배운 것들을 잘 활용하여 극복할 수 있다는 점을 강조해야 한다. 불면증은 자연스러운 것이며 삶의 일부라고 생각하고, 심하게 불안해하거나 걱정하지 않고, 꼭 자야겠다는 강박관념을 버리는 것이 중요하다고 교육시켜야 한다.

또한 치료를 종결하면서 내담자들은 "이렇게 평생 살아야 하나요?"라는 질문을 던질 수 있다. 지금은 수면 지침을 엄격하게 지키고 있지만, 간혹 친구들과 술 마시고 늦잠을 잘 수도 있고, 급한 일이 있으면 버퍼 존 없이 일하다가 침대에 누울 수 있는데, 또 불면증에 걸릴까 걱정할 수 있다. 물론 CBTI에서 배운 많은 지침을 잘 준수할수록 불면증을 예방할 수 있을 것이다. 그렇지만 불면증 증상이 완화된다면, 이런 수면 스케줄도 치료 도중처럼 엄격하게 지키지 않아도 잠을 잘 잘 수 있다. 치료에 참여하는 많은 불면증 환자들이 간혹 화를 내며, "제 남편은 매일 침대에서 1시간씩 휴대전화하고, 자기 전에 술 마셔도 자려고 누우면 바로 잠들어요! 불공평해요!"라고 한다. 본인도 잠을 잘 자기 시작하면, 엄격하게 지켰던 수면 스케줄을 조금 완화할 수 있다. 그렇지만 만약 불면증 증상이 재발한다고 느끼면, 다시 배웠던 지침들을 실천할 때이다. 특히 많은 내담자들은 치료 종결 이후 부스터 회기를 통해 1~2회기 동안 다시 수면 스케줄을 지킬 수 있게 돌아오기도 한다.

다음과 같은 활동과 핸드아웃을 통해 재발 방지에 대한 여러 대화를 회기 내에서 나눌 수 있다.

재발 방지 및 예방

1. CBTI 6회기를 통해 내가 실행한 것들에 ✓ 체크하세요.

　　□ 수면 위생　　　　　　　　　□ 자극 조절

　　□ 수면 제한 – 정해 준 수면 스케줄 따르기

　　□ 이완 요법　　　　　　　　　□ 수면에 대해 다르게 생각하기

　　□ 마음챙김 명상　　　　　　　□ 수면제 줄이기

2. CBTI에서 가장 나에게 도움이 됐던 것을 기술하세요.

_____

_____

_____

_____

3. CBTI에서 가장 도움이 되지 않았던 것을 기술하세요.

_____

_____

_____

_____

4. 재발할 수 있는 가장 위험한 상황이 무엇이라고 생각합니까?

_____

_____

_____

_____

5. 이런 상황이 생기면 어떻게 대처하겠습니까?

_____

_____

_____

맺음말

불면증 환자를 접하고, 불면증 연구를 하고, 불면증을 치료하고자 하는 임상가들을 대상으로 교육을 한 지 12년이 흘렀다. 많은 내담자들을 만나면서 드는 생각은, 불면증 환자들은 잠을 자지 못해 괴로워서 살기 위해 잠을 자는 인생보다는 잠을 자기 위해 사는 인생을 산다는 것이다. 이는 거꾸로 된 인생이다. 불면증 치료의 가장 근본적인 질문은, "나는 무엇 때문에 사는가? 나의 인생은 무엇 때문에 가치가 있는가?"라는 질문에 대해 답을 하는 것이다. 만약 그 질문에 대해 답을 잘할 수 있다면, 현재 수면 부족과 외로운 밤을 보내는 것이 힘들더라도 불면증을 위한 비약물적인 치료를 통해 충분히 동기를 찾아, 새로운 인생을 찾을 수 있을 것이라고 생각한다. 약물 치료도 효과적인 해결책이 될 수는 있지만, 비약물적인 치료는 시간과 노력을 더 들이는 만큼 경제적이고 장기적인 치료 효과를 유지할 수 있기 때문에 근본적인 문제를 해결할 수 있다. 지금까지 치료 장면에서 만나, 불면증을 해결하고 새로운 인생을 찾은 수많은 내담자들이 그렇게 이야기할 것이다.

부록

부록 1. CBTI

치료자를 위한 요약된 치료 항목

1. 〈수면 위생 챙기기〉 내담자는 아래와 같은 나쁜 수면 습관을 갖고 있는가?

☐ 낮잠(30분 이상)

☐ 자기 전 흡연

☐ 불규칙적인 수면제 복용

☐ 잠자리에 들기 4시간 전에 커피 및 카페인 들어간 음료 섭취

☐ 잠자리에 들기 2시간 전에 알코올 섭취(칵테일 3잔, 맥주 2병, 와인 3잔 이상)

☐ 잠들기 위해 알코올 섭취

☐ 잠자리에 들기 2시간 전에 격렬한 운동

☐ 시끄럽거나 온도 조절이 잘 되지 않는 침실 환경

2. 〈수면 제한〉 단계별 계산법

● 수면 효율성(SE) 계산하기

  ■ 내담자가 잠자리에 드는 시간? ＿＿＿＿＿＿＿＿ (a)

  ■ 내담자가 실제로 일어나는 시간? ＿＿＿＿＿＿＿＿ (b)

  ■ 잠자리에서 보내는 시간 : (a)~(b) → ＿＿＿＿＿시간 ＿＿＿＿＿분 (TIB)

  ■ 내담자가 잠드는 데까지 걸리는 시간? ＿＿＿＿＿＿＿ 분 (SOL)

  ■ 내담자가 잠들고 나서 깨어 있는 시간? ＿＿＿＿＿＿＿ 분 (WASO)

  ■ 잠자리에 든 후 깨어 있는 시간 : (SOL) + (WASO) = ＿＿＿＿＿＿ 분 (c)

  ■ 총수면시간(TST) = TIB − (c) = ＿＿＿＿＿＿시간 ＿＿＿＿＿ 분

  ■ 수면 효율성(SE) = (TST / TIB) × 100 = ＿＿＿＿＿＿ %

● 취침/기상 시간 처방해 주기

  ■ 침대에서 보내는 시간(TIB)은 총수면시간(TST) + 30분을 원칙으로 하되 5.5시간 이하로 떨어지지 않는다.

  ■ TIB = TST + 30분 = ＿＿＿＿＿＿＿ 시간 ＿＿＿＿＿ 분

- 기상 시간을 정한다. 주중에 일어나야 하는 가장 이른 시간으로 정하는 것을 원칙으로 한다.
  - 기상 시간 : _____
  - 기상 시간으로부터 거꾸로 취침 시간을 정한다.
  - 취침 시간 : _____
- 처방된 취침/기상 시간 : _____:_____ ~ _____:_____
- 팁
  - 내담자가 자살 생각이 있거나 조증이 있을 경우 → 수면 제한을 하지 않는다.
  - 내담자가 우울증이 있을 경우 → 행동 활성화(Behavioral Activation) : 내담자가 우울증이 있으면 침대를 도피처로 사용하기 때문에 아침에 침대에서 나오기 힘들어하며, 낮 시간 동안에도 침대에 가지 않도록, 전통적인 우울증을 위한 CBT 중에서 행동 활성화를 행한다. 낮 시간을 구조화해 준다. 이 요법은 최근에 은퇴해서 잠을 못 자는 내담자에게도 해당된다.
  - 내담자가 지연성 수면위상 증후군이 있을 경우 → 이런 경우 내담자가 일어나기 무척 힘들어한다. 주중에는 일하러 가야 하기 때문에 어떻게 해서라도 일어나지만, 주말에 몰아서 자는 경우가 많다. 이런 내담자들은 주말 기상 시간도 일정해야 한다는 것을 강조한다. 또한 주말 기상 시간 직후, 친구와 약속을 잡는 것과 같은 활동을 계획한다.
  - 내담자가 처방된 취침/기상 시간(TIB Prescription)에 대해서 몹시 불안해하는 경우 → 간혹 내담자가 불안이 너무 심하면 처방된 취침/기상 시간에 대한 압박감으로 인해 불면증 증상이 악화될 수 있다. 이런 내담자에게는 수면 제한을 하지 않는다. 오히려 이완 요법, 계획된 걱정의 시간(Scheduled Worry Time, 뒤의 '자극 조절' 참조)과 마음챙김 명상을 사용한다. 꼭 잠을 자야 한다는 압박감에서 벗어나침대에서 '휴식'을 취하게 해도 된다.
    역설적 의도(Paradoxical Intention)를 사용해도 좋다. 이것은 오히려 최대한 잠들지 않게 노력하라고 지시하는 상담 기법이다.

1회기 이후에…
- 주말, 주중에도 일정한 기상 시간을 유지한다. 7일 동안 유지한다.

- 수면 효율성이 85~90% → TIB 15~30분 증가
- 수면 효율성이 85% 이하 → TIB 15~30분 감소해서 85%에 도달할 때까지 지속

3. 〈자극 조절〉

- 자극 조절은 잠드는 시간이 30분 이상 걸리는 내담자나, 잠들고 나서 밤중에 깨어 있는 시간이 30분 이상인 분을 위해 적합하다.
- 내담자에게 졸림과 피곤함의 차이를 교육시키고, 졸린 느낌이 들 때에만 침대에 들어가라고 지시한다. 목표는 침대를 졸림하고만 연관시키는 것이다.
- 이때 교감신경과 부교감신경의 차이에 대해서 알려 주며, 부교감신경이 활성화되어야지만 잠이 온다는 것을 교육시킨다.
- 30분 이상 침대에서 깨어 있으면 침대에서 나와 다른 방으로 가서 편안한 휴식 취하기 → 이때 내담자가 할 수 있는 활동을 상담 시간 동안 같이 이야기해 본다. 특별히 각성되는 일은 피한다.
- 졸릴 때 다시 침대로 돌아오고, 필요하면 반복한다.
- 팁
  - 버퍼 존(Buffer Zone) → 내담자가 잠드는 데까지 30분 이상이 걸리면 버퍼 존을 권한다. 버퍼 존이란 잠들기 위한 준비를 하기 위해 잠들기 1~2시간 전에 마음을 가라앉힐 수 있는 활동을 하는 것이다.

      내담자가 저녁형인 경우 2시간, 저녁형이 아닌 경우는 1시간을 권장한다.

      내담자와 이 시간 동안 할 수 있는 활동에 대해 같이 논의한다(예 : 명상, 이완요법, 재미없는 텔레비전 프로그램 보기, 재미없는 책 읽기, 뜨개질, 목욕, 족욕, 애완견 털 빗겨 주기, 기타 등등).

      피해야 할 활동 → 각성을 하게끔 하는 것들, 예를 들어 설거지, 빨래 정리, 너무 재미있는 드라마 보기, 손에서 놓기 힘든 책 읽기 등

  - 계획된 걱정의 시간(Scheduled Worry Time) → 특별히 잠 드는 데까지 30분 이상이 걸리는 내담자에게 유용하다. 침대에 누워 온갖 생각을 하는 내담자라면 특별히 계획된 걱정의 시간을, 적어도 잠들기 4~5시간 전에 하도록 한다. 시간은 20~30분이 적당하다. 취침 시간 직전(1~2시간 전)에는 피해야 한다. 침대가

아닌 곳으로 가서 오늘의 걱정거리를 적어 본다. 걱정하는 것 중에 통제 가능한 것과 가능하지 않은 것을 나누어 본다. 통제 가능한 것에 대해서는 해결책을 고민해 본다. 통제가 가능하지 않은 것에 대해서는 '놓아주기'를 연습한다. 걱정은 계획된 걱정의 시간에만 하는 것을 허용한다.

4. 〈이완 요법〉

- 점진적 이완 요법(Progressive Muscle Relaxation), 심상 요법(Autogenic Training), 복식 호흡(Breathing Techniques)
- 팁
  - 이완 요법은 CBTI에서 많은 분들이 생략하지만, 실제로 CBTI에서 가장 중요한 항목 중 하나이다. 특별히 불안한 사람에게 부교감신경계의 비활성화를 위해 자기 전에 꼭 시행하도록 한다.

5. 〈인지 요법〉

- 내담자가 수면에 대해 갖고 있는 역기능적인 생각을 바꾸어 본다.
- 특별히, 수면과 다음 날 활동 및 생산성의 관계가 일대일이 아니라는 것을 교육시킨다. 수면 외에 다음 날 피곤할 수 있는 다양한 이유에 대해서 생각해 보도록 한다. 예를 들어, 전날의 음주, 스트레스, 과식, 물을 충분히 마시지 않아서, 기타 등등.

6. 〈마음챙김 명상〉

- 비판단(Non-judging) → 매일 아침마다 내가 어젯밤 잘 잤는가 고민하는 사람
- 인내심(Patience) → 잠을 자기 위해 많이 노력하는 사람
- 초심(Beginner's Mind)
- 신뢰(Trust)
- 애쓰지 않음(Non-striving) → 잠을 자기 위해 많이 노력하는 사람
- 수용(Acceptance) → 잠을 못 자서 짜증이 많이 나 있는 사람
- 놓아주기(Letting Go) → 스트레스를 많이 받는 사람, 잠을 자기 위해 많이 노력하는 사람

- 팁
  - 마음챙김 명상은 특별히 잠을 자기 위해 많은 노력을 하는 사람에게 효과가 있다. 우리는 살기 위해 잠을 자는 것이지, 잠을 자기 위해 사는 것이 아니라는 교육을 꼭 시킨다.

7. 〈이 외의 팁〉

- PTSD 내담자의 경우 악몽을 많이 꿀 때
  - 심상시연치료(Imagery Rehearsal Therapy) → 이런 내담자들에게는 심상시연치료를 병행한다. 내담자가 반복적으로 꾸는 악몽을 상담 시간 동안 쓰도록 한다. 결말을 다르게 써 본다(행복한 결말로). 내담자에게 매일 새로운 결말의 악몽을 읽어 보거나 연상하는 연습을 하게끔 한다.
  - 이완 요법을 반드시 병행한다.
- 지연성 수면위상 증후군 내담자의 경우 → 수면 관성(Sleep Inertia)에 대한 교육 : 모든 사람은 수면 관성을 경험한다. 수면 관성이란 잠에서 깨서, 정신이 맑아지는 각성 상태에 이르기까지의 전환되는 시간을 의미한다. 지연성 수면위상 증후군 내담자의 경우는 수면 관성이 일반인에 비해 길고 힘들게 느껴진다. 즉 아침에 처음 일어났을 때 느껴지는 피곤함의 정도가 훨씬 크다. 그렇지만 아침에 일어나자마자 피곤하다고 해서 전날 밤 잠을 못 잔 것은 아니다. 이것은 단지 수면 관성 때문이다. 그렇기 때문에 아침에 일어나자마자 느끼는 피곤함으로 전날 밤 수면의 질을 평가해서는 안 된다.
- 수면제를 줄이고 싶은 경우 → 내담자에 따라 다르지만, 2주에 25%씩 줄이는 것을 원칙으로 하되, CBTI 항목과 꼭 병행해야 하며, 그중 이완 요법을 꼭 같이 사용하여야 한다. 또한 심리학자는 의사가 아니기 때문에 수면제를 줄일 때에는 환자가 약을 처방한 의사와 상의하도록 꼭 권장한다.
- 타 정신 질환이나 수면장애가 의심되는 경우 → 많은 불면증 환자는 아직 진단받지 않은 타 정신 질환이나 수면장애가 있을 수 있다. 만약 그렇다면 적절한 상담소나 병원에 가서 치료를 받을 수 있도록 도와준다.

치료 항목에 대한 요약

1. 수면 위생 중 시행할 것

_____

2. 수면 제한

처방된 취침/기상 시간 : _____:_____ ~ _____:_____

☐ 행동 활성화 사용

계획한 일 : _____

☐ 역설적 의도 사용

3. 자극 조절

☐ 잠이 오지 않을 때 할 수 있는 일

_____

☐ 버퍼 존 사용(1~2시간)

계획한 일 : _____

☐ 계획된 걱정의 시간 사용

_____시부터 _____시까지 하기로 약속

4. 이완 요법

☐ 점진적 이완 요법 : 주 _____회 연습

☐ 이미지 요법 : 주 _____회 연습

☐ 복식 호흡 요법 : 주 _____회 연습

5. 마음챙김 명상 중 집중할 항목에 ○표 하세요.

비판단   인내심   초심   신뢰   애쓰지 않음   수용   놓아주기

6. 기타

☐ 수면제 줄이기 : 이번 주부터 지금 먹는 수면제의 _____%만 복용

☐ 심상시연치료

☐ 광 치료 : _____시부터 45분간

☐ 휴식처(Resting Place)

☐ (불면증 이외의 이유로) 심리 상담

☐ 병원 내원 권장(타 수면장애 혹은 질환 의심)

오늘 날짜 >>						
1. 수면제 : 나는 오늘 잠을 자기 위해 약을 먹었다. 약의 이름과 양을 적어 주세요. a. 잠자리에 들 때 먹은 약 b. 수면 중 깬 뒤 먹은 약 약을 먹지 않았으면 기재하지 않으셔도 됩니다.	1a. 1b.	1a. 1b.	1a. 1b.	1a. 1b.	1a. 1b.	1a. 1b.
2. 잠자는 시간 a. 잠자리에 누운 시간 b. 불을 끈 시간 c. 오늘 아침 침대에서 나온 시간	2a. 2b. 2c.	2a. 2b. 2c.	2a. 2b. 2c.	2a. 2b. 2c.	2a. 2b. 2c.	2a. 2b. 2c.
3. 총수면시간 나는 총 ___ 시간 ___ 분을 잤다.	___ 시간 ___ 분	___ 시간 ___ 분	___ 시간 ___ 분	___ 시간 ___ 분	___ 시간 ___ 분	___ 시간 ___ 분
4. 총 깨어 있는 시간 나는 어젯밤에 총 ___ 분 깨어 있었다. (4a+4b) a. 잠들기까지의 시간 b. 밤중에 깨어 있었던 시간(잠들고 나서 일어날 때까지 총 깨어 있었던 시간)	총 깨어 있던 시간: ___ 분 4a. 잠들기까지: ___ 분 4b. ___ 분	총 깨어 있던 시간: ___ 분 4a. 잠들기까지: ___ 분 4b. ___ 분	총 깨어 있던 시간: ___ 분 4a. 잠들기까지: ___ 분 4b. ___ 분	총 깨어 있던 시간: ___ 분 4a. 잠들기까지: ___ 분 4b. ___ 분	총 깨어 있던 시간: ___ 분 4a. 잠들기까지: ___ 분 4b. ___ 분	총 깨어 있던 시간: ___ 분 4a. 잠들기까지: ___ 분 4b. ___ 분
5. 밤중에 깬 횟수						
6. 수면의 질 1=매우 형편없다 …… 10=매우 좋다						
7. 낮잠 : 어제 나는 ___ 분 동안 낮잠을 잤다.						
8. 피곤함 : 어제 나의 피곤함 정도 1=매우 피곤하다 …… 10=힘이 넘친다						
메모 :						

부록 3. 호흡 요법

호흡 요법

편한 자세로 앉습니다. 눈을 편하게 감고 한 손을 배위에 올려놓고 크게 숨을 들이쉬고 내쉬기 시작합니다. 숨을 내쉴 때에는 천천히 빨대로 숨을 내쉬듯이 숨을 내쉽니다. 숨을 들이쉬고 내쉴 때마다 손이 움직이는 것을 느낍니다. 코로 깊이 들이쉬면서 차가운 공기가 들어오는 것을 느끼고, 입으로 크게 내쉬며 따뜻한 공기가 몸 속에서 빠져나가는 것을 느낍니다.

숨을 크게 들이쉬며 배가 부풀어 오릅니다. 그리고 숨을 내쉬면서 배가 납작해집니다. 차가운 공기를 들이쉬고, 따뜻한 공기를 내쉽니다. 몸의 모든 긴장이 풀립니다. 그리고 편하게 호흡을 합니다.

세 번 나누면서 호흡하기

이번에는 숨을 들이쉴 때 세 번에 나누어서 숨을 쉬겠습니다. 숨을 나누어서 쉴 때, 세 번으로 나누는 호흡의 양을 같게 할 수 있도록 노력해 봅니다. 자, 시작하겠습니다. 숨을 들이쉽니다, 하나-둘-셋. 그리고 숨을 천천히 내쉽니다. 다시 한 번 반복합니다.

이번에는 반대로 하겠습니다. 크게 숨을 들이쉬고 숨을 세 번에 나누어서 내쉬겠습니다. 방금 전과 똑같이, 숨을 나누어서 쉴 때, 세 번으로 나누는 호흡의 양을 같게 할 수 있도록 노력해 봅니다. 자, 시작해 보겠습니다.

숨을 크게 들이쉽니다. 그리고 숨을 하나- 둘-셋, 나누어서 내쉽니다.

4-7-8 호흡 요법

숨을 크게 코로 4초 동안 들이쉽니다.
숨을 7초 동안 참습니다.
숨을 8초 동안 내쉽니다.

반복해서 연습합니다.

부록 4. 점진적 근육 이완 요법

의자 뒤로 기대고 눈을 감습니다. 자, 이제부터 제가 하는 말을 귀 기울여 들으시기 바랍니다. 지금부터 현재 자신의 몸에 있는 긴장감을 느끼게 되고, 이 긴장감을 어떻게 푸는지 알려 드리겠습니다. 우선, 왼쪽 팔, 특히 왼쪽 손에 집중을 합니다. 왼쪽 주먹을 꼭 쥡니다. 왼쪽 주먹을 꼭 쥐고, 손과 팔에 느껴지는 긴장감을 느낍니다. 그 긴장감들을 관찰합니다. 그리고 이제 힘을 풀어 줍니다. 왼쪽 손에서 긴장감을 풀고 왼쪽 손을 살포시 무릎이나 의자 위에 올려놓습니다. 현재 느끼시고 있는 이완과 방금 전에 느끼셨던 긴장감의 차이를 관찰해 봅니다. (10초) 자, 다시 한 번 왼쪽 손의 주먹을 꼭 쥐고, 왼쪽 손과 팔에서 느껴지시는 긴장감을 관찰합니다. 그 긴장감을 느끼시고 이제는 긴장을 풀어 줍니다. 손가락을 살며시 벌리고, 힘을 풀어 주며 방금 전에 근육에서 느꼈던 긴장감과 현재 느끼고 있는 이완의 차이를 관찰합니다. (10초)

자, 이제 오른손도 똑같이 해 보겠습니다. 오른쪽 주먹을 꽉 쥡니다. 힘준 상태에서 긴장감을 관찰하고 (5초) 그리고 이제 힘을 풀어 줍니다. 오른쪽 주먹에서 힘을 풀어 줍니다. 다시 한 번 힘을 줬을 때의 긴장감과 지금 느끼고 있는 이완의 차이를 관찰합니다. 그리고 그 차이를 즐기기 바랍니다. (10초) 다시 한 번 오른쪽 주먹을 꽉 쥡니다. 더 세게 쥡니다. 거기서 느껴지는 긴장감을 관찰합니다. 다시 한 번 관찰합니다. 자, 이제 힘을 푸십시오. 손가락을 살짝 벌리고 손을 편하게 해 줍니다. 긴장을 조금 더 풀 수 있으면 풀어 봅니다. 최대한 이완을 했다고 느껴질 때에도 노력하면 더 이완을 할 수 있습니다. 다시 한 번 방금 전에 느꼈던 긴장감과 현재 느끼고 있는 이완의 차이를 관찰합니다. 이제, 왼쪽과 오른쪽 팔과 손은 전보다 조금 더 이완됐습니다.

자, 손목을 굽혀서 손가락이 천장을 보도록 손등에 힘을 줍니다. 손목에서 느껴지는 긴장감을 관찰하고, 힘을 풀어 줍니다. 손을 제자리로 돌려놓고, 방금 전에 느껴졌던 긴장감과 현재 느끼고 있는 이완의 차이를 관찰합니다. (10초) 한 번만 더 하겠습니다. 손가락은 천장을 향하고, 손등과 손목에 힘을 줍니다. 이제 힘을 푸십시오. 놓아줍니다. 더 깊이, 더 많이 이완을 하며 힘을 풀어 주고 놓아줍니다. (10초)

자, 이제 두 손의 주먹을 꽉 쥐고 어깨 쪽으로 당겨 주며 양팔에 힘을 줍니다. 팔에서 느껴지는 긴장감을 관찰합니다. 이제 힘을 푸십시오. 팔을 제자리에 돌려놓고, 지금 느끼시는 이완과 방금 전까지 느꼈던 긴장감과의 차이를 관찰합니다. (10초) 한 번 더 반복합니다. 양손의 주먹을 쥐고 팔을 어깨 쪽으로 당겨서 어깨를 닿아 보려고 노력합니다. 힘을 주고 그 긴장감을 관찰합니다. 잠시 그 자세를 유지하면서 관찰합니다. 이제 힘을 풀어 주십시오. 다시 한 번 팔을 제자리에 돌려놓고 팔에서 느껴지는 이완감을 즐깁니다. 다시 한 번 방금 전에 느꼈던 긴장감과 현재 느끼고 있는 이완의 차이를 관찰합니다. 계속 근육을 풀어 주려고 노력합니다. 더 깊이, 더 많이 이완을 하며 긴장감을 날려 보냅니다. (10초)

얼굴의 긴장 또한 풀 수 있습니다. 지금 이마의 주름을 잡아 봅니다. 이마에 주름이 자글자글해졌다고 느껴질 때까지 이마에 주름을 잡고, 이마 근육에 힘을 줍니다. 이제 힘을 푸십시오. 이마를 다시 한 번 펴 주고, 이마 근육을 풀어 주십시오. (10초) 다시 한 번 반복합니다. 이마에 주름을 잡습니다. 눈 위에 있는 근육에서 느껴지는 긴장감을 관찰합니다. 이제 힘을 푸십시오. 그 근육들을 이완시킵니다. 다시 한 번 방금 전에 느꼈던 긴장감과 현재 느끼고 있는 이완의 차이를 관찰합니다.

이제 눈을 꼭 감습니다. 눈을 꼭 감아서 눈 주위의 근육에 힘을 줍니다. (5초) 자, 이제 힘을 푸시고 이완을 합니다. 방금 전에 느끼셨던 긴장감과 현재 느끼고 있는 이완의 차이를 관찰합니다. (10초) 다시 한 번 반복합니다. 눈을 꼭 감고 눈 주변의 근육에 힘을 줍니다. 힘을 주고 그 긴장감을 잠시 유지합니다. (5초) 이제 힘을 푸시고 놓아줍니다. 눈은 방금 전처럼 편안하게 감은 상태로 돌아갑니다. (10초)

자, 이제는 윗니와 아랫니를 악 무십시오. 턱에서 느껴지는 긴장감을 관찰합니다. (5초) 이제 힘을 푸십시오. 입술이 살짝 벌어지게 힘을 풀어 주며 방금 전 턱에서 느껴졌던 긴장감과 현재 느끼고 있는 이완의 차이를 관찰합니다. (10초) 다시 한 번 반복합니다. 윗니와 아랫니를 악 무십시오. 힘을 주고 긴장감을 관찰합니다. (5초) 자, 이제 힘을 풀고 놓아줍니다. 더 깊이, 더 많이 이완을 하며 계속 편한 상태에서 이완을 합니다. (10초)

이제 어깨와 등쪽에 집중을 합니다. 허리를 쭉 피고 가슴을 내밀어 등 위쪽에 힘을 줍니다. 힘을 주고 긴장감을 관찰합니다. 이제 힘을 풀어 주십시오. 다시 한 번 몸을 의자 등받이에 기대며 방금 전에 느꼈던 긴장감과 현재 느끼고 있는 이완의 차이를 관찰합니다. 지금 근육들은 점점 더 이완을 하고 있습니다. (10초) 다시 한 번 허리를 쭉 피고 가슴을 내밀어 등에 힘을 줍니다. 힘을 주고 긴장감을 관찰합니다. (5초) 자, 이제 힘을 푸십시오. 등쪽에 있는 모든 긴장감을 풀고 이완을 계속합니다. (10초)

이제 크게 숨을 들이쉬고 허파에 공기를 가득 채워 주고 참습니다. 공기를 가득 채우고 가슴에서 배까지 느껴지는 긴장감을 관찰합니다. 힘을 주고 관찰합니다. 이제 숨을 내쉽니다. 몸에 긴장을 풉니다. 숨을 내쉬고 예전처럼 편하게 호흡합니다. 다시 한 번 방금 전에 느꼈던 긴장감과 현재 느끼고 있는 이완의 차이를 관찰합니다. (10초) 다시 한 번 반복합니다. 크게 숨을 들이쉬고 참습니다. 조금 더 참고 긴장감을 관찰합니다. 숨을 참고 느낍니다. 이제 숨을 내쉬고 예전처럼 아주 편하게 호흡을 합니다. 가슴과 배 근육에 있는 긴장감을 풀어 주며, 한 번씩 숨을 내쉴 때마다 더 많은 이완을 합니다. 더 깊이 이완을 하고 몸에 있는 긴장감을 풀어 줍니다. (10초)

자, 이제 배에 힘을 꼭 줍니다. 배가 딱딱해지도록 힘을 줍니다. 그리고 참습니다. 배를 최대한 딱딱하게 만듭니다. 이제 힘을 푸십시오. 배 근육의 긴장을 풀어 줍니다. 모든 것을 놓아주고 이완을 합니다. (10초) 다시 한 번 반복합니다. 배 근육에 힘을 주고 거기서 느껴지는 긴장감을 관찰합니다. (5초) 이제 이완을 하고 다 놓아줍니다. 더 깊이, 더 많이, 모든 긴장감을 다 놓아줍니다. 긴장감을 날려 보내고 방금 전에 느꼈던 긴장감과 현재 느끼고 있는 이완의 차이를 관찰합니다. (10초)

이제 다리를 쭉 뻗으십시오. 쭉 뻗어서 종아리에 힘을 줍니다. 쭉 뻗고 버팁니다. (5초) 이제 힘을 푸십시오. 힘을 풀고 종아리에서 방금 전까지 느꼈던 긴장감과 현재 느끼고 있는 이완의 차이를 관찰합니다. (10초) 다시 한 번 반복합니다. 무릎에 힘을 주고 다리를 쭉 뻗어서 허벅지가 딱딱해지는 것을 느낍니다. (5초) 이제 힘을 푸십시오. 다리 근육의 긴장을 풀어 줍니다. 허벅지의 모든 긴장감을 풀어 줍니다. (10초)

이제 발톱을 세워서 머리 쪽으로 끌어당기며 종아리에 힘을 줍니다. 발톱을 머리 쪽으로 끌어당기면 종아리가 당기는 느낌이 듭니다. 힘을 주고 그 긴장감을 관찰합니다. 이제 힘을 푸십시오. 다리에 힘을 풀고 방금 전까지 느꼈던 긴장감과 현재 느끼고 있는 이완의 차이를 관찰합니다. (10초) 다시 한 번 발톱을 세워 머리 쪽으로 잡아당깁니다. 힘을 주어 긴장감을 관찰합니다. 이제 놓아줍니다. 그 근육들을 풀어 주고 더 많이, 더 깊이 이완을 하며 온몸의 긴장감을 풀어 줍니다. (10초)

지금까지 근육들을 긴장도 시켰지만, 이완시키기도 했습니다. 근육에서 느껴지는 긴장감과 이완 상태의 차이점을 느끼셨습니다. 만약에 어떤 부위에 근육의 긴장감이 남아 있다고 느끼면, 그 부위에 집중해서 그 근육에게 이완하라고 메시지를 보내고 힘을 풀도록 노력할 수 있습니다. 만약에 어떤 한 부위를 이완하도록 노력하고 집중한다면 조금이라도 꼭 이완을 하실 수 있습니다.

　자, 이제 의자에 앉아서 지금까지 긴장과 이완을 반복한 근육들을 정리해 보겠습니다. 각 부위의 이름을 부르면 그 부위의 근육에 아직도 긴장이 남아 있는지 집중해 봅니다. 만약에 긴장이 남아 있다면 그 근육에 집중을 하고 이완을 하도록 노력해 봅니다. (5초) 발, 발목, 그리고 종아리의 근육을 이완합니다. (5초) 무릎과 허벅지를 이완합니다. (5초) 하반신 전체의 근육을 이완합니다. (5초) 배와 허리, 그리고 등을 이완합니다. (5초) 가슴과 어깨를 이완합니다. (5초) 팔, 팔꿈치, 손, 그리고 손가락 하나하나까지 다 이완합니다. (5초) 목구멍과 목을 이완합니다. (5초) 턱 근육과 얼굴 근육을 모두 이완합니다. (5초) 몸 전체의 근육을 이완시켜 줍니다. (5초) 이제 조용히 앉아서 눈을 감고 잠시 이완 상태를 즐깁니다. 그 외엔 아무것도 하지 않습니다. 조용히 눈 감은 상태로 앉아 있습니다.

　자, 이제 5에서 1까지 거꾸로 셉니다. 1이라고 하는 순간 눈을 뜨고, 기지개를 펴며 각성 상태에 도달합니다. 5, 4, 3, 2, 1. 눈을 뜨고 깨어나십시오.

부록 5. 불면증 평가 설문지

1. 불면증 심각성 척도(Insomnia Severity Index, ISI)
2. 피츠버그 수면의 질 척도(Pittsburgh Sleep Quality Index, PSQI)
3. 수면 전 각성 척도(Pre-Sleep Arousal Scale, PSAS)
4. 글라스고 수면노력 척도(Glasgow Sleep Effort Scale, GSES)
5. 수면에 대한 역기능적 생각 척도(Dysfunctional Beliefs about Sleep Scale, DBAS)
6. 아침형-저녁형 질문지(Morningness-Eveningness Questionnaire, MEQ)
7. 엡워스 졸림 척도(Epworth Sleepiness Scale, ESS)
8. 한국판 다차원피로척도(Multidimensional Fatigue Scale, MFS)
9. 수면에 대한 기능적 결과 질문지(Functional Outcomes of Sleep Questionnaire, FOSQ)
10. 베를린 질문지(Berlin Questionnaire, BQ)
11. 폐쇄성 수면무호흡증 스크리닝 질문지(STOP-Bang Questionnaire)

1. 불면증 심각성 척도(Insomnia Severity Index, ISI)

1) 최근 2주 동안에 당신의 불면증의 심한 정도를 아래에 표시하십시오.

	전혀	약간	보통	심한	매우 심한
a. 잠들기 어려움	0	1	2	3	4
b. 수면 유지가 어려움(자주 깸)	0	1	2	3	4
c. 새벽에 너무 일찍 잠에서 깸	0	1	2	3	4

2) 당신의 현재 수면 패턴에 얼마나 만족하십니까?

매우 만족   ←   →   매우 불만족

0	1	2	3	4

3) 당신의 수면 문제가 당신의 삶의 질에 영향을 미치고 있다는 것을 남들이 얼마나 알아챌 수 있다고 생각하십니까?

전혀 알 수 없다	간신히 알 수 있다	어느 정도 알 수 있다	쉽게 알 수 있다	매우 쉽게 알 수 있다
0	1	2	3	4

4) 당신의 현재 수면 문제에 대하여 얼마나 걱정하고 고통받으십니까?

전혀 걱정 하지 않는다	조금 걱정한다	약간 걱정한다	많이 걱정한다	매우 많이 걱정한다
0	1	2	3	4

5) 당신의 수면 문제가 일상생활에 어느 정도 방해가 되십니까? (예 : 낮 동안 피곤함, 직장 또는 일상생활 수행 능력, 집중력, 기억력, 기분 등)

전혀 방해되지 않는다	조금 방해된다	어느 정도 방해된다	많이 방해된다	무척 많이 방해된다
0	1	2	3	4

출처 : Bastien, C. H., Vallières, A., & Morin, C. M. (2001). Validation of the insomnia severity index as an outcome measure for insomnia research. *Sleep Medicine*, 2 , 297-307.

2. 피츠버그 수면의 질 척도(Pittsburgh Sleep Quality Index, PSQI)

다음은 지난 한 달(4주) 동안 당신의 일상적인 수면 습관에 관한 질문입니다. 지난 한 달 동안 대부분의 일상에서 가장 적합한 답변에 ✓표시 혹은 기록을 해 주시기 바랍니다. (반드시 모든 질문에 답하여 주시기 바랍니다.)

1. 지난 한 달 동안, 당신은 평소 몇 시에 잠자리에 들었습니까?	보통 오전/오후 _____ 시 _____ 분에 잠자리에 든다.
2. 지난 한 달 동안, 당신은 밤에 잠자리에 들어서 잠이 들기까지 보통 얼마나 오래 걸렸습니까?	_____ 시 _____ 분이 걸린다.
3. 지난 한 달 동안, 당신은 평소 아침 몇 시에 일어났습니까?	보통 오전/오후 _____ 시 _____ 분에 일어난다.
4. 지난 한 달 동안, 당신이 밤에 실제로 잠잔 시간은 얼마나 됩니까? (이것은 당신이 잠자리에서 보낸 시간과 다를 수 있습니다.)	하루 밤에 _____ 시 _____ 분

다음 각 문항에서 가장 적합한 응답을 하나만 고르십시오. 모든 질문에 응답해 주시기 바랍니다.

5. 지난 한 달 동안, 당신은 아래의 이유로 잠자는 데 얼마나 자주 문제가 있었습니까? (우측 칸에 표시하세요.)	지난 한 달 동안 없었다.(없다)	1주에 1번 보다 적음(주 1회 미만)	1주에 1~2번 정도(주 1~2회)	1주에 3번 이상(주 3회 이상)
a. 취침 후 30분 이내에 잠들 수 있다.				
b. 한밤중이나 새벽에 깼다.				
c. 화장실에 가려고 일어나야 했다.				
d. 편안하게 숨쉴 수가 없다.				
e. 기침을 하거나 시끄럽게 코를 골았다.				
f. 너무 춥다고 느꼈다.				
g. 너무 덥다고 느꼈다.				
h. 나쁜 꿈을 꾸었다.				
i. 통증이 있었다.				
j. 그 외에 다른 이유가 있다면, 기입해 주세요. (이유는?_____ _____) 지난 한 달 동안, 당신은 위에 기입한 이유들 때문에 잠자는 데 얼마나 자주 어려움이 있었습니까?				

6) 지난 한 달 동안, 당신은 전반적으로 수면의 질이 어느 정도라고 평가하십니까?

☐　매우 좋음　　☐　상당히 좋음　　☐　상당히 나쁨　　☐　매우 나쁨

7) 지난 한 달 동안, 당신은 잠들기 위해 얼마나 자주 약을 복용했습니까? (처방약 또는 약국에서 구입한 약)

☐　지난 한 달 동안 없었다　　　　☐　1주에 1번보다 적게

☐　1주에 1~2번 정도　　　　　　☐　1주에 3번 이상

8) 지난 한 달 동안, 당신은 운전하거나, 식사 때 혹은 사회 활동을 하는 동안 얼마나 자주 졸음을 느꼈습니까?

☐　지난 한 달 동안 없었다　　　　☐　1주에 1번보다 적게

☐　1주에 1~2번 정도　　　　　　☐　1주에 3번 이상

9) 지난 한 달 동안, 당신은 일에 열중하는 데 얼마나 많은 문제가 있었습니까?

☐　전혀 없었다　　☐　매우 조금 있었다　　☐　다소 있었다　　☐　매우 많이 있었다

10) 당신은 다른 사람과 같은 잠자리에서 자거나 집을 같이 쓰는 사람이 있습니까?

☐　같은 잠자리에서 자거나 집을 같이 쓰는 사람이 없다

☐　집에 다른 방을 쓰는 사람이 있다

☐　방을 같이 쓰지만 같은 잠자리에서 자지 않는다

☐　같은 잠자리에서 자는 사람이 있다

만일 같은 방을 쓰거나 같은 잠자리에서 자는 사람이 있다면, 그 사람에게 지난 한 달간 당신이 다음과 같은 행동을 얼마나 자주 했는지 물어보십시오.

a) 심하게 코 골기

☐　지난 한 달 동안 없었다　　　　☐　1주에 1번보다 적게

☐　1주에 1~2번 정도　　　　　　☐　1주에 3번 이상

b) 잠잘 때 숨을 한동안 멈추고 다시 숨쉬기

☐　지난 한 달 동안 없었다　　　　☐　1주에 1번보다 적게

☐ 1주에 1~2번 정도　　　☐ 1주에 3번 이상

c) 잠잘 때 다리를 갑자기 떨거나 흔들기

☐ 지난 한 달 동안 없었다　　　☐ 1주에 1번보다 적게

☐ 1주에 1~2번 정도　　　☐ 1주에 3번 이상

d) 잠자다가 잠시 시간, 장소, 상황을 인식하지 못하거나 혼란스러워함

☐ 지난 한 달 동안 없었다　　　☐ 1주에 1번보다 적게

☐ 1주에 1~2번 정도　　　☐ 1주에 3번 이상

e) 잠자는 동안 다른 뒤척거리는 행동들이 있었으면 직접 기입해 주십시오.

_____

☐ 지난 한 달 동안 없었다　　　☐ 1주에 1번보다 적게

☐ 1주에 1~2번 정도　　　☐ 1주에 3번 이상

출처 : Buysse, D. J., Reynolds, C. F., Monk, T. H., Berman, S. R., & Kupfer, D. J. (1989). The Pittsburgh Sleep Quality Index : a new instrument for psychiatric practice and research. *Psychiatry research*, 28(2), 193–213.

3. 수면 전 각성 척도(Pre-Sleep Arousal Scale, PSAS)

다음 질문들 중에서 자신에게 해당하는 것에 표시하시오.

문 항	전혀	약간	보통	많이	심하게
1. 잠드는 것에 대해서 걱정한다.	①	②	③	④	⑤
2. 하루의 일들에 대해서 반성하거나 깊이 생각한다.	①	②	③	④	⑤
3. 우울하거나 걱정스러운 생각이 든다.	①	②	③	④	⑤
4. 잠 이외의 문제들에 대해 걱정한다.	①	②	③	④	⑤
5. 정신이 맑고, 활동적이다.	①	②	③	④	⑤
6. 생각하는 것을 멈출 수 없다.	①	②	③	④	⑤
7. 생각들이 머리를 계속 맴돈다.	①	②	③	④	⑤
8. 주위의 소리와 잡음에 마음이 산란하다.	①	②	③	④	⑤
9. 심장이 빨리 뛰거나 두근거리거나 불규칙하게 뛴다.	①	②	③	④	⑤
10. 몸에 대해서 신경이 과민해지고 신경이 쓰인다.	①	②	③	④	⑤
11. 숨이 가빠지거나 숨이 찬다.	①	②	③	④	⑤
12. 근육이 긴장되거나 뻣뻣해진다.	①	②	③	④	⑤
13. 손이나 전신에 차가운 느낌이 든다.	①	②	③	④	⑤
14. 속이 좋지 않다(신경성 통증이나 구토, 가스).	①	②	③	④	⑤
15. 손바닥이나 몸에서 땀이 난다.	①	②	③	④	⑤
16. 입이나 목이 마른 느낌이 든다.	①	②	③	④	⑤

출처 : Jansson-Fröjmark, M., & Norell-Clarke, A. (2012). Psychometric properties of the Pre-Sleep Arousal Scale in a large community sample. *Journal of psychosomatic research*, 72(2), 103–110.

4. 글라스고 수면노력 척도(Glasgow Sleep Effort Scale, GSES)

다음 7개 문항은 당신의 지난주 야간 수면 패턴에 대한 내용입니다. 각 문항마다 당신에게 해당된다고 여겨지는 내용을 한 개만 선택하여 응답해 주세요.

1	나는 저절로 잠이 들어야 할 때 잠자기 위해 많은 노력을 한다.	매우 그렇다	보통이다	전혀 그렇지 않다
2	나는 내 잠을 통제할 수 있다고 생각한다.	매우 그렇다	보통이다	전혀 그렇지 않다
3	나는 잠을 잘 수 없다는 두려움 때문에 밤에 잠자리에 드는 것을 미룬다.	매우 그렇다	보통이다	전혀 그렇지 않다
4	나는 잠을 못 자면 잠을 자지 않는 것에 대해 걱정한다.	매우 그렇다	보통이다	전혀 그렇지 않다
5	나는 잠을 잘 자지 못한다.	매우 그렇다	보통이다	전혀 그렇지 않다
6	나는 잠자리에 들기 전에 자는 것에 대해 걱정한다.	매우 그렇다	보통이다	전혀 그렇지 않다
7	나는 잠을 자지 못했을 때의 결과에 대해 걱정한다.	매우 그렇다	보통이다	전혀 그렇지 않다

출처 : Broomfield, N., & Espie, C. (2005). Towards a valid, reliable measure of sleep effort. *Journal of Sleep Research*, 14, 401-407.

5. 수면에 대한 역기능적 생각 척도(Dysfunctional Beliefs about Sleep Scale, DBAS-16)

아래 제시된 내용은 사람들이 수면에 대해 갖고 있는 생각과 태도를 적은 것입니다. 각각의 문장에 얼마나 동의하는지 혹은 동의하지 않는지를 표시해 주십시오. 정답은 없습니다. 당신이 갖고 있는 개인적인 생각의 정도를 숫자에 동그라미로 표시해 주십시오. 당신의 상황과 직접적으로 맞지 않더라도, 모든 문항에 답해 주시기 바랍니다.

전혀 동의하지 않는다   매우 동의한다

0____1____2____3____4____5____6____7____8____9____10

1) 낮에 기운을 차리고, 일을 잘하려면 8시간은 자야 한다.

0____1____2____3____4____5____6____7____8____9____10

2) 전날 잠을 충분히 못 자면, 다음 날 낮잠을 자거나 잠을 좀 더 오래 자서 보충해야 한다.

0____1____2____3____4____5____6____7____8____9____10

3) 만성 불면증이 내 건강에 심각한 영향을 미칠지도 모른다는 염려를 한다.

0____1____2____3____4____5____6____7____8____9____10

4) 잠을 잘 조절할 수 있는 능력을 잃을지 모른다는 걱정을 한다.

0____1____2____3____4____5____6____7____8____9____10

5) 밤에 잠을 잘 못 자면 다음 날 일상 활동을 하는 데 지장을 준다고 알고 있다.

0____1____2____3____4____5____6____7____8____9____10

6) 낮 동안 맑은 정신으로 일을 잘하기 위해서는, 밤에 잠을 못 자느니 수면제를 먹는 것이 더 낫다고 생각한다.

0____1____2____3____4____5____6____7____8____9____10

7) 낮에 짜증나고 우울하거나 불안하게 느낀다면, 그건 대개 전날 밤에 잠을 잘 못 잤기 때문이다.

0____1____2____3____4____5____6____7____8____9____10

8) 낮에 피곤하고, 기력이 없거나 기능을 잘 못한다고 느낄 때는, 보통 그 전날 밤에 잠을 잘 자지 못했기 때문이다.

0____1____2____3____4____5____6____7____8____9____10

9) 충분히 잠을 못 자면 다음 날 낮에 기능을 거의 할 수 없다.

0____1____2____3____4____5____6____7____8____9____10

10) 밤에 잠을 잘 잘 수 있을 것인지 절대 예측할 수 없다.

0____1____2____3____4____5____6____7____8____9____10

11) 수면장애로 인해 생기는 부정적인 문제들에 대처할 만한 능력이 거의 없다.

0____1____2____3____4____5____6____7____8____9____10

12) 하룻밤 잠을 잘 못 자면, 그것이 그 주 전체의 수면 스케줄에 지장을 준다고 알고 있다.

0____1____2____3____4____5____6____7____8____9____10

13) 불면증은 근본적으로 화학적 불균형에 의해 생긴다고 생각한다.

0____1____2____3____4____5____6____7____8____9____10

14) 불면증 때문에 인생을 즐기지 못하고, 내가 원하는 것을 하지 못하게 된다고 느낀다.

0____1____2____3____4____5____6____7____8____9____10

15) 잠을 못 잘 때 유일한 해결책은 약물 치료일 것이다.

0____1____2____3____4____5____6____7____8____9____10

16) 밤에 잠을 잘 못 잔 다음 날 사회 혹은 가정에서 내가 해야 할 일들을 피하거나 취소하게 된다.

0____1____2____3____4____5____6____7____8____9____10

출처 : Morin, C. M., Vallières, A., & Ivers, H. (2007). Dysfunctional beliefs and attitudes about sleep (DBAS) : validation of a brief version(DBAS-16). SLEEP-NEW YORK THEN WESTCHESTER–, 30(11), 1547.

6. 아침형-저녁형 질문지(Morningness-Eveningness Questionnaire, MEQ)

답을 하기 전에 각 질문 내용을 자세히 읽으시고, 모든 문항에 답을 하십시오. 문항에는 순서대로 답해 주시고, 각 문항에 대한 답은 하나만 선택할 수 있습니다.

1) 낮 시간을 자유롭게 보낼 수 있다면 최상의 리듬을 느끼기 위해 당신은 언제 일어나겠습니까? (다음 시간에 한 점으로 표시하시오.)

5(오전)	6	7	8	9	10	11	12

2) 저녁 시간을 자유롭게 보낼 수 있다면 최상의 리듬을 느끼기 위해 당신은 언제 잠을 자겠습니까? (다음 시간에 한 점으로 표시하시오.)

8(오후)	9	10	11	12(오전)	1	2	3

3) 정해진 시간에 일어나야 한다면 알람시계에 얼마나 의존하겠습니까?

☐ 전혀 의존하지 않는다   ☐ 약간 의존한다

☐ 꽤 의존한다   ☐ 매우 의존한다

4) 적절한 환경에서 잠을 잔다면 당신은 아침에 일어나기가 쉽습니까?

☐ 전혀 쉽지 않다   ☐ 약간 쉽다   ☐ 꽤 쉽다   ☐ 매우 쉽다

5) 아침에 일어나서 30분 동안, 얼마나 확실하게 깨어 있습니까?

☐ 전혀 그렇지 않다   ☐ 약간 그렇다

☐ 꽤 분명하게 깨어 있다   ☐ 매우 분명하게 깨어 있다

6) 아침에 깨서 30분 동안, 식욕은 어떻습니까?

☐ 전혀 좋지 않다   ☐ 약간 좋다   ☐ 꽤 좋다   ☐ 매우 좋다

7) 아침에 깨서 30분 동안, 얼마나 피로감을 느낍니까?

☐ 매우 피곤하다   ☐ 꽤 피곤하다   ☐ 꽤 개운하다   ☐ 매우 개운하다

8) 다음 날 할 일이 없다면, 평소와 비교하여 언제 잠자리에 듭니까?

☐ 평소보다 늦게 잠자리에 드는 경우가 거의 없다

☐ 평소보다 1시간 이내 늦게 잠자리에 든다

☐ 평소보다 1~2시간 정도 늦게 잠자리에 든다

☐ 평소보다 2시간 이상 늦게 잠자리에 든다

9) 당신이 운동을 하기로 결정했습니다. 친구가 일주일에 두 번씩 오전 7~8시가 가장 좋은 시간이라고 제안한다면, 하루 중 당신의 가장 좋은 상태와 비교할 때 운동을 얼마나 잘할 수 있습니까?

☐ 잘할 것이다   ☐ 보통일 것이다

☐ 어려울 것이다   ☐ 매우 어려울 것이다

10) 저녁 몇 시에 피로감을 느껴 잠을 자고 싶습니까? (다음 시간에 한 점으로 표시하시오.)

| | | | | | | | | | | | | | | | | |
|8(오후)|9|10|11|12(오전)|1|2|3|

11) 2시간 동안 정신적으로 지치는 검사를 받을 경우, 자유롭게 시간을 선택한다면 다음 중 당신이 검사를 수행하기에 가장 좋은 시간은 언제입니까?

☐ 오전 8:00~10:00   ☐ 오전 11:00~오후 1:00

☐ 오후 3:00~5:00   ☐ 오후 7:00~9:00

12) 오후 11시에 잠자리에 든다면 당신의 피로도는 어느 정도입니까?

☐ 전혀 피곤하지 않다   ☐ 약간 피곤하다

☐ 꽤 피곤하다   ☐ 매우 피곤하다

13) 어떤 이유로 평소보다 몇 시간 늦게 잠자리에 들었으나, 다음 날 아침 정해진 시간에 일어나지 않아도 된다면 다음 중 어떨 가능성이 가장 높습니까?

☐ 평소와 마찬가지로 깨어나고 다시 잠들지 않을 것이다

☐ 평소와 마찬가지로 깨어나고 나중에 졸 것이다

☐ 평소와 마찬가지로 깨어나지만 다시 잠들 것이다

☐ 평소 보다 늦게 깨어날 것이다

14) 야간 당직으로 새벽 4시부터 6시까지 깨어 있고 다음 날 할 일이 없다면, 다음 중 당신에게 가장 잘 맞는 항목은 어느 것입니까?

☐ 당직이 끝나기 전까지 잠을 자지 않을 것이다

☐ 당직 전에 쪽잠을 자고 당직이 끝난 후에 수면을 취할 것이다

☐ 당직 전에 적당히 수면을 취하고 당직이 끝난 후에 쪽잠을 잘 것이다

☐ 당직 전에 수면을 충분히 취할 것이다

15) 2시간 동안 육체적으로 힘든 일을 하는 경우, 당신이 자유롭게 시간을 선택한다면 다음 중 그 일을 하기에 가장 좋은 시간은 언제입니까?

☐ 오전 8:00~10:00 　　　　☐ 오전 11:00~오후 1:00

☐ 오후 3:00~5:00 　　　　☐ 오후 7:00~9:00

16) 당신이 힘든 운동을 하기로 결정했습니다. 친구가 일주일에 두 번씩 오후 10~11시가 가장 좋은 시간이라고 제안한다면, 하루 중 당신의 가장 좋은 상태와 비교할 때 운동을 얼마나 잘 할 수 있습니까?

☐ 잘할 것이다 　　　　☐ 보통일 것이다

☐ 어려울 것이다 　　　　☐ 매우 어려울 것이다

17) 당신이 일하는 시간을 스스로 선택할 수 있다고 가정해 보십시오. 만약 쉬는 시간을 포함해서 5시간 일할 때, 일이 흥미롭고 실적에 따라 돈을 받는다면, 언제 일하겠습니까? (5칸을 연속적으로 표시하시오).

12 1 2 3 4 5 6 7 8 9 10 11 12 1 2 3 4 5 6 7 8 9 10 11 12
(자정) 　　　　　　　　　　(정오) 　　　　　　　　　　(자정)

18) 하루 중 당신의 리듬은 언제 최고가 된다고 생각합니까? (한 칸에만 표시하시오.)

12 1 2 3 4 5 6 7 8 9 10 11 12 1 2 3 4 5 6 7 8 9 10 11 12
(자정) 　　　　　　　　　　(정오) 　　　　　　　　　　(자정)

19) 사람을 아침형과 저녁형으로 나눈다고 하는데, 당신은 다음 중 어떤 유형이라고 생각합니까?

☐ 확실히 아침형이다 　　　　☐ 저녁형보다는 아침형에 가깝다

☐ 아침형보다는 저녁형에 가깝다 　　　　☐ 확실히 저녁형이다

출처 : Horne, J. A., & Ostberg, O. (1975). A self-assessment questionnaire to determine morningness-eveningness in human circadian rhythms. *International journal of chronobiology*, 4(2), 97-110.

7. 엡워스 졸림 척도(Epworth Sleepiness Scale, ESS)

다음 상황에서 단지 피곤함을 느끼는 것이 아니라 졸리거나 잠이 들 가능성이 얼마나 될까요? 최근 평상시의 생활방식을 말하는 것입니다. 최근에 다음과 같은 상황이 없더라도 그런 상황에 놓이면 어떻게 될지 가정해서 답해 주십시오. 아래의 점수를 기준으로 각 상황에서 가장 적당한 점수에 체크하십시오.

0 = 전혀 졸지 않는다

1 = 약간 졸 가능성이 있다

2 = 중간 정도로 졸 가능성이 있다

3 = 거의 매번 졸게 된다

상 황	졸게 될 가능성			
1. 앉아서 책을 읽는다	0	1	2	3
2. TV 시청	0	1	2	3
3. 공공장소에서 가만히 앉아 있을 때(극장, 모임 등)	0	1	2	3
4. 승객으로 1시간 동안 멈추지 않고 차를 타고 갈 때	0	1	2	3
5. 오후 시간에 짬이 나서 누워서 휴식을 취할 때	0	1	2	3
6. 앉아서 누군가와 대화를 나누는 경우	0	1	2	3
7. 술이 없는 점심식사 후 조용히 앉아 있는 경우	0	1	2	3
8. 운전 중에 교통이 정체되어 몇 분간 멈춰 서 있을 때	0	1	2	3

출처 : Johns, M. W. (1991). A new method for measuring daytime sleepiness : the Epworth sleepiness scale. sleep, 14(6), 540-545.

8. 한국판 다차원피로척도(Multidimensional Fatigue Scale, MFS)

지난 2주 동안 느끼셨던 경험과 가장 가깝다고 생각하는 곳에 ✓ 표 하여 주십시오.

항목	전혀 아니다	←	─	보통 이다	─	→	매우 그렇다
	1	2	3	4	5	6	7
1. 나는 피곤하면 나른해지고 졸림을 느낀다.							
2. 나는 피로할 때 인내심이 떨어진다.							
3. 나는 피로하면 일할 의욕이 나질 않는다.							
4. 나는 피로하면 집중력이 떨어진다.							
5. 나는 운동을 하고 나면 피로해진다.							
6. 나는 더우면 피로를 느낀다.							
7. 나는 스트레스를 받으면 피로를 느낀다.							
8. 나는 우울해지면 피로를 느낀다.							
9. 온도가 시원해지면 피로가 감소된다.							
10. 나는 쉽게 피로를 느낀다.							
11. 피로로 인하여 업무 능력이 떨어진다.							
12. 피로 때문에 문제가 자주 발생한다.							
13. 피로를 느낄 때 시간이 많이 걸리는 작업을 하면 능률이 떨어진다.							
14. 피곤하면 임무를 수행하는 데 어려움을 느낀다.							
15. 몸에 어떤 증상이 생기기 전에 먼저 피로를 느낀다.							
16. 피로는 나를 가장 무기력하게 만드는 증상이다.							
17. 피로는 가장 심각한 세 가지 증상 중 하나이다.							
18. 피로는 일, 가족, 정상적인 사회 생활을 방해한다.							
19. 나는 피곤하면 다른 증상들이 더욱 악화된다.							

출처 : 장세진(2000). 건강통계자료 수집 및 측정의 표준화 연구 : 피로. 대한예방의학회. P. 92-181

9. 수면에 대한 기능적 결과 질문지(Functional Outcomes of Sleep Questionnaire, FOSQ)

항목	(0) 나는 다른 이유로 이 활동을 하지 않는다	(4) 어려움 없음	(3) 예, 약간 어려움	(2) 예, 중증도 어려움	(1) 예, 많이 어려움
1. 당신은 졸리거나 피곤하기 때문에 당신이 하는 일에 집중하기가 어렵습니까?					
2. 당신은 졸리거나 피곤하기 때문에 일을 기억하기가 일반적으로 어땠습니까?					
3. 당신은 졸게 되거나 피곤해지기 때문에 식사를 끝마치기가 어렵습니까?					
4. 당신은 졸리거나 피곤하기 때문에 취미 활동을 계속하기가 어렵습니까? (예를 들면, 바느질, 수놓기, 정원 가꾸기)					
5. 당신은 졸게 되거나 피곤해지기 때문에 (160km보다) 짧은 거리를 자동차 운전하기가 어렵습니까?					
6. 당신은 졸게 되거나 피곤해지기 때문에 (160km보다) 긴 거리를 자동차 운전하기가 어렵습니까?					
7. 당신은 운전하거나 대중교통을 이용하는 데 너무 졸리거나 피곤하기 때문에 일을 다 마치기 어렵습니까?					
8. 당신은 졸리거나 피곤하기 때문에 재정 업무를 처리하거나 서류 작업을 하기가 어렵습니까?					
9. 당신은 졸리거나 피곤하기 때문에 취직 일 또는 자원봉사 일을 하기가 어렵습니까?					
10. 당신은 졸게 되거나 피곤해지기 때문에 전화 통화를 유지하기 어렵습니까?					
11. 당신은 졸게 되거나 피곤해지기 때문에 당신 집에서 가족이나 친구들과 이야기하기 어렵습니까?					
12. 당신은 졸게 되거나 피곤해지기 때문에 가족이나 친구들과 그들의 집에서 이야기하기 어렵습니까?					

13. 당신은 너무 졸리거나 피곤하기 때문에 가족이나 친구들을 위해 일을 하기가 어렵습니까?				
14. 당신은 졸게 되거나 피곤해지기 때문에 영화나 비디오테이프를 보기가 어렵습니까?				
15. 당신은 졸게 되거나 피곤해지기 때문에 연극이나 강의를 즐기기가 어렵습니까?				
16. 당신은 졸게 되거나 피곤해지기 때문에 음악회를 즐기기가 어렵습니까?				
17. 당신은 졸리거나 피곤하기 때문에 텔레비전을 보기가 어렵습니까?				
18. 당신은 졸리거나 피곤하기 때문에 종교적 봉사, 회의, 또는 단체 또는 클럽에 참여하기가 어렵습니까?				
19. 당신은 졸리거나 피곤하기 때문에 아침에 당신이 원하는 만큼 활동적이기가 어렵습니까?				
20. 당신은 당신 활동의 일반적 수준을 어떻게 평가하시겠습니까?				
21. 당신은 졸리거나 피곤하기 때문에 이성과의 깊은 관계 또는 성관계가 지장을 받습니까?				
22. 당신은 졸리거나 피곤하기 때문에 이성과의 깊은 사귐에 대한 욕구 또는 성에 대한 욕구가 지장을 받습니까?				
23. 당신은 졸리거나 피곤하기 때문에 성적으로 흥분하게 되는 능력이 지장을 받습니까?				
24. 당신은 졸리거나 피곤하기 때문에 성적 흥분의 최고조(오르가즘)를 갖는 능력이 지장을 받습니까?				

출처 : Weaver, T. E., Laizner, A. M., Evans, L. K., Maislin, G., Chugh, D. K., Lyon, K., . . . Dinges, D. F. (1997). An instrument to measure functional status outcomes for disorders of excessive sleepiness. sleep, 20(10), 835–843.

10. 베를린 질문지(Berlin Questionnaire, BQ)

1) 당신은 코를 곱니까?

① 예   ② 아니요   ③ 모른다

2) 당신의 코골이는?

① 숨소리보다 약간 크다   ② 말소리 정도이다

③ 말소리보다 크다   ④ 매우 크다 - 옆방까지 들린다

	거의 매일	일주일에 3~4일	일주일에 1~2일	한 달에 1~2일	전혀 또는 거의 없다
3. 얼마나 자주 코를 고나요?	①	②	③	④	⑤
4. 당신의 코골이가 다른 사람에게 피해를 주나요?	①	②		③	
5. 수면 중 숨을 멈추는 경우가 있다고 합니까?	①	②	③	④	⑤
6. 아침에 잠에서 깨면 피로 또는 피로를 얼마나 자주 느끼십니까?	①	②	③	④	⑤
7. 근무하는 동안 피곤, 피로하거나 아직 잠이 덜 깬 것 같습니까?	①	②	③	④	⑤
8. 운전 중에 깜빡 졸았던 적이 있습니까?	①	②		③	
9. 운전 중 얼마나 자주 좁니까?	①	②	③	④	⑤
10. 고혈압이 있습니까?	①	②	③	④	⑤

출처 : Netzer, N. C., Stoohs, R. A., Netzer, C. M., Clark, K., & Strohl, K. P. (1999). Using the Berlin Questionnaire to identify patients at risk for the sleep apnea syndrome. *Annals of internal medicine*, 131(7), 485-491.

11. 폐쇄성 수면무호흡증 스크리닝 질문지(STOP-Bang Questionnaire)

1. 코골이가 심합니까? (말소리보다 크거나 방문 밖에서 들릴 정도로)	예	아니요
2. 낮 동안 피곤하거나 피로감, 혹은 졸리십니까?	예	아니요
3. 수면 도중 당신이 숨을 멈추는 경우가 있다고 누군가에게 들어 본 적이 있습니까?	예	아니요
4. 고혈압이 있거나 고혈압을 치료 중이십니까?	예	아니요
5. 목 둘레가 40cm 이상	예	아니요
6. 체질량 지수가 30kg/m^2 이상	예	아니요
7. 50세 이상	예	아니요
8. 남자	예	아니요

출처 : Chung, F., Yegneswaran, B., Liao, P., Chung, S. A., Vairavanathan, S., Islam, S., ... & Shapiro, C. M. (2008). STOP QuestionnaireA Tool to Screen Patients for Obstructive Sleep Apnea. *The Journal of the American Society of Anesthesiologists*, 108(5), 812－821.

부록 6. 교대근무자를 위한 수면 개선 프로그램*

치료 프로그램

공존질환 여부 확인

교대근무장의 내담자를 치료할 때, 먼저 공존질환 여부를 확인할 필요가 있다. 폐쇄성 수면무호흡증과 같은 다른 수면장애나 우울증과 같은 기분 장애 등은 교대근무장애와 흔히 공존하며, 이러한 질환들은 깨어 있어야 하는 시간 동안에 과도한 졸림 증상이나 피로를 유발할 수 있고 내담자의 수면 위생을 저해할 수도 있다.

수면장애
- 교대근무자들이 교대근무장애 외에 다른 수면장애를 보고하는 비율은 약 30% 정도이다.
- 교대근무자들이 자주 호소하는 '피로 증상'은 교대근무장애가 아닌 기저에 있는 다른 수면장애로 인한 증상일 수 있으며, 이는 수면의 질을 저하시키고 충분한 수면을 취하지 못하도록 방해한다.

기분장애
- 교대근무자들은 우울 증상을 높게 보고하며, 이는 여성 교대근무자들에게서 특히 더 두드러진다.
- 교대근무 자체가 내담자가 이미 가지고 있는 기분장애를 악화시킬 수도 있는데, 이는 교대근무자들이 빛에 노출되는 기회가 적기 때문일 수 있다.
- 교대근무장애 환자들은 교대근무장애가 없는 교대근무자들보다 불안과 우울을 경험할 가능성이 훨씬 더 높다.

기타 가능한 공존질환
- 여성 교대근무자들은 여성 주간근로자보다 유방암 발생률이 높고, 불임이나 생리 불순 등의 위험에 처할 수 있다.

---

* 이 자료는 성신여자대학교 행동과학과 심리치료연구실과 경찰청에 공동저작권이 있다.

● 교대근무자들이 자주 호소하는 과다졸림증은 고혈압의 위험 요인일 수 있으며, 교대근무자들은 주간근로자에 비해 심혈관 질환 발생률이 40% 더 높았다.

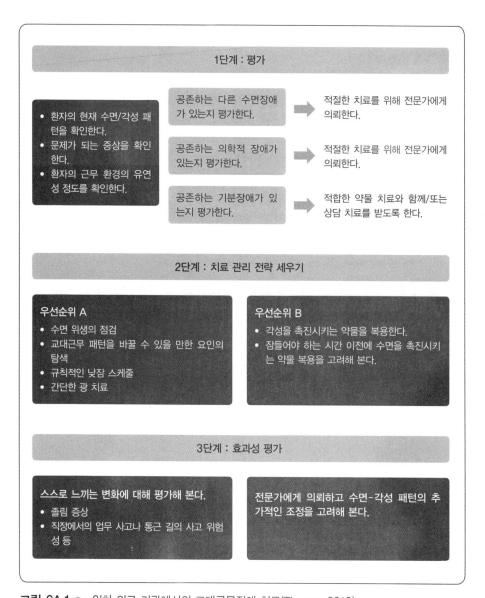

그림 6A.1 ● 일차 의료 기관에서의 교대근무장애 치료(Thorpy, 2010)

비약물적 치료

> ### 6단계의 R, 잘 지키기
>
> - 1단계 : Re-examine Sleep Habits (수면 교육)
> - 2단계 : Restrict Time in Bed (침대에서 보내는 시간 줄이기)
> - 3단계 : Remember Sunglasses (선글라스 챙기기)
> - 4단계 : Relax (이완하기)
> - 5단계 : Relearn Association with Bed (침대와의 관계 재학습하기)
> - 6단계 : Reduce Nap Time (낮잠 줄이기)

1단계 : Re-examine Sleep Habits(수면 교육)

(1) 내담자의 근무 패턴 점검 : 내담자의 교대근무 형태가 어디에 해당하는가?

- 야간 근무를 연속적으로 하는 경우

  □ 내담자의 야간 근무 시간이 12시간 이상인가?

  □ 내담자가 12시간 야간 근무를 4일 이상 하는가?

  → 12시간 야간 근무를 4일 연속으로 하는 경우(사고 위험 ↑ 인지 기능 ↓ 과 다졸림증 ↑)

☞ 교대근무 패턴을 변경할 것을 권장

- 순환교대근무를 하는 경우

  □ 내담자의 교대근무 패턴이 시계 방향 혹은 반시계 방향인가?

  → 교대는 반시계 방향이 아닌 시계 방향으로 할 것을 권장, 신체의 수면-각성 주기는 시계 방향의 교대근무에 적응하기 더 쉽도록 설계되어 있다.

  → 시계 방향 : 아침 → 저녁 교대근무

  → 반시계 방향 : 이른 오전 교대근무

※ 그러나 교대근무의 방향을 바꾼다고 해서 교대근무장애의 위험을 제거할 수 있는 것은 아님

(2) 내담자의 수면 위생 점검 : 내담자가 아래와 같은 수면 습관을 갖고 있는가?

- 낮잠(30분 이상)
- 자기 전 흡연
- 불규칙적인 수면제 복용
- 잠자리에 들기 4시간 전에 커피 및 카페인 함유 음료 섭취
- 잠자리에 들기 2시간 전에 알코올 섭취
- 잠들기 위해 알코올 섭취
- 잠자리에 들기 2시간 전에 격렬한 운동
- 시끄럽거나 온도 조절이 잘 되지 않는 침실 환경
  → 위의 항목 중 해당되는 것이 있는 경우 내담자에게 수면 위생에 대한 교육을 실시하고 수면 습관을 교정하도록 한다(그림 6A.2 교대근무자를 위한 수면 지침 참조).

2단계 : Restrict Time in Bed(침대에서 보내는 시간 줄이기)
내담자의 수면 시간 점검 및 수면 제한 실시

- 수면 시간 계산하기
  - (BT) 내담자가 잠자리에 들어가는 시간 : _____
  - (WT) 내담자가 잠에서 깬 시간 : _____
  - (TOB) 내담자가 실제로 침대에서 나오는 시간 : _____
  - (TIB = TOB − BT) 잠자리에서 보내는 시간 : ___시간 ___분
  - (SOL) 내담자가 잠드는 데까지 걸리는 시간 : ___분
  - (WASO) 내담자가 잠들고 나서 깨어 있는 시간 : ___분
  - (C) 잠자리에 든 후 깨어 있는 시간 : (SOL) + (WASO) + (TOB − WT) = ___분
  - (TST) 총수면시간 = TIB − (C) = ___시간 ___분
  - (SE) 수면 효율성 = (TST/TIB)×100 = ___%
- 수면 제한(내담자가 침대에서 보내는 시간 정해 주기)

- 침대에서 보내는 시간(TIB)을 총수면시간(TST) + 30분을 원칙으로 하되 5.5시간 이하로 떨어지지 않는다.

$$TIB = TST + 30분 = \underline{}시간 \underline{}분$$

- 기상 시간을 정한다. 야간 근무 날을 제외하고는 매일 동일한 시간에 기상한다.

기상 시간 : _____

→ 7일 동안 유지 후 평가

수면 효율성이 85~90% : 침대에서 보내는 시간(TIB)을 15~30분 증가시킨다.

수면 효율성이 85% 이하 : 침대에서 보내는 시간(TIB)을 15~30분 감소시켜 85% 이상 도달할 때까지 지속한다.

3단계 : Remember Sunglasses(선글라스 챙기기)

● 선글라스 착용하기

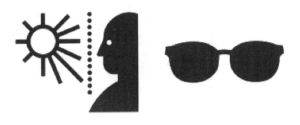

□ 내담자가 야간 근무를 하여 오전에 퇴근하는가?

□ 내담자가 퇴근길에 빛을 받는가?

→ 퇴근 시 자외선 차단 선글라스를 착용할 것을 권장

→ 귀가 후 수면을 취해야 할 시간에 빛을 받게 되면 신체가 각성되기 쉽기 때문

4단계 : Relax(이완하기)

● 이완 및 스트레스 조절하기 : 잠들기 위한 준비를 위해 잠들기 1~2시간 전 마음을 가라앉힐 수 있는 활동을 하도록 지시

- 이완 요법(호흡법, 점진적 근육 이완법, 심상법)

- 명상

- 요가

- 목욕

■ 뜨개질

■ 기타

나만의 이완 활동은 무엇인가요?

5단계 : Relearn Association with Bed(침대와의 관계 재학습하기)

● 침대는 '졸림'하고만 연관시키기

□ 내담자가 잠드는 데 30분 이상 걸리는가?

■ 졸림 : 침대에 누우면 바로 잠들 수 있는 상태

■ 피곤함 : 신체 에너지 수준이 낮고 지친 상태이나 눈을 감아도 잠은 오지 않는 상태

→ 불면증 환자들은 피곤함을 많이 느끼는데, 피곤할 때에도 침대에 들어가기 때문에 침대와 졸림과의 연관성이 약화된다.

→ 30분 이상 잠들지 못하면 침대에서 나와 다른 방으로 가서 편안히 휴식을 취하도록 지시

→ 졸리면 다시 침대로 오기

→ 필요하면 잘 수 있을 때까지 반복

● 계획된 걱정의 시간 : 내담자가 침대에서 온갖 걱정을 하느라 잠들지 못하는 편

인가?

- 잠들기 4~5시간 전에 20~30분 동안 오늘의 걱정거리를 적어 보기

- 통제 가능한 것과 불가능한 것을 구분해 보기

- 침대에서 이 시간을 갖지 않도록 지시

6단계 : Reduce Nap Time(낮잠 줄이기)

- 낮잠은 되도록 자지 않는다.

- 내담자가 낮잠을 자는가?
- 내담자가 낮잠을 자는 시간이 1시간 이상인가?
    - → 낮잠을 자는 경우 수면 욕구가 감소하여 실제로 수면을 취해야 하는 시간에 충분한 수면을 취하지 못함
    - → 낮잠을 자는 경우 1시간 이상 넘지 않도록 지시

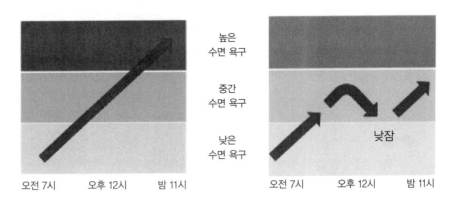

깨어 있는 시간이 길어질수록 수면 욕구도 증가한다. 하지만 낮잠을 자는 경우 수면 욕구는 감소하게 되고 이는 야간의 수면을 방해한다.

재발 방지 교육

- 1단계 불면증 치료를 통해 실천한 것들 복습하기
- 2단계 불면증 치료 항목 중 가장 도움이 됐던 것에 대해 논의하기
- 3단계 재발할 수 있는 가장 위험함 상황에 대해 확인하고, 그런 상황이 생길 시에 어떻게 대처할 수 있는지 상담하기

많은 불면증 내담자들은 치료가 종결되더라도 불면증 재발에 대한 불안감을 갖고 있다. 스트레스 상황이 또 발생하게 되면, 언제든지 얼마든지 단기 불면증이 다시 생길 수 있다는 현실적인 교육이 재발 방지 교육에 포함되어야 한다.

그렇지만 불면증 치료를 통해 증상을 통제하고 지속되지 않도록 많은 '도구'를 습득했다는 점을 상기시키는 것이 중요하다.

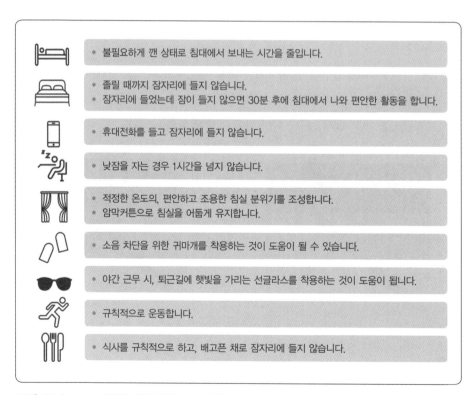

- 불필요하게 깬 상태로 침대에서 보내는 시간을 줄입니다.
- 졸릴 때까지 잠자리에 들지 않습니다.
- 잠자리에 들었는데 잠이 들지 않으면 30분 후에 침대에서 나와 편안한 활동을 합니다.
- 휴대전화를 들고 잠자리에 들지 않습니다.
- 낮잠을 자는 경우 1시간을 넘지 않습니다.
- 적정한 온도의, 편안하고 조용한 침실 분위기를 조성합니다.
- 암막커튼으로 침실을 어둡게 유지합니다.
- 소음 차단을 위한 귀마개를 착용하는 것이 도움이 될 수 있습니다.
- 야간 근무 시, 퇴근길에 햇빛을 가리는 선글라스를 착용하는 것이 도움이 됩니다.
- 규칙적으로 운동합니다.
- 식사를 규칙적으로 하고, 배고픈 채로 잠자리에 들지 않습니다.

그림 6A.2 ● 교대근무자를 위한 수면 지침

참고문헌

○ ○ ○ ○

권석만. (2013). 현대이상심리학 제2판. 서울 : 학지사.

권석만. (2014). 이상심리학의 기초.

김희선, & 오의금. (2011). 암환자의 수면장애 설명모형. J Korean Acad Nurs, 41(4), 460 −470.

대한수면연구학회, "수면장애 : 폐쇄성 수면 무호흡−저호흡", http://www.sleepnet. or.kr/info/

대한폐경학회 www.koreanmenopause.or.kr

서울대학교병원 의학정보, "수면다원검사", http://terms.naver.com/entry.nhn? docId=2119532& mobile&cid=51007&categoryId=51007

식품의약품안전처(KFDA) http://drug.mfds.go.kr/

Actigraphy http://www.actigraphy.com

Allen, J. G. (2008). Coping with trauma: Hope through understanding: American Psychiatric Pub.

Aloia, M. S., Arnedt, J. T., Riggs, R. L., Hecht, J., & Borrelli, B. (2004). Clinical management of poor adherence to CPAP: motivational enhancement. Behavioral sleep medicine, 2(4), 205−222.

American Academy of Sleep Medicine (2014). International Classification of Sleep disorders, 3nd edition: Diagnostic and coding manual. Westchester, Illinois: American Academy of Sleep medicine.

American Psychiatric Association. (2013). DSM 5. American Psychiatric Association.

Ara, A., Jacobs, W., Bhat, I. A., & McCall, W. V. (2016). Sleep Disturbances and Substance Use Disorders: A Bi−Directional Relationship. Psychiatric Annals, 46(7), 408−412.

Arnedt, J. T., Conroy, D., Rutt, J., Aloia, M. S., Brower, K. J., & Armitage, R. (2007). An open trial of cognitive−behavioral treatment for insomnia comorbid with alcohol dependence. Sleep medicine, 8(2), 176−180.

Aschoff, J. (1981). Handbook of behavioral neurobiology: Vol 4. Biological rhythms. New York: Plenum Press.

Ban, W. H., & Lee, S. H. (2013). Sleep Disturbance and Cancer. Sleep Medicine and Psychophysiology, 20(1), 10−14.

Bastien, C. H., Vallières, A., & Morin, C. M. (2001). Validation of the insomnia severity index as an outcome measure for insomnia research. Sleep Medicine, 2, 297 − 307.

Borbély, A. A. (1982). A two process model of sleep regulation. Human neurobiology.

Bower, J. E. (2008). Behavioral symptoms in patients with breast cancer and survivors. Journal of Clinical Oncology, 26(5), 768−777.

Brenes, G. A., Miller, M. E., Stanley, M. A., Williamson, J. D., Knudson, M., & McCall, W. V. (2009). Insomnia in older adults with generalized anxiety disorder. The American Journal of Geriatric Psychiatry, 17(6), 465−472.

Broomfield, N., & Espie, C. (2005). Towards a valid, reliable measure of sleep effort. Journal of Sleep Research, 14, 401−407.

Brower, K. J. (2001). Alcohol's effects on sleep in alcoholics. Alcohol research & health: the journal of the National Institute on Alcohol Abuse and Alcoholism, 25(2), 110.

Buysse, D. J., Reynolds, C. F., Monk, T. H., Berman, S. R., & Kupfer, D. J. (1989). The Pittsburgh Sleep Quality Index: a new instrument for psychiatric practice and research. Psychiatry research, 28(2), 193−213.

Carney, C., Manber, R. (2009). Quiet your mind & get to sleep. New Harbinger Publications. Oakland, CA.

Casement MD, S. L. (2012). A meta-analysis of imagery rehearsal for post-trauma nightmares: effects on nightmare frequency, sleep quality, and posttraumatic stress. Clin Psychol Rev, 32(6), 566−574.

Chasens, Pack, Maislin, Dinges, Weaver. (2005). Claustrophobia and Adherence to CPAP treatment. Western Journal of Nursing Research. 27 (3), 307−321.

Chen, Q., Hayman, L. L., Shmerling, R. H., Bean, J. F., & Leveille, S. G. (2011). Characteristics of chronic pain associated with sleep difficulty in the older population: The MOBILIZE Boston Study. Journal of the American Geriatrics Society, 59(8), 1385.

Choi, J., & Cho, S. H. (2013). 양압호흡기를 이용한 폐쇄성수면무호흡증의 치료.

Hanyang Med Rev, 33, 239−245.

Chu, C., Hom, M. A., Rogers, M. L., Ringer, F. B., Hames, J. L., Suh, S., & Joiner, T. E. (2016). Is insomnia lonely? Exploring thwarted belongingness as an explanatory link between insomnia and suicidal ideation in a sample of South Korean university students. Journal of clinical sleep medicine: JCSM: official publication of the American Academy of Sleep Medicine, 12(5), 647.

Chung, F., Yegneswaran, B., Liao, P., Chung, S. A., Vairavanathan, S., Islam, S., ... & Shapiro, C. M. (2008). STOP QuestionnaireA Tool to Screen Patients for Obstructive Sleep Apnea. The Journal of the American Society of Anesthesiologists, 108(5), 812−821.

Chung, S., & Youn, S. (2016). Optimizing the Pharmacological Treatment for Insomnia. Journal of Sleep Medicine, 13(1), 1−7.

Currie, S. R., Clark, S., Hodgins, D. C., & El-Guebaly, N. (2004). Randomized controlled trial of brief cognitive−behavioural interventions for insomnia in recovering alcoholics. Addiction, 99(9), 1121−1132.

Davis, J. L., & Wright, D. C. (2007). Randomized clinical trial for treatment of chronic nightmares in trauma-exposed adults. Journal of Traumatic Stress, 20(2), 123−133.

Ehlers, C. L., Frank, E., & Kupfer, D. J. (1988). Social zeitgebers and biological rhythms. A unified approach to understanding the etiology of depression. Arch Gen Psychiatry, 45(10), 948−952. Retrieved from http://www.ncbi.nlm.nih.gov/pubmed/3048226

Foster, J. H., & Peters, T. J. (1999). Impaired sleep in alcohol misusers and dependent alcoholics and the impact upon outcome. Alcoholism: Clinical and Experimental Research, 23(6), 1044−1051.

Frank, E. (2007). Interpersonal and social rhythm therapy: a means of improving depression and preventing relapse in bipolar disorder. J Clin Psychol, 63(5), 463−473. doi:10.1002/jclp.20371

Frank, E., Kupfer, D., Ehlers, C., & Monk, T. (1994). Interpersonal and social rhythm therapy for bipolar disorder: integrating interpersonal and behavioral approaches. Behaviour Therapist, 17, 143−143.

Frank, E., Maggi, L., Miniati, M., & Benvenuti, A. (2009). The rationale for combining interpersonal and social rhythm therapy (ipsrt) and pahrmacotherapy for the treatment of bipolar disorders. Clin. Neuropsychiatry, 6(2), 63-74.

Frank, E., Swartz, H. A., & Kupfer, D. J. (2000). Interpersonal and social rhythm therapy: managing the chaos of bipolar disorder. Biol Psychiatry, 48(6), 593-604. Retrieved from http://www.ncbi.nlm.nih.gov/pubmed/11018230

Freeman, D., Pugh, K., Vorontsova, N., & Southgate, L. (2009). Insomnia and paranoia. Schizophrenia research, 108(1), 280-284.

Freeman, D., Startup, H., Myers, E., Harvey, A., Geddes, J., Yu, L.M., Zaiwalla, Z., Luengo-Fernandez, R., Foster, R., Lister, R. (2013) The effects of using cognitive behavioural therapy to improve sleep for patients with delusions and hallucinations (the BEST study): study protocol for a randomized controlled trial. Trials, 14:214-221.

Germain, A. (2013). Sleep disturbances as the hallmark of PTSD: where are we now? American Journal of Psychiatry.

Harvey, A. G., Schmidt, D. A., Scarna, A., Semler, C. N., & Goodwin, G. M. (2005). Sleep-related functioning in euthymic patients with bipolar disorder, patients with insomnia, and subjects without sleep problems. Am J Psychiatry, 162(1), 50-57. doi: 10.1176/appi.ajp.162.1.50

Horne, J. A., & Ostberg, O. (1975). A self-assessment questionnaire to determine morningness-eveningness in human circadian rhythms. International journal of chronobiology, 4(2), 97-110.

Iranzo, A., Santamaria, J., Rye, D. B., Valldeoriola, F., Marti, M. J., Munoz, E., ... & Tolosa, E. (2005). Characteristics of idiopathic REM sleep behavior disorder and that associated with MSA and PD. Neurology, 65(2), 247-252.

Jackson, A., Cavanagh, J., & Scott, J. (2003). A systematic review of manic and depressive prodromes. J Affect Disord, 74(3), 209-217.

Jansson-Fröjmark, M., & Norell-Clarke, A. (2012). Psychometric properties of the Pre-Sleep Arousal Scale in a large community sample. Journal of psychosomatic research, 72(2), 103-110.

Johns, M. W. (1991). A new method for measuring daytime sleepiness: the Epworth sleepiness scale. sleep, 14(6), 540-545.

Joiner Jr, T. E., Van Orden, K. A., Witte, T. K., & Rudd, M. D. (2009). The interpersonal theory of suicide: Guidance for working with suicidal clients. American

Psychological Association.

Kasper, S., & Wehr, T. A. (1992). The role of sleep and wakefulness in the genesis of depression and mania. Encephale, 18 Spec No 1, 45−50.

Kessler, R. C., Akiskal, H. S., Angst, J., Guyer, M., Hirschfeld, R. M., Merikangas, K. R., & Stang, P. E. (2006). Validity of the assessment of bipolar spectrum disorders in the WHO CIDI 3.0. J Affect Disord, 96(3), 259−269. doi: 10.1016/j.jad.2006.08.018

Krakow, B., Hollifield, M., Johnston, L., Koss, M., Schrader, R., Warner, T. D., ... Cutchen, L. (2001). Imagery rehearsal therapy for chronic nightmares in sexual assault survivors with posttraumatic stress disorder: a randomized controlled trial. Jama, 286(5), 537−545.

Kravitz, H. M., Zhao, X., Bromberger, J. T., Gold, E. B., Hall, M. H., Matthews, K. A., & Sowers, M. R. (2008). Sleep disturbance during the menopausal transition in a multi-ethnic community sample of women. Sleep, 31(7), 979−990.

Lee, H. J., Son, G. H., & Geum, D. (2013). Circadian rhythm hypotheses of mixed features, antidepressant treatment resistance, and manic switching in bipolar disorder. Psychiatry Investig, 10(3), 225−232. doi: 10.4306/pi.2013.10.3.225

Lewinsohn, P.M., Biglan, A., & zeiss, A.M. (1976) Behavioral treatment of depression The behavioral management of anxiety, Depression and pain, 91−146

Manber, R., Bernert, R. A., Suh, S., Nowakowski, S., Siebern, A. T., & Ong, J. C. (2011). CBT for insomnia in patients with high and low depressive symptom severity: adherence and clinical outcomes. J Clin Sleep Med, 7(6), 645−52.

McCurry, S. M., Gibbons, L. E., Logsdon, R. G., Vitiello, M. V., & Teri, L. (2005). Nighttime insomnia treatment and education for Alzheimer's disease: a randomized, controlled trial. Journal of the American Geriatrics Society, 53(5), 793−802.

McCurry, S. M., Guthrie, K. A., Morin, C. M., Woods, N. F., Landis, C. A., Ensrud, K. E., ... & Newton, K. M. (2016). Telephone-Based Cognitive Behavioral Therapy for Insomnia in Perimenopausal and Postmenopausal Women With Vasomotor Symptoms: A MsFLASH Randomized Clinical Trial. JAMA internal medicine.

MCTQ http://thewep.org/documentations/mctq/item/mctq-variables

Morin, C. M., Vallières, A., & Ivers, H. (2007). Dysfunctional beliefs and attitudes about sleep (DBAS): validation of a brief version (DBAS-16). SLEEP−NEW YORK THEN

WESTCHESTER−, 30(11), 1547

Netzer, N. C., Stoohs, R. A., Netzer, C. M., Clark, K., & Strohl, K. P. (1999). Using the Berlin Questionnaire to identify patients at risk for the sleep apnea syndrome. Annals of internal medicine, 131(7), 485−491.

Neubauer, D. N. (1999). Sleep problems in the elderly. American Family Physician, 59(9), 2551−8.

Petrov, M. E., Clark, C. B., Molzof, H. E., Johnson Jr, R. L., Cropsey, K. L., & Gamble, K. L. (2014). Sleep strategies of night-shift nurses on days off: which ones are most adaptive?. Frontiers in neurology, 5.

Power, J. D., Perruccio, A. V., & Badley, E. M. (2005). Pain as a mediator of sleep problems in arthritis and other chronic conditions. Arthritis Care & Research, 53(6), 911−919.

Riemann, D., Spiegelhalder, K., Feige, B., Voderholzer, U., Berger, M., Perlis, M., & Nissen, C. (2010). The hyperarousal model of insomnia: a review of the concept and its evidence. Sleep medicine reviews, 14(1), 19−31.

Roehrs, T., & Roth, T. (2001). Sleep, sleepiness, sleep disorders and alcohol use and abuse. Sleep medicine reviews, 5(4), 287−297.

Roenneberg, T., Kuehnle, T., Pramstaller, P. P., Ricken, J., Havel, M., Guth, A., & Merrow, M. (2004). A marker for the end of adolescence. Current Biology, 14(24), R1038−R1039.

Roenneberg, T., Wirz-Justice, A., & Merrow, M. (2003). Life between clocks: daily temporal patterns of human chronotypes. Journal of biological rhythms, 18(1), 80−90.

Savard, J., & Morin, C. M. (2001). Insomnia in the context of cancer: a review of a neglected problem. Journal of clinical oncology, 19(3), 895−908.

Schwartz, J. R. (2010). Recognition of shift-work disorder in primary care. Journal of Family Practice, 59(1), S18−S18.

Spielberger CD, Gorsuch RL, Lushene RE. Test manual for the State Trait Anxiety Inventory. Palo Alto, California: Consulting Psychologists Press, 1970.

Spielman, A. J., Caruso, L. S., & Glovinsky, P. B. (1987). A behavioral perspective on insomnia treatment. Psychiatric Clinics of North America.

Swanson, L. M., Favorite, T. K., Horin, E., & Arnedt, J. T. (2009). A combined group treatment for nightmares and insomnia in combat veterans: a pilot study. Journal of Traumatic Stress, 22(6), 639−642.

Tang, N. K., & Harvey, A. G. (2004). Correcting distorted perception of sleep in insomnia: a novel behavioural experiment?. Behaviour Research and Therapy, 42(1), 27−39.

Treating Bipolar Disorder: A Clinician's Guide to Interpersonal and Social Rhythm Therapy (2007), Frank, Ellen. Guilford.

van der Kolk B, B. R., Burr W, Sherry S, Hartmann E. (1984). Nightmares and trauma: a comparison of nightmares after combat with liflong nightmares in veterans. Am J Psychiatry, 187−190.

Vgontzas, A. N., Fernandez-Mendoza, J., Liao, D., & Bixler, E. O. (2013). Insomnia with objective short sleep duration: the most biologically severe phenotype of the disorder. Sleep medicine reviews, 17(4), 241−254.

Vitiello, M. V. (2006). Sleep in normal aging. Sleep Medicine Clinics, 1(2), 171−176.

Von Korff, M., Vitiello, M. V., McCurry, S. M., Balderson, B. H., Moore, A. L., Baker, L. D., ... & Rybarczyk, B. D. (2012). Group interventions for co-morbid insomnia and osteoarthritis pain in primary care: The lifestyles cluster randomized trial design. Contemporary clinical trials, 33(4), 759−768.

Weaver, T. E., Laizner, A. M., Evans, L. K., Maislin, G., Chugh, D. K., Lyon, K., ... Dinges, D. F. (1997). An instrument to measure functional status outcomes for disorders of excessive sleepiness. sleep, 20(10), 835−843.

Wong, M. M., & Brower, K. J. (2012). The prospective relationship between sleep problems and suicidal behavior in the National Longitudinal Study of Adolescent Health. Journal of psychiatric research, 46(7), 953−959.

찾아보기

○ ○ ○ ○

저자 소개

서수연

고려대학교 심리학과 학사

미국 오하이오주립대학교 심리학과 임상심리대학원
　석사 · 박사

미국 시카고 러쉬의과대학 심리 레지던트 수료

미국 스탠퍼드 의과대학 정신과 수면클리닉 박사후
　과정 수료

고려대학교 안산병원 인간유전체연구소 연구교수

현재 성신여자대학교 심리학과 조교수, 스탠퍼드
　의과대학 겸임교수, 과학 자문

미국 캘리포니아 주 심리상담사 자격증, 미국수면학
　회 인증 행동수면의학 전문가 자격증, 한국 임상심
　리전문가 자격증, 인지행동치료전문가 자격증, 건
　강심리전문가 자격증